大時代的憶往

馬道行 著

陳序

　　馬道行教授新近完成《大時代的憶往》一書，書中述及1970年代，我國技術職業教育的改革，讓我回想到早年，我從美國紐約市立大學任教回到國內接任明志工業專科學校校長。當時適逢國內經濟快速成長及邁向亞洲四小龍階段，產業界急需大量高、新實用技術人才。我曾多次在技職教育會議上提議，希望能盡早成立技術學院，完成技術職業教育體系，為職業學校及專科學校畢業生工作若干年後，也有繼續升學進修的途徑，並提升學子就讀職業學校的意願。

　　1972年，我接掌教育部專科及職業教育司司長，蔣彥士先生出任教育部長後，大事推動多方面革新教育，並由我負責規劃及執行技術職業教育一貫體系計畫。在此期間，馬道行教授是我得力的幫手。我負責籌創國立台灣工業技術學院（現在的國立台灣科技大學），招收已有工作經驗之職校及專科畢業生。我出任校長時，特邀請他擔任創校教務長。

　　台灣科技大學採取大三明治（職校、專科＋工作經驗＋技術學院）教育方式，融合歐美技術職業教育優點，分別給予四年及兩年專業教育，授予學士學位。並設立技術研究所，培育碩士及博士級應用研究方面之高級實用人才，以促進當時國內產業提升及轉型。

　　多年以來，台灣科技大學教育已顯現其成效，根據2018泰晤士報，就全球150所大學進行第7屆全球大學就業能力（employability）排名，經訪問來自全球超過22個國家及地區，包括美國、中國、日本、英國等約2500名負責招聘的招聘顧問，以及3500名全球企業行

政人員，問及他們聘請應屆畢業生的準則，台灣科技大學躍升至第65名，居台灣之冠。

馬道行教授在學術研究、政策推展與執行方面貢獻甚多。他在教育部協助建立技術職業教育體系工作，並擔任台灣科技大學教務長後，任職國家科學委員會，推展我國科技資訊現代化及引進SCI與SSCI評比方法等等，都在本書中敘述甚詳，可作為瞭解70至90年代時，我國技術職業教育、科技資訊現代化、國家學術論文品質提升等改革經過與艱辛。

我與道行兄相交數十年，深知他是一位具有豐富專業知識的學者；他謹言慎行、默默耕耘，是難得的人才。今其新書出版，謹略述數語，以誌所感。

陳履安

2017年12月5日

自序

　　20世紀可說是一個風雲四起、動盪不安的大時代。在這期間，國際上先後發生了兩次世界大戰，而在國內則有軍閥割據、北伐統一、中日戰爭、國共內戰及兩岸對峙等等纏延將近一個世紀，至今尚未完全平息。戰爭，不但破壞了國家安寧，而且奪去無數人的財產與生命，也讓無數人在恐懼、悲傷中流離失所，家庭破碎，親人離散。然而，在這個動盪的大時代中，由於科技不斷進步，促使社會的主流也從農業轉變到工業，又從工業快速轉變到目前服務業的「e」時代資訊社會。社會變遷，職業變更，使大量的人力資源也隨著新潮流趨勢作不停的轉移與調整。在教育方面，尤其是技術職業教育在轉型的社會中最為所需，不論在本質上或形態上均隨著需要不斷改變與向上提升及蓬勃發展。

　　我的年代，正遇著這個動亂與社會變遷，中日戰爭時家鄉被佔，十三歲開始隨學校徒步流亡到大西北；國共內戰時，我又從北方隨學校流亡到江南，從軍到台灣。服兵役、守海防、求知、學習、成長，經歷了40到50年代國家的貧困、危機與戰亂。70年代，很幸運能夠受邀，參與規劃革新國家技術職業教育、建構體系及籌創國立台灣科技大學，培育高、新技術人力。以及「e」時代來臨前夕，我又從經濟建設委員會商調到國家科學委員會，協助推展國內科技資訊現代化，並在無邦交下，開拓與美、歐、日等先進國家進行科技資訊交流合作，以及後來服務國際之間。這一生所遇，既懷有早年的感傷又有著後來難得的機遇，數十年來讓我一直回憶著這個大時代帶來的艱辛、曲折、困惑，卻也有人生努力奮鬥帶來的

光明遠景與新希望。有如，南宋詩人陸游所寫「山重水複疑無路，柳暗花明又一村」的人生感受。

2013年春天過後，我與內人從杭州回來，長女友萍和夫婿彭昌裕為我購買一本正在暢銷的書，是現代文學大師齊邦媛教授所著的《巨流河》。在拜讀她的名著之後，使我深有所感，我們屬同一時代的人，也同時經歷了20世紀這個大時代的動亂與顛沛流離。《巨流河》一書用她深厚的文學修養與時代背景，寫下了她的家世、一生及近百年的中國痛苦歷史。文詞感人，柔中帶韌，且有氣撼山河之勢。

自從讀了齊邦媛教授名著之後，讓我產生一股振奮，想到自己是否也應該寫下「今生的人和事」？我躊躇良久，幾經思考。原因是過去幾十年來，我的工作多在理工、科技應用方面，對於文學性的長篇描述非我所長。當我首次提出想要寫一本傳記時，內人聽了比我更興奮，並對我說，我們結婚半個世紀，尤其你從國外回來，任職教育部、台灣科技大學、經建會及國科會，每天、甚至週末假期都在忙，你到底忙些什麼？做些什麼？我一點都不清楚，如果能寫出來，也可讓全家人知道你這一生所做的事情。

這一番對話使我認真考量，決定來寫這本傳記。雖然其中記述並非什麼件件大事，但在當時的關鍵時刻，卻也都能發揮出其功效與意義。於是在同年中秋節過後，我開始整理資料，正式動筆。未料，2014年5月2日凌晨，突來一場「急性心肌梗塞」，所幸反應較快，及時119救護車送往醫院，算是幸運躲過一劫，中間停筆半年。這段期間承蒙家人、親友給予不少關懷、祝福，深為感謝。在我寫書前序的同時，也向這位未曾晤面的大師齊邦媛教授致上最高敬意，感謝有緣讀她的著作，引起我寫這本《大時代的憶往》，記下今生這段坎坷、奮發，以及種種機遇，讓我能夠在這塊美好的土

地上為國人服務、奉獻，我與家人同感榮幸。

馬道行

寫於2017年11月，西方感恩節前夕

目次

第一篇

出生在農村、成長在動亂

第1章　神州中原的故鄉

　　「神州中原」是古代的一個概念性地域名詞，大致上是指黃河中下游地方，以現在的河南省為中心，四面涵蓋著陝西東部、山西及河北南部、山東西部及部分黃淮平原而成的一個廣大區域。在大中華民族形成前，這裡是漢民族早期集中生活及歷代帝王建都的地方。幾千年來它象徵著國家權勢、財富、文明等等的核心所在地，令人甚為嚮往。但另一方面，也是歷代王朝衰敗時，群雄四起，揮軍爭霸，逐鹿中原的主要戰場。

1）邙山下的家

　　邙山，在中原山系中是一座小的山脈，為秦嶺山脈支脈崤山的餘脈，西起河南省的三門峽向東經過千年古都洛陽延伸到我家附近，全長150餘公里，屬於黃土高原末段。山雖不雄偉、壯麗，但它處於中原京城要地關係，在中華五千年歷史、文學中常有記述描繪，尤其洛陽北邊的一段，稱之「北邙」最為有名。我家住邙山頭，實際上應該是邙山尾，是一個以農為主的村莊。以家譜記載，我們是在明朝從山西洪洞縣大槐樹被強制遷移而來，因當時中原地帶，經歷了宋、遼、金、元長期戰亂，人口外移，加以天災、瘟疫等等，已是人煙稀少，土地荒蕪。

　　父親早年曾在省城開封求學，因當時北方軍閥割據，戰亂頻繁，而棄學歸家從事農業。母親主持家務，家中有姐弟妹及我四人。我是1932年秋，中原大戰結束不久，時局尚在動盪，就出生在

這個農村家庭，生活雖不富裕，但全家相聚一起，和樂融融。我們神堤村為洛水出口與黃河交匯之處，是一個風景秀麗、有山、有水的小村落。距東邊的鄭州、西邊的洛陽兩個大城市各有50公里，屬鞏縣管轄。

鞏縣位於河南省中部偏西，黃河南岸、洛水下游，是中原古邑之一，歷史甚為悠久。西周與春秋時期為「鞏伯國」，戰國時期稱為「東周」，在秦朝莊襄王元年（公元前249年）時，設置為鞏縣，以其「山河四塞、鞏固不拔」而得名，至今已有二千多年歷史。公元1991年，中共國務院批示撤縣建市，易名為「鞏義市」，並把新設立的市政府由原來縣城之「站街」遷移至孝義鎮，列入鄭州轄區。

「洛水」是一條較為著名的河流，在我們村莊前面經過，發源於陝西省的洛南縣，在大山中向東蜿蜒，流經河南盧氏、洛寧、洛陽到鞏縣出口與黃河匯流，總長約450公里，沿岸山川絢麗、風光宜人。公元221年，陳思王曹植曾前往洛陽朝見哥哥魏文帝曹丕後，攜著嫂嫂甄妃遺留下的心愛之物「玉鏤金帶枕」，滿懷哀傷，乘舟返回封地鄄城。途中，曾夜息洛水之上，夢嫂嫂凌波御風來會，而後引導出著名的〈洛神賦〉，洛水亦隨之揚名國內（見昭明文選19，唐、李善注）。

2）村莊裡的大人物

我們村莊裡在清末到1948年間，出現了二位大人物：一位是劉鎮華先生，清末秀才，早年參加同盟會，奔走革命，聯絡各地民團、義勇人士，組成了鎮嵩軍，在豫西一帶形成一股強大勢力，曾與當時著名的西北軍首領馮玉祥、山西省督軍閻錫山作過拜把兄弟。他本人也擔任過陝西省長、督軍及安徽省主席等要職。1930

年，馮玉祥、閻錫山與蔣介石在中原大戰時，劉鎮華先生奔走雙方，大力協調，為國民政府作出貢獻。另一位是劉茂恩先生，為劉鎮華五弟，保定軍校畢業，早年追隨哥哥劉鎮華南征北戰。後鎮嵩軍改編為陸軍第十五軍，中央政府授予劉茂恩為軍長、十四集團軍總司令及第一戰區副司令長等要職。在中日戰爭中，曾率領大軍在中條山區與洛陽保衛戰中立下不少功勞，為抗日名將，最後當過河南省主席。在我的記憶裡，村裡自從有了這兩位大人物，我們鞏縣，尤其是我們村莊，在那個動亂四起、盜匪猖狂時代，並沒有遭受到什麼土匪、強盜的騷擾，即使不同的軍隊駐防或過境，大都是紀律嚴明。在我讀小學的五年中，可說是平平安安度過。事後回想，都應歸功於這兩位大人物的影響力，真是慶幸與感謝。

3）幼年時的私塾、洋學堂與遍地烽火

鞏縣山多、平原少。境內有隴海鐵路及東西公路皆經過縣城，交通方便，人民多出外經商，一般來講，生活水平尚稱不錯。在那個年代，我們家鄉尚沒有幼稚園這類的學前教育。那時的啟蒙教育有三種型態：一是私塾；二是初級國民小學，為國民義務教育四年；三是高級小學，屬六年制，多是私立。

我六歲入學前，曾在「私塾」讀了三個月，學生中從六、七歲到十七、八歲都有，以能力分級。初學者讀《百家姓》、《三字經》、《朱子格言》等，中年級的讀《論語》，高年級的則讀《孟子》、《大學》等古書，可與老師用「之乎者也」對答。初學者僅要求背書，練習寫毛筆字，上半天課。中、高年級者則要求要能融會貫通、寫作、應用，也有一套嚴謹的治學方法。私塾在我國有著久遠的歷史，為古時流傳下來的舊式教育，都是私人所辦，學堂中

只有一位老師，可說都是「儒家經典」飽學之士，而且在地方上頗受尊重。唯在處罰學生方面比較嚴厲，輕者罰站、重者罰跪，甚至用板子打手心等。當時在尊師重道之教條下，可說是沒有家長因孩子受罰去向老師抗議，反而認為老師的處罰是對的。那時，私塾並不招收女生。

我們村裡也有一所新建不久的「私立壽山高級小學」，為劉鎮華與劉茂恩兄弟紀念其父親劉壽山所建。同時也為嘉惠地方鄉鄰，讓小孩子及早接受新式教育。因這所學校教學方式不同，課程也與私塾不一樣，鄉下人都稱其為「洋學堂」。老師全由省城開封請來，大多是高等師範畢業生，身穿中山裝，而非私塾老師的長袍馬褂，年輕優秀，個個都有紳士風度。教育上沒有打罵，通常學生犯錯，多處以罰站而已。嚴重者，則請家長來校商議，共同管教。課程有國語、常識、算術、歷史、地理、自然、音樂、體育等。當時給鄉間一般人最大的新奇感是每上課50分鐘，中間會休息、活動10分鐘。鄉下人從來沒有見過這種教育方式，而且看到這些小學生個個高興又活潑，其他的小孩子看到這樣的洋學堂，大家都拒絕再上私塾，以及後來家長的觀念改變，私塾教育在地方上很快就消聲匿跡。

我是1938年初進入私立壽山高級小學，因認識字較多，簡單的課文會念、會寫，懂得其意思，學校讓我直讀二年級，學程上雖快了一年，但我也失去了一年級學習「國音」的注音及拼音方法機會，使我一直沒有注意到如何去改掉家鄉口音。後來我讀台灣省立師範學院（現在的國立台灣師範大學）時，為國音一課吃了不少苦，因為師範生畢業後一定要教書，所以要求每個字都要發音正確。當時教我們班上國音課的林良教授也感到奇怪，認為我年紀不大，卻有一口北方鄉音，每個字的發音總是帶有第四聲，每個字一注音就錯。好在林老師大師風範，很有耐心為我糾正，為了我一個學生費了不

少時間，我也為這門無學分而必修的課下了很多工夫。學期末，國音考試分為筆試與口試。筆試總算勉強通過，口試考的題目是念一篇「繞口令」，多為捲舌音，又沒有時間思考，背向考試老師。我念完後，考試老師說：「不錯，你是山東人吧？」聽口氣似乎有點問題，也不敢多問。成績公佈後，班上只有我是用紅筆寫了「35」分，破了我讀書的所有成績紀錄。後來聽說，這門課取消了。根據師大歷年統計，凡是國音考不及格的，幾乎都是大陸來台及海外僑生，一年不通過，下年再來，一直考到畢業，仍未通過的大有人在。這門「國音課」也困擾我兩年，雖下了很多工夫，始終沒有建立起信心。至今，兒孫輩也常笑我說，爺爺講話口音不標準。

　　我在讀小學這五年中，從開始到畢業，可說是一直處於「戰爭」籠罩氣氛中。當時讓我印象最為深刻的是一位教我們音樂的老師，不知道他來自何處，只知道是學校從外地請來的。他除了教我們基本樂理、音符、拍子外，還教我們唱了幾首「抗日」流行歌曲，尤其是那《流亡三部曲》讓我一生難忘。他用悲傷、激昂、感人聲調，唱出了「我的家在東北的松花江上——」，這是1931年9月18日，歷史上所稱之「918」，日本人侵佔我國東北、無數同胞被迫離開了他們的可愛家園，扶老攜幼、離鄉背井、四處逃亡的痛苦感受。我讀書時又正逢1937年「77」蘆溝橋事變不久，中國與日本的戰爭已經正式開始，日本軍隊大規模入侵，我國華北地區又相繼失守。日本飛機成群結隊飛過我們村莊上空轟炸縣城西邊的孝義兵工廠，這所兵工廠是當時中國最具規模、最具現代化的一座大型兵工廠。不久，河南省黃河北岸皆被日軍佔領，我家距日軍佔領區僅一條黃河之隔，相距不到十公里。黃河北面日軍常以大炮對縣城發射炮彈，都在我們村莊上空呼嘯而過，我家就處於這樣的戰地邊緣，深受戰爭威脅。不過幸好不是主要戰場，讓我很幸運能與家人

度過這段童年。在課餘及週末除幫作些家事外，也讀了很多東西方勵志類書籍與名人傳記。但很多時間也花費在看章回小說，如家喻戶曉的《七俠五義》、《包公案》、《水滸傳》、《三國演義》、《西遊記》及《封神榜》等。壽山小學在當時的河南省可說是一個優質學校，由於經費充裕、設施齊全、師資好、教學方法新，畢業生願升學者多能考取自己想讀的學校。

4）六年中學教育，我都在戰爭、流亡與憂傷中度過

　　從1943年初，家人送我到洛陽讀初中一年級起，天災、戰亂就如影隨形的一直跟在後面。先是中原發生了大旱災，百姓四處逃難求生。接著就是日本飛機不斷來轟炸，天天有警報，鐵路、公路被炸的斷斷落落。未到一年，日軍就大舉西侵，開始攻打洛陽，家鄉首先被佔。我就在日機轟炸、炮聲隆隆中，以十三歲幼小年紀隨著學校向西逃亡，沿途經過洛寧、盧氏、橫澗，穿越豫陝邊境山區，徒步到大西北。八年抗戰勝利，返鄉沒有多久，就是國、共內戰，又隨學校從北方輾轉流亡到江南。走過不少地方，換過不少學校，時斷時續歷時六年，我的中學教育可說都是在戰爭、流亡、飢餓、恐懼下度過。其間，也曾多次通過雙方大軍正在交戰下的戰場，最後竟能安然存活下來，真算幸運。那時，每天最大的盼望就是戰爭能夠平息，回鄉與家人相聚。可是，「家」——愈來愈感到遙遠，使我常常想起早年東北同胞所唱《流亡三部曲》中的「……流浪到那年？逃亡到何方？」由於多年的逃難磨練，讓我總感覺著自己很堅強，但長期戰爭帶來的家庭破碎、親人離散、前途茫茫、不知所措，使我悲傷不已。有時忍耐不住，也會常常流下眼淚。

第2章　在動亂中學習、成長

1）我從了軍

　　1949年初，因徐蚌會戰失利，江南等地已是風聲鶴唳、兵荒馬亂。學校與同學們都不知該如何是好，應該返鄉？還是繼續南逃？回想當時，也真是一個奇蹟，正在一籌莫展，茫茫不知所措時，恰巧接到一位父執輩劉先生在美國寄來的一封信，言及：「大陸局勢可能急轉直下，如有機會可先到台灣，然後再學一謀生技能等。」雖然這是一個不錯的想法，但當時涉及的實際問題太多，也非自己能力可以解決。在徬徨無計下，不知那來的靈感，讓我從南京乘火車經上海到江西上饒去看一位年長同鄉。一下火車，就見一幅大紅布條在迎風飄展，像是在向我招手示意。走近一看，上面寫著裝甲兵招募優秀青年，將來有機會進入裝甲兵學校深造等等。那時裝甲兵在眾人的心目中感到很神氣，軍服也比一般軍隊特別，副司令為蔣緯國將軍，可說是一位很響亮的人物。我略作思考，即走進火車站旁的招募站，想打聽一下詳細情形。接待人員都是年輕軍人，受過教育的知識青年，問明我的來意後，陪我去見招募站的負責人。這位長官是位軍校畢業生，年紀不大，講起話來很有軍人氣魄，對我說明這次招募的人員將在一個月後到台灣接受新軍事教育訓練。我聽說有機會去台灣，讓我又想到劉先生信中所說，而且裝甲兵學校也可學到機械方面的技術，即表明有意參加。這位軍官並告知：「明天中午前來報到，這次招募工作即將結束，明天下午大家一齊乘火車返回上海軍區。」我就這樣當了軍人，編入了裝甲砲兵團，

四月乘海軍登陸艦開往台灣，就這麼順利。多年以來，為這件事，讓我無法理解，是巧合？還是命運安排？

2）來到寶島台灣

這時江南已經混亂，共產黨軍隊開始攻打沿江要塞，包圍上海。我們在基隆上岸後，部隊即奉命開往台中大甲整訓與守防海岸，約有兩年時間。每天有例行操練及精神講話，吃飯前要呼口號：「不忘祖國給我們飯吃！我們要打回大陸去！……」等等，隨時都在提醒每一個人，不要忘了現在正處於「臥薪嚐膽、枕戈待旦的時刻。」

部隊在農忙時，也主動協助附近農家收割稻穀。記得該年8月間有次大颱風，軍營的屋頂被吹飛，山洪把大甲溪河堤沖壞，地方人士邀請部隊協助重建。我們連上一百多人，天天打赤膊、穿短褲在大太陽下搬石頭、修河堤，每個人背上晒的都是水泡，非常疼痛，夜間也難以翻身入眠。多年後，想起這段歷史，仍令我深有回味。每次與家人開車南下都會特別經過大甲，看看這段河堤是否仍然安在、無恙？

不久，連上要我協助指導員，擔任助理工作，大家給我一個外號「副指導員」，沒有官階，仍是上等兵。主要負責康樂活動、改善伙食及夜晚查勤等，可以免除部分出操。當時部隊任務是守中部海防，沒有固定營區，營房是借用大甲一所小學教室，廚房是在旁邊搭了一個小棚，煮飯用的燃料是木柴，價格很貴，副食費扣去買柴之後所剩無幾，所以伙食很差，除米飯勉可吃飽外，數月吃不到肉，常常只有煮飯米湯中加一些青菜葉及鹽，成為鹹湯，上面再加些浮油，每人一杓澆在飯上，這就是一餐。在那個時代缺電、無瓦斯、無燃煤設施等情形下，要改善每天三餐100多人伙食，的確不

是一個輕鬆任務。

　　在我擔任助理期間，有一天晚上12點過後，我感覺外面有些異常，起來查看，發現寢室床上少了5-6位弟兄，這一驚非同小可，我立刻前去詢問連上值班衛兵，是否看到這些人？這位值班弟兄只是閉嘴微笑，然後用手指向營房右側不遠的小樹林中，燈光閃閃，有人影在動。我瞬間一想，我的資歷太淺，這件事處理不了，而且這幾位不守營規的都比我資深，年齡也大。因職責關係，我把指導員叫醒，向他報告這件事情，指導員姓趙，軍校畢業，帶兵很有經驗，與全連弟兄都能打成一片，相處很好。他知道後立即把副連長叫起，兩人帶起身邊手槍，並囑我不要前去。我回寢室假裝熟睡，約半個小時後這批人回來，嘴裡不停講著：「真可惜！今晚這頓肉沒有吃成。」聽後，我轉身側睡，閉眼微笑，也算及時救了連上小黑狗一命。

　　過了沒有多久，因部隊改編，我獲准離營，即上台北找尋友人郭先生。郭先生年齡比我大幾歲，是同鄉洛陽人，有點海派，為人大方，熱愛助人，但經濟也不寬裕。我們見面後，郭君知道我的來意，先安排我暫時落腳地方，並設法解決吃飯問題，這份友誼令我至今仍感激不已。當時，我來到台北可說是人、地兩生，非常窮困，就住在一大片違章建築群內搭蓋的一個小竹棚中，除一張舊木板床外，可說一無所有，每天生活幾乎都在飢餓之中。在我幾次深夜長思及回想這些年來的坎坷之後，讓我領悟到人生要有一個奮鬥計畫，以及短、中、長程目標，而且也要腳踏實地從根本做起，才能走出這些艱苦圍繞的困境。於是我訂出三個五年計畫，作為我長期努力方向。首先依照劉先生的信函指示：「先學一門行業技能，以求日後能夠獨立謀生，再求進一步發展。」這確是一個很好的策略，也包括了我的短、中、長程目標，雖然艱辛、漫長，不是一個

輕鬆捷徑，但從當時我的環境來講，可能也是唯一途徑，能看到自己未來的「人生希望與遠景」。

3）學習謀生技能

　　我在台北街頭觀察幾天，發現「中崙」這個地方有兩家汽車公司：一家打著Ford汽車公司的招牌，另外一家是江申行。這兩家都附設有修理廠，有規模、管理好。在比較上Ford的規模大、用人多。於是，我就去Ford汽車公司向修理部門主管請求想當學徒。這位主管姓黃，三十多歲，上海人，抗日戰爭時他也曾隨家人從上海去過四川。經過詢問交談之後，知道我的情形，又是個高中生，就這樣接受了我的請求，三天後報到上工。那時，在一般工廠作學徒多無工資，也不管吃住。Ford公司到底打著洋招牌，制度也有點像美國，學徒也給工資，雖不多，但可解決每天吃飯問題。由於這多年的坎坷遭遇，也讓我學會了一些做事方法及如何與人相處，知道自己的目的是什麼。每天我除了認真工作，努力做好份內的事外，也主動協助廠內整潔、安全，幫助處理些文書、紀錄等雜務工作，深得經理信任。三個月後，就給我調整工資，一年後升為正式技術工。不到兩年就升為小組領班，可獨當一面。回想這段時間，做的雖是粗工、辛苦，但確有目標、有理想，也深感美好、有趣。

4）奇遇，讓我有機會上了大學

　　真是好景不常，沒有多久就接到兵役單位通知要我去服兵役，公司也很不願讓我離開，但服兵役是政府規定，也是國民應有的一種義務。正要準備離職，恰遇一個軍事單位的汽車保養廠廠長，駕

一輛進口高級黑色轎車前來檢修，我對他談到下月要離開這裡去服兵役。這位長官聽到先是一愣，馬上就很肯定的說：「你到我單位報到，反正都是服役，我開給證明你已是現役軍人就可以了。」在那個時候兵役制度尚不健全，我就依照他的指示前去報到，這位長官對人事部門吩咐了一聲，就給我補了一個「中士技術工」，還很誠意地表示歡迎我參加他們的行列，讓我內心初次感覺到「人有本領真好」。因這個單位屬工廠性質不必出操，每天上班八小時，下班後不輪到值班均可自由行動，雖是軍事單位還算過得自由、安定。單位中也有少數同仁利用晚間外出補習英文、學修收音機與無線電等，但多無長遠想法，也缺少人生較大志向。

　　我自從加入這個單位，仍是帶領一個工作小組，頗受長官器重，內心深感慶幸，有這麼一個美好環境，對我來講這真是又一個奇遇，一定要好好珍惜利用。雖然目前已有一項基本謀生技能，但非終極目標。經過想了又想，還是下定決心要考大學才能滿足自己的理想與未來願望。就在這樣一個難得安定的環境下，我開始第二階段的奮鬥。志向已定，首先去台北市牯嶺街舊書攤買了整套的初中、高中課本及參考書籍，先作複習。那時，台北市升大學的補習班很少，偶爾有幾所很小的數、理、化補習班，參加補習的人也不多，生意很清淡。從此，我下了近兩年工夫複習完畢，心中也大致有些把握。按照當時國防部規定，現役軍官、士兵只能報考軍事學校的三軍官校、國防醫學院及聯勤兵工學校（後改為中正理工學院）。我原計畫選考兵工學校的車輛工程系，正要寫報告向上級請求准許，突然該年四月初國防部一道命令，通知各軍事單位：「現職軍官、士兵可報考一般大學，錄取後無條件退伍，政府不供給任何補助。」對我來講，真是天大的恩賜，讓我有了多樣的選擇。

　　當時，台灣省立師範學院工業教育學系新設，接受美援，要把

職業學校舊式教學改為「單位行業教育」，工業教育系設有「工職、工場、工藝」三個類別培育所需要的不同師資，要把國內的工業職業教育徹底改革，以配合國家邁向工業化所需的基層技術人力。而當時接受美援的高級工業職業學校新式教學實習工場即將完成，美援設備、儀器即將到達，工場師資最為急需。根據招生簡章說明，工場師資僅在校一年，先結業到接受美援的高級工業職業學校任教，然後每年暑期返系修補學分。報考資格是高中畢業，有三年以上工廠實際工作經驗，除筆試外，術科考專長行業技術。這一訊息，打亂了我原有計畫，雖不是我想要讀的工程，但與工程也有些接近。同時，也考慮著很多現實問題：一是若能順利考取師範學院，可安心讀書，不必為學費、生活費等奔走發愁；二是只有一年時間就可擔任教職，窮困問題即可解決；三是工業教育是一個新的領域，未來將有廣闊的發展空間。經過這一連串的全盤思考後，就這樣下了決定，七月初報名考試，八月放榜正式錄取，後經服務單位申報國防部核准，辦理退伍。

回想這段時期，正是淡水河邊歌聲悠揚、樂聲隆隆、流行歌曲開始風行台灣的時候。同事們下班吃過晚飯，多匆匆忙忙換了服裝前去聽歌趕場，邊喝茶、邊聽歌，生活也過的悠閒、自在。我因有考學校壓力，每天工作之餘多在忙自己的事，早晨聽廣播電台英語課程，晚間多準備大學聯招考試科目。星期天上午通常在新公園、台鐵大禮堂或大學內多有國學大師級人物對文學、歷史、道德修養方面作演講，我也常常在座，對我日後修身、待人、處事均有深遠影響。真是皇天不負苦心人，這兩三年工夫沒有白費，我終於脫下了軍裝，真實進入了大學。長期企盼的心情，猶如海倫‧凱勒（Helen Keller）所盼望的「給我三天光明（Three Days to See）」一樣可貴。

第3章　教育改變了我的命運

1）一生的轉捩點

　　讀大學是我人生最大的期盼，也是我一生的轉捩點。當時剛從軍中下來，因配了一副近視眼鏡，幾乎用盡身邊的所有積蓄，經濟上非常窮困。到師範學院報到上課時我仍穿著綠色軍褲與有破洞的鞋子，我又喜歡坐第一排聽講，看起來有點引人注目。但在那個時代，同學們都很簡樸，並沒有受到他們歧視、嘲笑。反而許多師長給予不少勉勵，知道當時能從軍中下來讀書，都應是下過一番刻骨銘心的工夫。在學校這一年，除大一共同科目外，有工場佈置與管理、行業分析、工場教學法、圖示法、工業職業教育原理、教育心理學、教材編訂等等，課程排的很密集，都與教學有關。第二學期最後四週已到校外學校實習教學。學期結束，我被分發到台北市立高級工業職業學校（現在的台北市大安高工）擔任工場教師。

　　1957年8月1日學校新年度開始，正式前往報到，並拜見教務主任許振源及校長林清輝先生。他們除表示歡迎外，希望我立即上班，因汽車修護科新教學工場已經建好半年，美援設備已經到達堆積在倉庫中。我瞭解情形後，知道時間至為迫切，九月開學就要使用新工場教學，而且這些新到的設備、儀器一件件都需要安裝、測試。於是，我去找一位兼汽車修護科主任的林先生，這位林先生年紀較長，是機工科主任。我將情形向他報告，需要人力來幫助搬運、開箱、安裝等等。林主任很幫忙，立刻為我找了兩位學校的資深老導工來協助。他們不但熟悉學校環境，而且都有工場經驗，能

夠依照我畫好的工場佈置圖一樣一樣把機具、設備安裝起來，並接妥電源。我依照使用說明書一樣一樣測試，並譯成中文簡要操作步驟及使用安全規則，以便教學使用。八月天氣酷熱，蚊子又多，林校長每次巡視校園，常見我在工場工作。尤其晚間，我多在測試比較複雜的精密儀器，有時偶然回頭，見校長就站在旁邊，他常以關懷口氣說：「要注意身體。」

　　開學前，工場佈置已大致就緒，真感謝這兩位老導工先生，在酷熱天氣，又是暑假陪我一齊工作，如果沒有他們的大力協助與瞭解學校情況，我真不知道該如何是好？九月初首次領到薪水，即邀請他們在學校旁的小食攤上叫了幾盤滷菜、一瓶高粱三人同聚，表達心中謝意。學校開學後，我又寫了一份簽呈，請學校給予他們嘉獎記功。

2）初任教職

　　十月初，行政院美援會教育組美籍顧問巡視接受美援的七所工業學校，由省教育廳主管人員及師大工教系主任顧柏岩教授等陪同一行來到台北市立高工，看到汽車科工場這麼快已佈置完成，所有美援機具設備學生都在分組使用，頗感意外。顧柏岩主任是我工業職業教育的啟蒙老師，首先對這位美籍顧問介紹：我是「接受新單位行業教育畢業的教師。」這位顧問是位職業教育專家，對汽車很有興趣，也非常內行，看到一台SUN UNIVERSAL TESTER向我們講：「這台儀器很昂貴，為新產品，在我們美國一般修理廠也很少有。」然後目光又轉向我說：「你們現在會不會使用？」我很肯定的回答說：「會，如果你們時間許可，我可以給一個Demo，約須20分鐘。」大家都表示贊成。我找了兩位負責這部儀器的「種子學

生」，發動一台引擎，接上各種連線，即可看到儀表上的各種變化。尤其中間Monitor顯示著每條高壓電的電壓數字與行走曲線。引擎加速或減速均可看到電壓及曲線變化情形，可瞭解高壓電部分是否運作正常。在那個時候，這一類的儀器，確是比較先進、貴重。在參觀、巡視完畢後，離開時這位顧問先生還特別向我比比大拇指，對我說：「以後我會把車子開到這裡來維護。」由於他們這次巡視，台北市立高工的汽車修護科在教育廳、工教系及美籍顧問那裡都留下不錯印象。在這一年中，我因為首次擔任教職的關係，要準備的東西實在太多，晚間、週末幾乎都在找資料、寫教材，深深體會到一位工場教師的工作實在不輕鬆。

第一學年結束，林校長要我下學年度起兼任汽車修護科主任。我考慮後，深感學識、經驗均難以勝任，堅辭不敢接下。當天晚間，機工科林主任又親來宿舍同我談，他說：「因工作太忙，年紀已大，實在無法再兼汽車科業務，希望你接下這個職務。」講的非常懇切，使我無法推辭，就在這樣勉強下只好答應。我自接下這個科主任職務後，對內除自己原有的教學外，需要規劃全科的教學計畫，還要與其他教師協調教學內容、進度、工場實習分配，以及全年所需的實習材料與消耗品等；對外還要親自聯繫接洽學生暑期校外實習工廠，以及拓展人際關係、輔導畢業生就業等等。職務雖小，但天天面對一百多位學生的不同需求與各種事務，在心理上確感到責任也很重大，使我理解到處理行政事務的複雜性。

1959年，台灣省教育廳與學校商量聘我兼任接受美援工業學校的輔導員，協助推展新制單位行業教學及評量各校美援設施使用成效。在選聘的幾人中，我資歷淺、年齡輕、也缺少世故，可能比較認真的關係。當時，林清輝校長已升任台北市教育局長，新校長由教務主任許振源先生接任。有一天許校長到台中開工業職業學校

校長會議回來，在他辦公室告訴我，有兩位校長跟他講說我升遷太快，這樣會使其他學校老師感到不平。許校長勸我一定要更低姿態，處理事務更要婉轉。由這一事件，讓我開始深思、檢討，體會到做事「易」與處人「難」的道理。

3）首次應聘出國──琉球沖繩

　　1961年暑期，師大工教系邀我參與派往沖繩（Okinawa）琉球政府的工業教育顧問小組，協助改善該地區工業教育，以及幫助琉球大學創設工業教育系。這個合作計畫由當時在沖繩的美軍政府教育部長Dr. Kinker推動，Dr. Kinker曾多次來台察看我國新制工業教育推展成效，希望師大能以合作方式協助改進琉球地方的工業教育，並先後派遣琉球政府多位教育主管來台考察及接受講習，雙方交往甚為頻繁。我去時這個計畫已經進行到第二年，在我動身前，Dr. Kinker來台辭行，由當時師大校長杜元載博士在其府上設宴歡送，我也被邀參與。我到沖繩不久，Dr. Kinker任期屆滿返回美國任印第安那大學教育學院院長。

　　前往沖繩是我第一次出國，拿到護照後，要到美國大使館辦簽證。因當時琉球群島仍由美軍管轄，尚未交給日本。那時從台灣去美國留學、探親等簽證，美國大使館要求非常嚴苛，很多都不能通過。我這次去簽證因附有琉球沖繩政府的邀請函，又不到美國本土，領事官員看後，沒有講話就簽了，還微笑點點頭，給我的印象是這些領事官員也很友善。

　　旅行社幫我買好機票，搭乘西北航空班機從松山機場起飛。那時坐飛機出國的人不多，而至機場送行的人不少。飛機從起飛到那霸機場降落不到一個小時，像似台北飛高雄一樣。入關後都用日語

交談，來機場接我的是顧問小組領導人許振聲教授和廖永忠學長，
還有一位當地教育局人員。許振聲教授是我的老師，在日治時代帝
國大學攻讀物理，為早年國內著名物理學者，對日本文學亦有深厚
研究，後應顧柏岩系主任邀請任工教系教授。他此次奉派沖繩推展
合作，廣受沖繩教育界歡迎。我出關後即有沖繩新聞媒體前來採
訪，均由當地教育局人員給予回答。

　　我這次被派前去，主要負責講解小型動力機械的應用與修護、
教學工場佈置與管理等。參加暑期講習人員都是中學在職的工藝教
師。我在沖繩停留將近三個月，剛好是夏天最熱的時候，又因飲食
不習慣，體重一下瘦了好幾公斤。當時給我們的生活費用一個月
200美元，由美國軍政府教育部門支付，雖比國內中學教師薪水多
很多，但支付一切開銷後也所剩無幾。

　　沖繩是琉球群島最大島嶼，面積有1,200平方公里，原為琉球
王國的首府所在地。而在1879年，這個與中國有500年藩屬關係的
小王國被日本併佔，改設為沖繩縣，並流放其國王到東京，後遭毒
殺，琉球王國從此滅亡。二戰期間，美軍攻打沖繩，戰爭激烈，
美、日雙方軍隊及當地百姓共死亡近30萬人，破壞極為嚴重，島上
幾乎看不到樹木，也缺少植被。所有觀光景點大多是講述美、日浴
血苦戰所留下的殺戮戰場與千人塚。人民生活普遍艱苦，經濟主要
來源僅靠一點農漁業及美軍消費。參與講習的學員們，談起來個個
都是大戰後的稀少餘生，家庭、家人都飽經戰火摧殘。我也向他們
講述，日本侵略中國八年，造成數百萬人死傷及無數人的家庭破
碎、親人離散，我所受的戰爭痛苦與逃難遭遇，也難以用簡短語言
所形容，你們和我都是戰爭的受害者，希望今後世界永遠和平，大
家都能安居樂業。

4）交換教師去美國夏威夷大學東西文化中心

　　1962年初，我參加台灣省教育廳舉辦的夏威夷大學東西文化中心（East-West Center, University of Hawaii）提供的交換教師獎學金考試，很幸運通過。六月開始在台北市徐州路「外語訓練中心」接受三個月的語言訓練。這個中心是當時行政院美援運用委員會專為政府出國考察、進修人員所設，參加人員來自政府各個不同部門，有鐵路局派往英國的工程師，有到美國去學公共衛生的、農業的、教育的、金融的……等等。同時開有好多個班，教師多為美國在台工作人員眷屬。課程重點為會話，聽、講、寫方面，也有美國簡要歷史、小說讀本等。在訓練項目中，還安排有參訪住在天母的美國人家庭，以實際瞭解美國人日常生活情形。從進門的一舉一動到用餐禮儀、人際應對都有給我們示範、解說。讓從小在困境中長大的我，初次認識到一個美國中等家庭的現代生活方式與種種禮儀規範。那時，正是1970年代初期，美國的黃金時代高峰，國強民富，經濟、社會福利、醫療保險等制度都非常完善。世界產品中大部分都是Made in USA，不但品質好，而且又精美耐用。在人的心目中，凡事一提到美國就會令人羨慕、嚮往，這種現象當時不只是在我們台灣，幾乎全世界都是如此。

　　我在語言訓練中心這三個月學到不少，是我初次深入瞭解到西方人的文化與生活習俗，也實際觀察到一個美國中產階級家庭生活方式、水準及現代化程度。若與當時國內相比，真是天壤之別，也顯示出我們在各方面的遠遠落後。我很珍惜這次講習，使我領悟很多，語言也打下了根基，是我人生奮鬥過程中的一個重要環節。

5）天堂之美的夏威夷

　　九月中，在松山機場搭乘Pan American Airline飛機前往夏威夷。一架大飛機卻沒有多少乘客，其中我知道有兩位來自錫蘭，三位來自印尼，東巴基斯坦與西巴基斯坦有五人，沖繩有一位，台灣有三位，除我外尚有台北工專金方楨老師及高雄高工的一位黃老師，共十四位都屬同一個計畫，這架飛機好像專為我們而飛。次日清晨約七時許，飛機在旭日照耀下緩緩降落在Honolulu機場。機場跑道與停機坪都緊鄰海邊，一眼望去藍藍無際的大海，配著天空幾朵白雲，遠處可看到椰子樹林及高聳的鑽石山頭（Diamond Head），夏威夷的美好景緻已出現眼前。當我們飛機停妥，東西文化中心的一位副主任帶領兩位接待人員已在停機坪等待，當每個人走下飛機階梯，見面首句話就是「Aloha」。然後自我介紹姓名，由一位年輕女士面帶笑容，為每人掛上名牌，套上花環，並以夏威夷傳統習俗在每位的面頰上又輕輕吻一下。這一幕接待禮遇，給我們這一批飽經戰亂、貧窮落後地區來的人，上了無形的一課，賞識到人類相處應有的文明、祥和與尊重。不禁也讓我想起我國古書《論語》中的「富而無驕」與「富而好禮」哲理，而在今天世界首強美國的夏威夷實現了。

　　當天傍晚，東西文化中心特為我們在Waikiki海灘舉辦了一個烤肉迎新晚會，中心的職員多攜眷參加，相互認識。每位都很熱誠、親切，各找話題交談。除兩位錫蘭朋友的英語流暢外，其餘的我們這些人都難以用英語深切表達心意，而且初次見識這種場合，聽力也不夠強，好在是個輕鬆聚會，他們對非英語國家人士也見多了，凡事愉快、高興就好。晚會結束回到Honolulu YMCA，因晚間

吃了很多半生不熟的烤肉，睡至半夜，感覺胃部疼痛難忍。來時也沒有想到帶些常備藥品，又是深夜難以找人。正在無法可施時，忽然想起可口可樂飲料會產生二氧化碳氣泡，可能會沖淡胃酸，減輕疼痛。於是到走廊上自動販賣機買了一罐可口可樂，喝後打了幾個嗝，約十分鐘後胃就不痛了，真是神奇。第二天把這件事告訴大家，多半信半疑，但後來證實都認為確實有效。

6）認識美國教育

夏威夷大學在那個時候規模不大，東西文化中心還是借用學校別的系所臨時辦公，自己的館舍尚未建造完成。而且我們主要是參觀考察教育有關項目，所以幾乎都安排在外面。第一個月我們停留在歐胡（Oahu）島的Honolulu，有系統的參訪夏威夷教育體制。除夏威夷大學外，我們實地參訪過二年制技術專科學校（Technical School）、高中、初中、小學，以及學前教育的幼兒園，還列席旁聽過州、市及地區性的教育會議。真感謝東西文化中心的決策規劃人員給予的精密安排，讓我們這一批初見世面的人開了眼界，認識到美國學校建築風格、軟體設施、教師素質、教材、教學方法、教學媒體中心，以及學校提供的營養午餐等，都是經過專業規劃與認真執行，我深感這些都值得學習，帶回國內。

這一個月的參觀考察使我收穫很多，讓我感受最深刻的是美國環環相扣的教育體系，隨著科技的發展，社會的工業化，教育在體制上、內涵上都在不斷轉移、改變，而緊密與社會結合。這個時候，由於美國各州已推展十二年國民義務教育，夏威夷已經沒有職業學校（Vocational School）。由於該州人口不多，每個大的島上都只有一個二年制的技術專科學校，其中隨地區需要也附設有

各種短期職業訓練科目。就在我們停留Honolulu時，當地各大媒體都在報導：「美國各州政府正在醞釀要設立社區學院（Community College）來取代各地的技術專科學校教育。」這些有關技術職業教育的重大新聞，我曾用心閱讀、思考，啟發我很多靈感，讓我開始對一個國家或一個地區的整體教育、社會變遷、技術人力結構方面產生了較深入的興趣與探討。美國這次教育調整，成立社區學院來代替二年制的專科學校，使它的教育功能涵蓋更為廣闊，它除納入二年制技術專科外，還增加了一般大學前兩年的高等教育，使當地學生在其原住社區就可修讀大學前兩年課程，完成後可獲得「準學士學位」（Associate Degree）。願繼續升學者，可插入外地大學三年級就讀，這樣就可減輕偏遠地區或低收入家庭學生經濟上的負擔。這一措施，對美國這個地廣人稀國家來講，確實可以產生效果，尤其在夏威夷各島地區，使人深有感受。

夏威夷教育最關鍵而重要的是在每一階段學校都有專業諮詢人員為學生作「性向指導」，這也是美國教育的一個特點，可以幫助學生在升學或選擇職業方面給予輔導。學校校長出缺都經公開招聘、遴選，然後任命。所以每位校長除有專業領導能力外，處理各種事務也都能做到公正、公開及操守廉潔。整體來講，我們認為美國教育在那個時代可說是已經十分完美，但是，我們每次列席旁聽當地教育會議時，仍有很多人士對教育政策不滿，而有所批評。

第二個月，我們從台灣來的三人與錫蘭的兩位朋友被安排到考艾（Kauai）島。那裡有一所二年制的技術專科學校（Kauai Technical School），參觀考察他們教學、學生工廠實習、工場管理及對外服務等。通常每週一、二及四、五在學校四天實際參與交換教學心得及列席學校教務會議。星期三則安排參觀島內名勝及社交活動，多由校長親自駕車陪我們。我們在電台接受過訪問，參加

過教堂聚會，看當地學校球賽及晚上營火烤肉等等。1961年由著名搖滾歌星Elvis Presley主演的〈藍色夏威夷〉（Blue Hawaii）電影就在考艾島拍攝，也增加了這個島的知名度。校長也特別為我們安排，帶我們去參觀仍在保留的現場景觀。尤其傍晚時刻，在一片椰樹林中，有小溪的流水、獨木小舟、火把、低沉婉轉的歌聲，配著草裙舞者的合音、節奏，確實很令人陶醉。夏威夷獨特的傳統文化與地理環境，形成了這個美好的觀光樂園。考艾島位於夏威夷四個大島的最北端，在夏威夷群島中它的歷史最久，島上有美麗沙灘、臨海的懸崖峭壁、大地主莊園及新建的豪華觀光飯店。根據記載，約在公元200年時就有移民來此居住，比其他島嶼都早。

考艾島過去也是一個小的獨立王國，居民在島上過著安和平靜生活，一直到1778年英國船長詹姆士庫克（Captain James Cook）在島上登陸才揭開這個隱密島嶼，也從此改變了島民的觀念和生活方式。這個小王國在1810年被夏威夷國王卡美哈美哈一世（Kamehameha I）併佔，成為夏威夷王國的一員。

第三個月，我與錫蘭的兩位朋友共三個人被安排到茂宜（Maui）島的專科學校，校長是早年英國移民，兩年前被選聘為校長，年紀雖大了一點，但精力充沛，各方面經驗豐富。我們到達後即為我們安排到一個菲律賓家庭出租的房子，設施一切俱全，距學校及Kahului小鎮都不遠，每天房東開車接送我們到學校往返。學校一邊臨近Maui Beach Hotel，風景很美，另一邊不遠處就是茂宜島市府所在地的Wailuku。茂宜島人口較多，又是著名的觀光勝地，一般居民生活都比考艾島好。這次我到茂宜專科學校主要看汽車車身修護及噴漆方面的教學，因台灣需要培育這方面的技術人員，各學校也無這類科別。我在茂宜島停了四個星期，週末與假日結交了不少朋友，看了很多觀光景點，如Iao Valley古戰場、Lahaina市集及

Haleakala火山公園等等。在我的感覺上茂宜島的沙灘、風景、人的友善都比其他島要好。所以在1992年及2006年，我又同家人去了兩次，每次去看都比以前繁榮。唯一遺憾的是當年師長、老友多已與世長辭。

7）豐富的收穫

聖誕節前我們回到Honolulu，此行接近尾聲。東西文化中心給我們兩週時間，一週休假，一週寫心得報告。我的報告寫了十餘頁，主要有三點：一是稱讚美國教育體系環節緊密相扣，又設有專任諮詢人員為學生作輔導、經費充足、教學設施齊全、教師素質水準高。校長出缺可公開徵選、遴聘、而有任期制，不但校長有專業能力，也可使學校一切運作走向公正、公開，值得我們教育當局參考；二是台灣各類職業學校實習工場可試辦對外開放，如汽車修護科的汽車保養、簡單修護，電子科的音響、收音機修理，以及機工、家電工、冷凍空調等科均可參酌，這樣可補充實習費之不足，也可讓學生學到實際工作技能，有新鮮感、責任感及成就感；三是台灣缺少汽車車身修理與噴漆專業技術工作人員，在夏威夷各地區此行業人員工資都比較高，他們所使用的工具、材料、方法、技術都很新，效率也高。通常在台灣需要十天的工作，他們只需要一天或兩天就可以了，建議汽車科教學酌增這一部分。除此之外，美國的科技發展、社會文明、守法精神，以及技術教育的改變、提升，也深植心中。1963年元月中旬結束，我們經過日本東京停了兩天回到台灣。

8）悼念美國友人Mr. Murray

一個月後，東西文化中心將我們考察心得報告寄送到行政院美援運用委員會教育小組美籍顧問Mr. Murray那裡。Mr. Murray是位職業教育專家，他在台灣任職期間，為台灣職業教育作了很大貢獻。他做事認真、講求效率，夏威夷進修計畫就是他向美國援外總署（AID）所爭取安排的。他看到我的報告後，與其兩位助手商量，這兩位助手一位是余煥模先生，另一位是汪啟恩先生，兩位可說都是職業教育專家。他們討論我報告中所寫的三點：其中第一點，因涉及行政與法令規定，可提供教育主管單位參考；第二、三點都是很好建議，尤其第二點，對工業職業學校工場教學助益很大，建議教育廳、局參酌研究。後來這份報告被提到接受美援的職業學校校長會議上討論，最後校長們認為實行有困難，會破壞現有會計管理制度，而且還涉及教師操守信任等等被否決了。第三點，可考慮在台北市立高工汽車修護科增設汽車車身修護及噴漆工場，先作示範性培育這些技術人才，所需建築場房及工具設備由美援項下支付。這項工作進展順利，一年後就實現了。

自此以後，Mr. Murray、余煥模及汪啟恩先生都對我有了認識。有次我到南部看完省立台南高級工業職業學校回程途中，在台南機場等飛機返回台北，遇兩三位機場管理人員大聲在談，台南機場堆積了很多美軍報廢物品，而且放了很長時間，其中有廢汽車及零件、F-86戰機機翼、通訊電子器材、冷凍空調機等等，很難處裡。當時我靈機一動，想到這些報廢堪用物品若能贈送工業學校，給學生實習該有多好，也可解決美軍報廢物品管理問題。我順便插嘴問他們，只有台南有這些廢品？他們說，台北、台中、高

雄都有。我沿途一路思考，想到Mr. Murray很熱心，也很積極，經過他的管道也許有辦法得到這些物品。回到台北我將此事報告給余煥模及汪啟恩兩位先生，請他們轉陳Mr. Murray是否可行？兩天後得到回答，Mr. Murray已經向美軍有關單位洽妥，即可辦文轉移。從此，各學校都分到不少學生實習物品，真對他的工作精神佩服不已，為台灣職業教育作出很多貢獻。

　　1963年3月，我與培琳結婚時，Mr. Murray得知消息，也同夫人一齊參加我們婚禮，讓我們感到意外，也感到非常榮幸。十年後，我從美國回來，得知Mr. Murray已在美國加州逝世，當時國內很多早年職業學校的老校長都聯名致函向其夫人慰問及悼念，並感謝Mr. Murray對台灣的貢獻。我當時人在國外未能獲知消息，向這位異國友人家屬致上最後慰問，至今想起仍是心中抹不掉的一件憾事。

第4章　開拓新境界

1）參加早年的美國留學行列

　　我從夏威夷回來後，利用晚間在大同工學院又修讀了一個機械工程學位，算是填補了工業教育缺少的數理及相關科學部分，也引起我進一步再求知慾望。主要是因為教書工作，自己總感覺所學有限，基礎不夠充實，很想有系統的對自己所學領域作一點深入探討。那時，我與培琳已結婚六年，她在中央信託局工作，我們已有兩位女兒，與岳父母同住，一家和諧安定。有關出國讀書，在那個時代的艱困環境下算是一件大事，經過全家研商認為仍是上策。於是1968年，我辭去台北市立高工教書工作，以自費出國進修，到美國威斯康辛大學研究生學院（Graduate School）修讀工業教育，重心課程仍在動力機械。臨行，全家人送我到松山機場，別離時的依依難捨，使我終生難忘。而且這次出國與前兩次心情不同，比較嚴肅、沉重，何時回來？也難作決定。在這趟遠行的飛行途中，心事繁亂難以安眠，多在閉目深思，未來可能面臨的種種問題與應變措施。

2）好友的建言

　　當飛機抵達美國西岸洛杉磯時，好友王積祜先生已在機場等候。王先生對美國環境很瞭解，處事很積極，思考力很強，可稱是一位精明能幹人物。當我們坐上車，首句話就是：「你讀完書就回

去？還是想先在美國工作一段時間？」我說，最理想能夠工作一段
時間，學點實際經驗。他說：「好，我先開車帶你到移民局，你去
要一份永久居留申請表（PR Application Form），將來你到學校註
完冊、選好課後，把這份申請表填好，用掛號寄到州移民局，等待
消息就可以了。」我們到洛杉磯移民局後，現場只有兩三位像墨西
哥人在辦申請手續，人並不多。輪到我時移民官問我，什麼事？我
說，要一份永久居留申請表。這位官員看了我的護照後，皺著眉頭
問我說，你剛入境一個多小時，就不想回去了？這一問確使我難以
回答。我說，要一份申請表有沒有違反你們規定？他立即請示，上
司說，可以給他。就這樣取得了一份申請表。我到學校之後，依
王先生所說的方法處理，當申請表寄出後，三週內就接到移民局答
覆，名額號碼已給，等待面試。又經一個月時間，移民局通知前往
面試，並需要一位生活保證人，同時也收到未來居住社區幾封歡迎
新移民的信。屆時，我帶一位早年工教系的駱學長作我的保證人前
往。移民官很客氣，讓我們坐在沙發上，並倒了兩杯咖啡，核對我
的資料，簽好字就完成了，讓我回去等。從申請到拿到永久居住
證，算起來恰好三個月。這個證件真有用，暑假開車進出黃石公
園、加拿大，只要一看就可通過。後來畢業找工作，這個證件也發
揮很大作用，確實幫助很大。幾十年後，每想起這件有趣的事，真
敬佩這位好友的處事經驗和摯誠協助。

3）意外的獎學金

　　1969年初，我向威斯康辛大學報到，住進學校宿舍後，即前往
研究生學院拜見院長Dr. Swanson。因我來前曾接他的來信告知，
因獎學金問題希望我秋季來。但我計畫已安排妥當，不易更改，仍

在春季趕去。其實這次前往拜見主要是表達感謝，沒有想到Dean Swanson一談就半個多小時。他知道我有工業教育及理工學歷背景，又有實際教學經驗，還到夏威夷當過交換教師等，好像對我有些特別禮遇似的。離開時，Dean Swanson又告訴我，明天上午來看研究生學院的公佈欄。次日上午按時前往查看，果然有我一項，說明給予全額免學費獎學金650美元。那時，美國汽油每加侖只要8美分，真是出了我的意外。其實，在昨天的談話中我並沒有提到獎學金的事，純粹只是表達謝意。有了這份意外的補助，當天下午我就到舊車市場花250美元買了一部已用過六、七年的Oldsmobile 98型二手舊車，哩程雖有些高，但性能、車況尚不錯。因美國中西部的Minnesota、Wisconsin、Illinois區域冬天極寒，通常多在零下，有時會降到零下三、四十度，到處白茫茫一片，積雪深厚，整個冬天都不融化，沒有車子就看不到校園以外的世界。不過這部車確實幫了我不少忙，也幫很多國內去的同學處理了不少急事。那時留學生都很艱苦，能買車者確實不多。記得，趙寧兄去美留學時，在台灣臨上飛機還唱著他的打油詩：〈風蕭蕭兮易水寒，壯士一去兮洗碗盤〉，這雖不能代表當時的全部留學生，但也是多數留學生的心聲。我也是傾全部家中積蓄換了5,000美元的保證金，匯到讀書的學校，才通過美國大使館簽證。回想當時，國家元氣未復，國民所得偏低，留學生也窮。但是，面向未來，每個人都滿懷希望與美好遠景。

4）東西方社會與文化的差異

這年，感恩節的前一週，Dean Swanson邀我到他家過感恩節，對我來講過感恩節還是第一次。我知道故事的來源，這是美國人家

庭團聚、感恩的一個重要節日。去時，我特別到花店選了一盆應景鮮花，開車前往。當天傍晚大雪紛飛，路面積雪深厚，好在我的車子安裝了雪胎，爬上他家的小山坡還算順利，我準時到達。

　　Dean Swanson家中平時只有他們夫婦，今天是大節日，兩個兒子也從外地學校回來，算是闔家團聚。當晚的一道主菜「烤火雞」是Mrs. Swanson的拿手傑作，把火雞烤的皮黃肉嫩，Dean Swanson和我都一再讚美。兩個兒子也同聲講：「媽媽的烤火雞已有很多年經驗，這次回來就是要吃媽媽烤的火雞。」飯前由Dean Swanson帶領大家作簡單禱告：「感謝主的恩賜，並賜福大家。」飯後Dean Swanson談起家世，才知道他們家族是19世紀末，由北歐移民而來，他已是第三代。父母親仍健在，只是年長行動有些不便，住在

30年後，1997年9月經過威斯康辛時與Dean Swanson及其夫人合照於其府上。這時，他已從威斯康辛大學（Stout）校長退休10年。

外地老人院中，前幾天剛去看過。我聽說把父母親安置在老人院中，使我頗感意外。我想Dean Swanson受這麼高教育，當到大學一個學院院長，經濟條件又不差，為什麼還把父母送到老人院，而不自己奉養？從我們傳統倫理的「事親孝道」來想，真是難以理解，這個問題一直困惑我很長一段時間才明白過來。原因是美國大環境與我們不同，早已不是農業時代的大家庭制度，而且在美國這個高度工業化社會中，每個人都忙，且各有自己的生活環境、習性及自由等等。年長者寧願住老人院與老人相處，多不願與子孫住一起，以免影響生活上的不便。再者，美國的社會福利、退休制度及醫療保健已非常完善，不必是三代同堂，也可達到「老有所養」。從這個簡單事件，讓我深刻體會到美國這個西方先進國家，不論在現實生活及思想觀念方面，都遠遠超過我們一段距離。

5）西方的三育（智、德、技）教育

我進入威斯康辛大學修讀的研究課程，除必修的《高等心理學》、《哲學》及《研究方法論》費時稍多外，專業方面的課程多集中在動力機械有關方面。除此之外，我還選了當時最流行的《未來學》（Future Studies）、《美國工業》（American Industry）及《學習領域分類學》（Taxonomy of Learning Domains）。尤其是《學習領域分類學》的作者們把西方「三育」教學中的〈智育領域〉（Cognitive Domain）、〈德育領域〉（Affective Domain）及〈技能領域〉（Psychomotor Domain）依邏輯推理方法，按照層次分別訂定其難易程度及等級，可以用來把每一教學單元的難易層次、目標定位都能劃分的非常清楚，很容易用來評定教學成效，也促使了以後「能力本位教育」的發展。另外，我也閱讀了不少西方

當代名著，其中有美國社會心理學家馬斯洛（Abraham Maslow）的作品，他依據人類需求的迫切性，將人類的動機劃分為五個層次，即：〈生理上的需求〉、〈安全上的需求〉、〈愛與歸屬上的需求〉、〈自尊上的需求〉及〈自我實現上的需求〉，形成了1960年代至為著名的《需求理論》（Hierarchy Need Theory）；以及奧地利精神分析學家佛洛依德（Sigmund Freud）《人格論》的〈原我〉（id）、〈自我〉（ego）及〈超我〉（superego）等，都可協助我在日常生活中判定事物的合理性與人的人格傾向。這些新書對我來講真是受益匪淺，我的碩士論文寫的是《能力本位單元教學法》，就用了《學習領域分類學》中的三育（智育、德育、技能）寫出每一教學單元要求的等級與教學目標。

　　當時，我也曾閱讀過西方教育史，歸結起來，從古老的希臘、羅馬、文藝復興一直到現代，西方教育一般大致都是採用「三育」教學，即我們所說的智育、德育及技能。與我國教育所採取智、德、體、群「四育」相比，我們獨缺西方教育中的「技」。「美」是後來朱匯森先生當教育部長時加上去的，那時我在國立台灣工業技術學院負責教務，有一次會議上朱部長提到學校四育教學仍嫌不夠，要加「美」才算完善。當時讓我立刻想到加「美」不如加「技」，較符合現在及未來社會需要。於是我發言並提出一套加「技」的理由，雖獲不少出席者附議，但最後的結果未能成案。主持會議者的解釋是，我們教育中已隱含了《六藝》的〈禮、樂、射、御、書、數〉在內的生活技能，沒有必要再強調「技」的需要。四育中的「體、群」二育是在清末民初我國民族被外國冠上了「東亞病夫」和「一片散沙」之恥辱後，而提倡的。至於教育項目多少與類別，並無確切定論，主要是隨一個國家、地區或時代、環境、需要而訂定。

　　我在威斯康辛大學停了兩個學期與一個暑假，整整一年完成碩士學位，後任職於美國Ford汽車公司擔任工程師。1972年8月回國，參與教育部技術職業教育革新工作。

第二篇

有幸受邀參與我國技術職業教育大革新，建構進修體系與籌創國立台灣工業技術學院，現在的「國立台灣科技大學」

第5章　任職教育部

1）行政生涯的開始

　　九月初，教育部專科及職業教育司長陳履安博士邀我去見面，我與陳司長過去並不認識，我回國前只與陳司長通過一次信。我知道他是陳副總統辭修先生的長公子，他曾在麻省理工學院修讀電機工程、紐約大學攻讀數學，回國後當過明志工專校長。初次見面陳司長給我的印象是年輕、和善，姿態不高，沒有舊官場習氣，且處事積極，簡要明快。我們談的時間不長，但對未來技職教育的看法卻一致。陳司長很希望我早點報到上班，給我的工作是負責技職教育體系各類學校課程及課程修訂工作，職位是專員。因教育部是政府行政機關，需要公務人員任用資格，這一點使我憂慮、思考，是否留下來？一週後，技職司又以掛號快遞郵件通知我去見司長。陳司長說，「你的桌子都擺好了，我帶你去看次長，馬上就上班。」我上班之後瞭解到課程歸屬第三科，科長姓胡，年齡六十歲以上，毛筆字寫的很好，為教育部少數資深人員。早年在總務司負責部內福利業務，兩年前因技職司科長出缺而調來升為科長，掌管全國職業學校及專科學校課程。我到職後這部分的業務他充分授權給我，我們相處非常和諧。有次行政院轉來一份需要答覆的公文，不知何故在他那裡壓住很久，又是用舊公文方式文言文（即我們所說的八股文）所寫，要我回覆。我把公文看了幾遍，對問題答覆很容易，只是八股文的承上啟下寫法真不知如何下手？胡科長笑了笑，開玩笑的說，你們國外回來的學人也有不能的事情！讓我深感他的幽

默、也帶些諷刺。好在不久，行政院蔣經國院長下令改革公文簡
化，否則不知又要為難多少年輕公務人員。

2）為建立技術職業教育體系作前導性研究

　　我因有工業教育及理工背景，以及多年實際從事技術職業教育
經驗，對專科學校及職業學校所開設課程多有瞭解，而大多時間我
在作建立技術職業教育體系所需的分析工作。當時，我想到兩個
問題值得先作探討：一個是每年從各級教育產出進入社會的整體
人力結構是怎樣？非技術人力與技術人力所占的比率是多少？另
一個是大學及獨立學院聯合招生報名人數已近十萬人，且每年增
加，而錄取率多維持在百分之二十八到三十之間，要進入大學之
門確實不易。不僅當時在校學生、師長及家長深感升學壓力，而
教育部亦為此事至為困擾。我看到這種情形，使我聯想到大學校院
聯招報考這十萬人中是什麼樣的分子組成？職校畢業生報考人數及
所占比率有多少？錄取率又有多少？因那時經建會規劃的人力培育
政策，高中與高職入學人數為3與7之比。每年職校畢業生人數眾
多，比率亦大，亦需要作一個分析探討。我向司長建議，先作這兩
個分析探討，作為建立「技術職業教育體系」的前導性分析研究
（Preliminary Study）。陳司長很贊成，除大力支持外，也給予不
少指導。這兩個分析探討，分別是：

　　一、〈由各級教育產出：看進入社會整體人力結構〉。這一
　　　　份分析探討是採取1971年資料：以1965年國民小學適齡
　　　　入學人數為基準，此時入學率已達百分之九十七。並把
　　　　進入社會之人力階層分為國小人力（指輟學及畢業未再

升學者）、非技術人力（指國中、普通高中輟學及畢業
未再升學者）、技術人力（指高職及專科）、高級專業
人力（指大學及研究所），主要在瞭解進入社會的各種
人力結構及所占比率，以作未來技術職業教育推廣的參
考。這份分析發現1971年時由各級教育進入社會之人力
總數有324,316人。其中國小人力占32.4%，年齡多在12
歲及12歲以下，未完成9年應受之國民教育，而進入社
會；非技術人力占37.3%；技術人力占23.9%，而高級
專業人力僅占6.4%。

二、〈從大學及獨立學院聯合招生報考組成份子分析：探討
技術職業教育推廣的方向與範圍〉。這一份分析報告是
採用當時過去五年最新聯招資料，發現：每年眾多的職
業學校應屆畢業生報考大學校院聯招，錄取率只有千分
之六，沒有一個考進公立大學；當時有公、私立普通高
中230餘所（含補校），其應屆畢業生報考大學校院聯
招，錄取率在5名以下或0（無人被錄取）的學校就占了
一半，每年那麼多的普通高中畢業生沒有就業技能，又
考不取大學校院；而且當時的大學校院聯招報考人數已
近十萬人，每年均有相當比率的增加，多為應屆、非應
屆職校畢業生。

　　由於，大學校院聯招報考人數年年增加，教育部與社會各界也
深感升學競爭日益嚴重。此時，又恰逢國內產業轉型，缺乏各級專
業應用方面技術人力，顯示大學校院聯招制度有待改進。上列這兩
份分析報告除顯示每年由各級教育產出進入社會人力結構需要調整
外，也顯示出建立完整「技術職業教育體系」的需要性。

　　這兩份分析報告附有甚多參考數據，費時三個月完成。陳司長看後給予我不少勉勵，並在部務會議上提出報告，可能是這兩份分析報告簡明扼要的關係。主持會議的蔣彥士部長問陳司長：「這些分析報告是誰做的？」陳司長很坦誠的向部長報告說：「這是我們司裡新來的一位專員馬道行費了將近三個月時間所完成的。」會後據陳司長說，「當時在討論這份報告時，教育部臨時編組的世銀貸款小組主管認為這類研究報告應該是他們的業務。」我想，也許那時部裡各司處業務繁忙，沒有人有時間來做這樣的分析研究。另一原因是世銀貸款小組有一貸款項目補助未來技術學院成立時購買設備關係。否則，真是風馬牛毫無相關之處。從此，我對陳履安司長有更深一步的認識與敬重。他到底是出身世家，心胸大、坦誠、無私。也因為這件事情，蔣部長知道部內有位新來的馬專員。

3）以行業分析法，訂定職校、專科核心課程

　　國內首所技術學院要成立，在課程方面需要與專科學校及職業學校作銜接，成為一個完整的技職教育體系，讓專科、職校畢業生未來有一進修途徑。教育部首先對已經使用十年的各類職業學校課程大綱作修訂。據記載，過去十年間也有兩次修訂，但最後都被推翻，沒有完成。動員不少人力，花費很多時間，歷任司長對職校課程修訂認為是件繁重工作。因職校校長們對有些科目及教學時數各有己見，屢受他們批評。

　　這回邀請校長開會聽取對職校課程修訂原則上的意見，很多校長仍是各有各的看法，有的說職校學生英文太差，要增加教學時數，有的說高工要開微積分，有的說物理、化學要加強，也有的說國文、音樂……以至於歷史、地理……等等都需要增添，而每位校

長發言都很激昂，一場會開完，卻是難以作出結論。參與會議的校長先生們，我大致都認識，他們個個都是資深校長，在職業教育界有聲望與地位。過去職校課程修訂都是這樣被推翻的。

　　我向上司建議，這類會議暫停，我們需要作一個研究來解決這些問題。於是我想起早年在大學裡修的一門課，叫《行業分析》（Trade Analysis），把它稍作轉變即可用來解決這個問題。於是又做了一個前導性的研究，訂名為「以行業分析法，訂定職校、專科核心課程」。選用師大工教系高年級學生，而這些學生需是高級工業學校各單位行業科畢業的，也邀請部分老師及企業界資深技術人員參與，分科討論各行業中的每一個「技能操作」所涉及的數學、物理、化學的深度與範圍，並一一列出，最後歸結出是初中、高中、還是大學程度？再與當時學校提供的數、理、化相比較後，對培育一位現代「技術工」來講已足夠應用。此分析報告完成後，並建議部內能夠同意放寬管制，只列管專科及職校核心課程科目及教學學分或時數，以不超過百分之六十為原則，其他百分之四十交由地方教育廳局及學校，按其地區、特性需要自行調整，教育部不必列管。此案在經部內協調過程中，督學、參事先生們也有很多不同意見與看法。但經陳履安司長、郭為藩次長多方溝通、解說及蔣部長的大力支持，最後得到同意。再召集各類職校校長開會，算是無異議順利通過，拖延十年之久的職校課程修訂終於結束。

4）禮遇：所遭受的譏笑與屈辱

　　從此以後，我在部內頗受人注意，也感受到部分長官的關懷及禮遇，同時也引起少數同仁相反的諷刺評語。我雖然姿態很低，但仍有人說，「教育部薪水那麼少，職位又不高，完全是來拉某某人

的關係。」這一點我確實沒有想過。其實,真正引我到教育部來的
主要原因是希望能夠協助改進技職教育,為職校、專科學生建立一
條完善進修途徑,是我多年的殷切願望,也只有實際參與這個高層
機構才有可能實現。還有一次,一位督學先生在教育部三樓走廊相
遇,把我拉到牆角向我說,「你根本不懂教育法令,也不懂處理公
文程序。你只是一個小專員,還沒有任用資格。以後意見少一點對
你比較好,我是好意告訴你。」這一指責讓我心中難過很久,深感
做事真難,也讓我多次向陳司長表達想離開教育部。這位督學先生
對我的不滿,經過多日以後我才瞭解,事出於職校課程修訂的公文
上,我強調:一、教育部放寬管制,給學校教學適度彈性;二、這
次職校課程修訂是採用「由下而上」方式。而督學、參事們所簽註
的是應該「由上而下」,請部長裁示。結果,部長批示:「由下而
上」較妥。

　　有次週末晚上,為其他事我與在美國的顧柏岩師長通電話時也
提到這件事,因顧柏岩先生早年在教育部擔任過國際文教處處長,
對教育部內部情形也很瞭解。他說,「不必太在意,這種情形在一
個團體中常有的事,唯一方法是姿態要更低,而功不必在我。」這
句話到今天一直仍記憶深刻。

5）最優等通過國家第十一職等公務人員任用考試

　　不久,政府公告舉辦:六十二年分類職位公務人員第九職等以
上考試,要求報考者的著作要五萬字以上,附學經歷證明及健康檢
查等。我原先並沒有打算參加,加以工作又忙,意願確實不高,所
以沒有準備。後來陳司長鼓勵我說,「要考,如果資歷夠,可選考

最高職等。」當時距報名截止日已經不到一個月時間，按照規定，要臨時寫出五萬字的著作實在已不可能。既然上司一再鼓勵，我就利用晚間及週末寫了約17,000字，配上幾個圖表幫助說明。標題是，「在科技快速發展下，引起社會變遷與人力結構轉移：我國技職教育未來的發展趨勢」。只是一篇尚待發表的文章，我依此申報教育行政第十一職等，私下前往報名，未經教育部推薦，原因是我職位太低，人事處這一關就通不過。在我想來，這次雖報了名，機會也不大，很可能在審查著作第一關就被刪除，因著作不夠五萬字，也沒有正式出版，所以也不抱希望。而且十一職等教育部只要一名，這次舉辦考試，在教育方面，主要為現職次長、司處長、教育廳、局長所提供，因他們都有高學歷、年輕、優秀，也都在職位上，就是缺少公務人員任用資格。大概經過兩個月後，考試院通知我前往口試，時間安排在兩週以後，從上午九時到中午十二時，讓我至感意外！心中又驚又喜，知道第一關沒有被刪掉，可能會有一絲希望，使我開始認真起來。針對我所寫的內容與涉及的幾個大領域，作沙盤推演與答辯。

　　屆時，我按通知所示前往，口試場設在考試院內，有五位口試先生，其中有三位早年當過大學校長，一位是考試委員金祖年先生，另一位是師大工教系主任許振聲教授。口試前他們已推選出一位擔任主試委員。口試開始後，這位主試委員首先告訴我不要緊張，我們都坐著談，並一一介紹各委員先生。然後這位主試委員說，「你的著作我們都看過，其中跨著幾個大領域，涉及到科學、技術、社會變遷，影響到人力結構與教育問題，可說是環環相扣，用字不多，但推理至為明確，我們想在這些方面交換些意見。」首先請金委員發問，金委員專長在理工方面，是台大教授，好像當過機械系主任及工學院院長，知其名，而沒有見過面。金委

員首先問，「你著作中寫出一連串改變，其動力來源都來自科學，科學範圍很大，茫茫不見邊際，這股力量是怎麼樣形成，我們想知道一下？」這個問題確實很大，聽起來也有些抽象，面對的五位口試委員，個個在教育界都有專屬領域，而德高望重，我一點不敢大意。我說，這個問題涉及整個科學領域，希望能給我一分鐘時間，讓我把大腦中的零碎知識組合起來回答這個問題，幾位委員聽到全笑了。主試委員說，「可以，千萬不要慌張。」主試委員雖嚴肅，但口氣卻很溫和，可能是看到我這個來考十一職等的有點沒有見過大場面，缺少大人物的風度、氣魄。稍作思考後，我的答覆是：若要把這個問題解說清楚，應該從理論科學、應用科學及科學技術三者的密切結合而產生說起。可從其定義中去瞭解，理論科學在研究方面屬原始性的探討，重點在發現新的尖端知識。這一類研究雖無商業性目的，但在某些方面，會引起應用科學家們的興趣，把它轉變應用到某特定方面，去製成產品，去改良原有生產方法或去解決某些問題；而科學技術的研究主要應用在實際產品的製造、工程設計、加工、試驗或維護方面。因此，理論科學發展越快，帶動應用科學及科學技術更進步，開創各領域的廣泛運用，這股力量雖看不見，但我們可體會到它的存在。在我們日常生活中，也常聽說「科學越進步，工業越發達，分工越細」，因而引起人力結構改變，教育也必須適應社會需求而不斷在內涵上或體制上有所更新。這是我的看法，不知我答的是否正確？請各位指正。

　　第二位發問委員是早年當過大學校長，我不認識，也沒有聽講過。但，是一位教育界資深前輩沒錯。他問的是，「你著作中提到我們社會快速變遷，你如何發現社會變遷？變遷有多快？現在的情形怎樣？我想知道。」主試委員接著很幽默說，「你還可以用幾分鐘把大腦的知識整理一下。」大家都笑了，考場的嚴肅氣氛也化解

了。我回答是，我用類比法，選取美國、日本為對象，依過去三十
年、二十年、現在，三個時間點從事農業、工業、服務業人口所占
就業總人口比率變化與我國同時間比較，來判斷我們社會變遷與就
業人口轉移速度。而我沒有採用歐洲國家，如英國、法國及德國
等，原因在於這些國家早已進入成熟、穩定狀態，社會雖有變化，
並不顯著。在我過去閱讀的資料中，大致來講，美國從農業社會，
一步步腳踏實地走到工業化社會，幾乎走了一百年，而後才邁入服
務業社會，所以我們都知道美國工業基礎很強。類比法雖沒有歸納
法與演繹法精確，但大致可以瞭解趨勢、方向。這個比較也發現，
我們台灣從農業社會轉入工業社會，工業化基礎尚未站穩，而同時
又開始轉入服務業社會，流動之快遠超美國與日本，這是大環境所
迫。這樣一來，我國工業化的基礎就比較脆弱，需要時間補實。這
是我的瞭解，不知對否？這兩個問答，中間也有很多插問與答辯，
第一段口試結束，休息二十分鐘。

　　第二段口試開始，第三位委員問，「在你著作中，你特別強調
科技人力層次結構改變及工作領域轉移，而影響教育。你用兩個圖
表作說明，我想知道你依據什麼劃分這些層次？工作領域如何轉
移？如何又影響到科技教育？」我的答覆：一是根據先進國家近百
年來工業發展史與教育發展史作分析，工業在某一時期有新技術的
產生、新設備加入及新職種技術人力出現，而教育也隨需要在課程
上及制度上作改變配合；二是主要原因仍在1945年二次大戰以後，
基礎科學研究提升，讓工程領域隨之上移，而產生空隙，而增加新
的職種，如我呈送資料所述。

　　第四位發問委員是許振聲教授，專長在物理方面，多年以來也
是我國工業教育的領航者，我也是他早年的學生，真沒有想到會在
這個場合見面。許委員問，「你在工業教育方面服務應有十年以上

時間，又兩次出國進修，這次回來在教育部專科及職業教育司工
作，好像也有一段時間，你幫教育部做了些什麼事情？對技職教育
有些什麼重要決策性貢獻？我想聽一聽。」許委員提出這個問題，
確使我心中一驚！是要當眾考我是否有處理重大事務的能力，也確
是今天口試中的一個關鍵成敗問題。經我思考後，向各委員報告：
我到教育部專科職業教育司上班已有七個月，除日常例行事務及開
會外，在這七個月間我已完成三個前導性的分析研究，供教育部建
立技術職業教育體系及課程修訂時作參考。第一個是〈由各級教育
產出：看進入社會整體人力結構〉；第二個是〈從大學及獨立學院
聯合招生報考組成份子分析：探討技術職業教育推廣的方向與範
圍〉；第三個是有關職業學校及專科學校課程修訂方面的，是用
〈以行業分析法：訂定職業學校及專科學校核心課程〉，以便未來
銜接技術學院教育，並簡述各分析所發現的要點。主試委員問我有
幾個人幫助你？我說，除司長是大力支持外，其他人各有各的工
作，都很忙，而且也沒有專長在技職教育方面的。全司中：副司長
是一般資深行政人員；一位專門委員是軍中上校轉職特考分配來
的；第一科科長是學政治的；第二科科長是軍中轉職特考過來的；
第三科科長是教育部總務司管福利的資深人員，借缺調到技職司來
負責專科、職校課程的，也是我的上司。其他同事中多為小學教師
經考試進來的，技職司人並不多，但相處融洽。我作這些分析研
究，司長在經費及僱用工讀生方面都盡力給幫助，解決我無法處理
的問題，也在百忙中常抽空討論研究方法及程序問題。口試到中午
十二點結束，主試委員要我先離場，十五分鐘後回來聽宣佈結果。
我出場後，即感到口試委員們針對著作問的問題不僅很深入，而且
完整無漏。最後還問到當時在職位上的實際能力表現。很慶幸，我
在短時間內完成三個對未來技職教育體系建立有關的前導性分析研

究。否則，難以交代。

　　我回到口試場，主試委員要我坐下，然後解說我的著作及口試回答優缺點、工作表現、研究能力等所作考量一一說明。最後他宣佈，「恭喜你，你口試通過了，我們五個人都給你很高評量，回去安心作一位公務人員，多為國家貢獻。」我也起立向委員們作九十度深深一鞠躬，並一再謝謝。真是，「無心插柳柳成蔭」，我竟然通過了這樣一個史無前例的國家十一職等考試。

　　下午回到部內，像往常一樣工作，偶爾有同事問，只說還不知道。下班回家路上，我想到參加十一職等考試的不止我一個人，而最後還有名額限制，我目前只是個人口試及格了，最後還要比較，待正式公佈才算確定。所以晚上家人問我，我只說：五位口試委員認為我答的還不錯，不過一切要等正式錄取公佈。約兩週後，有了消息，來源不是考試院，而是教育部人事處處長接到考選部電話，轉告說：你們教育部原登記要一位十一職等，可是錄取的不是你們推薦報考的，是外面個人報名考試的。他的答覆是我們不要。對方說，不可以，考試是公平的。人事處處長立即趕往部長室向部長報告這種情形。部長說，你就用我的電話詢問一下是什麼人？經對方說，這個人沒有聽講過，名字叫馬道行。部長說：要，只要合格多錄取幾位，就這樣算是確定了。幾天後正式放榜，十一職等共取五名，林清江先生與我同列最優等，當時林清江先生已在教育部任高等教育司司長，另外還有三位高階人士。原本是應該高興慶賀的，由於我的加入，打亂了所有人的心情。事後，想想也確有歉意。

　　從這件事以後，人事處長首次看到我是用不屑一顧的眼神狠狠望我一眼，意思是說，像你這樣的小人物根本就不該參加這種十一職等考試似的。說也奇怪，不久遇到人事行政局的趙處長，我們認識多年，頗有一些交情，他也給我講，「你考個九職等就可以了，

為什麼考這麼高職等？」讓我聽了好像「丈二和尚摸不到頭腦似的」。也許，在那個時代，有些人事官員的看法、想法與一般正常人不同，也不必深思。最後，教育部發表我為十職等專門委員試用。後來郭為藩次長幽默的說，「天下沒有公平的」。我被錄取一事，不但驚動了教育部同仁，也傳到當時的青輔會，我回國來是青輔會補助機票關係，也蒙主任委員潘振球先生召見與勉勵。

我到教育部一年時間，先後完成三個先導性的分析研究報告，以及職校課程修訂進行順利，這次又通過任用資格考試，深受當時蔣彥士部長及陳履安司長的關注與禮遇。次年，陳司長應美國艾森豪基金會邀請赴美作研究考察，臨行我到松山機場送行，當時有郭為藩次長及國際文教處李鍾桂處長。後來蔣部長從遠處走來，我因職位層次關係，特向一旁退離七、八步之遠。沒有想到蔣部長同陳司長致意叮囑後，向我走來，並對我說：「國立台灣工業技術學院一定會成立。」待部長離開後，李鍾桂處長開玩笑似的問：「部長又同你講了些什麼悄悄話？」

6）考察歐洲技術職業教育

技術學院正式成立前，教育部原計畫組兩個團出國考察技職教育，一團赴美國，另一團赴歐洲。赴美團參加人員有行政院經建會人力規劃小組、專科學校校長、教育部有關司處與參事及世銀貸款小組等人員組成。由郭為藩次長及經建會鎮天錫參事領隊前往。赴歐洲團除我外無人參加，正想放棄，恰巧接到內政部來文邀請教育部派人指導我國參加第二十一屆在德國慕尼黑舉辦之國際技能競賽大會（21th World Skills Competitions）。在這種情形下，教育部派我一人前往，重點仍是參觀德國的技職教育。去前，我曾擬定計

畫、聯絡有關學校，從最基層的職業訓練、建教合作方式、正規職業學校、技術專科到工業大學，以及新近在德國成立的應用科技大學等。

1973年8月1日，首站到漢堡，參觀漢堡應用科技大學（Hamburg University of Applied Sciences），這所大學在1970年才創設，是由三、四個工程技術學院與五、六個高等技術專科學校合併而成，規模大、系所多。我在漢堡停了四天，兩天參觀科技大學，一天參觀西門子（Siemens）建教合作班。第二站到西柏林，看柏林工業大學（Technical University of Berlin）。這所大學有悠久歷史，淵源於一所採礦專科學校，一所建築專科學校，還有一所皇家職業學院，在1879年合併為柏林皇家工業高等學院，1895年就設有博士課程，基礎甚為深厚。1946年後，升格為柏林工業大學，在德國首屈一指。參觀機械系所時遇到一位教授剛從美國威斯康辛大學回去，我自我介紹來自台灣的中華民國教育部，過去也在美國威斯康辛大學念研究所。就這樣關係，好像他鄉遇故知似的，他很熱心為我介紹系所教學及學生來源與就業情形，並帶我參觀校史館，還贈送我一本厚厚精裝的校史冊。我也回贈一幅錦緞所織的「韓幹牧馬圖」致謝。透過他的關係，第二天又看了其他管理方面的教學與設施。

下午去參觀東西柏林圍牆，只見高高圍牆上面還有二到三公尺的鐵絲網，看樣子好像通有高壓電。牆裡面還有高架崗哨，上面架有機關槍，下面尚有狼狗在巡視，就像小說裡所講一樣，佈下了「天羅地網」，東柏林人民要想越牆活著逃出來，可說是希望渺茫。我到柏林因旅館住宿太貴，歐洲出差費一天只有十美元，即是住便宜民宿一天也要十馬克約七美元。我在柏林住了四晚民宿，還參觀了一所職業學校，附設在一個大企業之下，規模不大，學生學習態度與未來企盼就是要有一行業技能，取得證照。對升學多無計

畫，其家庭經濟多屬低收入階層。工場教師在專業方面深有經驗，學歷都不高，重點是要有熟練行業技能與職業品德，類似早年我們大同公司附設的職業學校。

第三站我飛到德國南部第一大城慕尼黑（Munich），這是個文化、啤酒之都，位於阿爾卑斯山北麓。去年夏季奧林匹克運動會就在這裡舉行，這次國際技能競賽就利用部分原奧林匹克場地，空間很大。我提前兩天到達，次日上午由友人陪同前往參觀慕尼黑工業大學（Technical University of Munich）。該校已有百年以上歷史，創設於1868年，為當時皇家所建，是一所高等綜合技術學校，在1970年升格，成為德國著名工業大學之一。科系設置重點在工程及應用科學方面，因校區分散，僅在主校區作參觀拜訪及瞭解教學情形。下午參觀慕尼黑大學（University of Munich），這是歐洲歷史最悠久大學之一。建校於1472年，系所之多，規模之大，學術聲譽之高，都排名世界之前列。

第三天遇週六，國內參賽團體尚未到達，我利用這天時間參加德、奧邊界一日遊。主要看兩個景點：一是阿爾卑斯山中的國王湖，在群山環抱下，湖水清澈，風景秀麗；二是距國王湖不遠的薩爾斯堡，在奧地利境內，入境處須查看證件，關卡人員看到我的護照後，他們弄不清楚，要打電話到他們外交部請示。幾經輾轉詢問後，持中華民國護照可以入境，若持中華人民共和國護照需另辦申請手續。由於這一詢問在關卡延誤了四十分鐘。在等待期間，全車無人抱怨，也無人不耐，讓我體會出西方人的修養真好。只是我深感不好意思，一再用英語向他們表達歉意。參加旅遊的多是德國當地人，他們也搞不懂Republic of China和People's Republic of China，以及Free China的區別，有人要我給予解說，我將形成原因簡要說明，因他們有東德、西德及東柏林、西柏林分裂的感受，反

而引起全車人都對我表示關懷。

　　薩爾斯堡真是名不虛傳，古堡在山丘上，遠遠望去就可看到它的雄偉，迄今已有千年歷史，世界偉大的音樂家莫扎特就誕生在這裡。1970年代，有一部著名經典電影〈真善美〉（The Sound of Music）也在此拍攝，其中Do Re Mi一曲，感人難忘，也讓薩爾斯堡名揚天下。

7）懷念我國職業訓練先進王士杰先生

　　國際技能競賽為二次大戰後的產物，當時在歐洲不論是參戰國或非參戰國，經歷這場大戰之後，都是元氣大傷，經濟蕭條。要恢復工業，重建經濟，需要各方面的基層青年技術人才。此一構想先在西班牙試行幾年後，於1950年由西班牙正式發起這項國際性的技能競賽活動，起先在歐洲地區，然後漸漸發展到全世界。

　　我國早年申請參加這一組織的發起人應為當時的工業職業訓練協會總經理王士杰先生，王先生為我國職訓界前輩，視野廣闊，是一位傑出的經濟與人力方面人才。因1971年我國退出聯合國，導致該協會經援中止，而影響工業職業訓練協會的存在問題。為籌募訓練經費，1972年行政院訂頒職業訓練金條例，1973年成立「全國職業訓練金管理委員會」統籌管理職訓金運用。後因國際能源危機，使職業訓練金徵收失敗而停止。在這樣情形下，使王先生奔走於行政院經合會、內政部勞工司與教育部技職司之間，希望這個示範中心能夠找到一個歸屬。那時內政部尚無此項編制與經費預算，而教育部法令規定只管教育，有關訓練之事都屬內政部管轄，得到的結果都是於法無據，歉難接受。有次會議上王先生的得力助手劉承琛先生曾經向我訴苦，深感灰心的講了一句痛心話，讓我難過不已。

他說，「工業職業訓練協會已經到了有奶便是娘的地步。」

　　這個協會成立在1968年，中華民國獲得聯合國開發計畫署
（UNDP）及國際勞工組織（ILO）的協助，成立了「財團法人工
業職業訓練協會」。並由當時台塑集團王永慶先生捐贈泰山一塊土
地，興建「示範實驗訓練中心」。ILO選派了多位職業訓練專家前
來協助，其中有幾位來自西德，經驗豐富又熱心。此示範中心為以
後的北、中、南職訓中心奠定基礎，對我國職訓發展功不可沒。這
些成果王士杰先生從申請ILO協助開始就是主要人士之一，至今仍
懷念王先生對我國職訓開創的奉獻。這次慕尼黑國際技能競賽是我
國第二次正式參加，也是我國首次有女士參加服裝設計比賽。共有
十五個國家報名，二百八十多位選手參賽。國際技能競賽籌備單位
可說是經驗豐富，規劃完善、場地佈置、規則說明、評審裁判資格
等均經審慎考量。

8）紐倫堡的友人Mr. Latz夫婦

　　競賽第三天，我需趕往紐倫堡（Nurnberg）拜訪市府教育單位
及參觀紐倫堡市就業服務中心。紐倫堡為巴伐利亞省僅次於慕尼黑
的第二大城，人口約四十五萬，建於十一世紀。有中世紀的古老風
味，也有充滿生氣的現代都市特徵。二戰後期經歷嚴重破壞，幾乎
成為廢墟。戰爭結束後，1945年10月舉世聞名的納粹戰犯大審判就
在這裡執行，使紐倫堡聞名世界。此行主要目的是要瞭解德國基層
教育行政，對轄區學校管理制度、授權及監督方式。接待我的是位
已退休仍有部分兼職性的督學Mr. Latz。 Mr. Latz瞭解我要詢問的
事情後，就安排我的行程，先帶我去看市政廳的就業服務中心，看
完後中午帶我在老城吃簡單德式午餐，談我要知道的問題，這樣可

省去不少時間。在參觀就業服務中心時，看到巴伐利亞全州各地區的求才電子看板，讓我感到新奇，該州已把電腦與區域電信網路開始結合應用，使信息傳遞又廣、又快，這點比國內要先進很多年。

中午Mrs. Latz也從附近家中趕來與我們相聚，就在廣場旁遮陽篷下同吃德國式黑麵包夾的大三明治和不加糖的黑咖啡。Mr. Latz夫婦談起1970年時到亞洲旅遊，曾來過台灣與記憶中的Formosa。是乘郵輪在基隆上岸到台北，時間很短暫，看過總統府，知道蔣介石是當時總統。這樣一談把我們距離拉近了很多，我告訴他們，我是出生在中國大陸，從小經歷二次大戰及國、共內戰。1949年，我十七歲獨自一個人輾轉逃到台灣。後來學技能、考大學及到美國進修，1972年回到台灣，現在任職教育部。這次來德國是要瞭解你們技術教育為什麼辦的這麼成功？現在我們政府要籌建技術職業教育體系，設立一所工業技術大學。我已經看過你們的漢堡應用科技大學、柏林工業大學、慕尼黑工業大學及幾所技術職業學校。今天來此地主要是想知道你們國家科技進步、工商發達、人人實事求是、安守職業本分、人們又節儉樸實，這種精神、意志，在家庭與教育方面是如何開始培育養成的？

Mr. Latz夫婦早年都在慕尼黑工業大學修讀化學，畢業後同到紐倫堡工作。Mrs. Latz在一所中學任教師，Mr. Latz在一家化學公司任工程師，結婚後過了一段安定生活，緊接著就是歐洲戰雲密佈，二戰開始。後期Mr. Latz被調往軍工廠工作，一直到戰爭結束，幸運能存活下來。復員後，Mr. Latz轉任一所技術學校任教多年，後被推選任教育局督學性質工作，亦將正式退休，安享晚年。他們對我問的問題，認為可歸結下列三點：

一、是德國良好的社會傳統習俗沒有因戰亂和社會轉變而遭

致破壞，從工業革命以來德國就非常重視工業與科技研發，教育分成兩個主流：即普通教育體系和技術職業教育體系。普通體系由小學、中學、大學至研究所，授予學士、碩士及博士學位，教育目標在培育基礎研究與開發人才，對學生要求強調一般通識、數理要強，在小學、中學期間班級老師就會注意輔導，常與家長聯繫溝通，最後要通過大學入學資格考試，才能進入普通大學。各大學對教授要求要有高學歷與學術研究成果及論文發表，同國際間的普通教育應屬一樣。而各級技術職業教育主要在培育產業界所需的各種技術人才，各地區設有職訓中心、職業學校、技術專科、工業大學、科技大學，也授予學士、準碩士、碩士及博士學位，但都偏重在應用方面，且德國企業界大都願意提供學生實習機會，並能認真監督，共同培育新一代人才，可說是德國建教合作最成功的地方，對教師、教授的要求除學歷外，大都要五年以上的實際工作經驗，還要有良好行為品德，這些傳統信條，至今仍有其約束力。

二、是宗教信仰與家庭教育，從小就培養孩子誠實、儉樸、有禮貌、遵守紀律等美德，以便將來服務社會及做一個好國民。

三、不論是政府或民間招聘人才大都能遵循公開、公正遴選原則，找到適合而有能力的人，對社會有良好示範作用。這些種種的傳統約束力，讓德國在戰後能夠迅速恢復。

這三點是我今天的收穫，從直接或間接驗證都是德國教育成功背後的基石。也讓我想起十六世紀時，一位德國宗教改革家馬丁路

德（Martin Luther）說過一句話：「即使我知道整體世界明天將要毀滅，我今天仍然要種下我的葡萄樹。」充分表示了德國民族的崇尚理性、注重實效精神。我非常感謝Mr. Latz夫婦這麼熱心、友善陪伴我一天。臨別，我贈送他們一幅四十公分正方裱好的牡丹國畫，上面寫有中文「洛陽牡丹甲天下」，我也向他們解說文字的意思，還教了他們每個字的拼音，及講到「洛陽」為一地名，是我幼年的生長地方。Mr. Latz夫婦堅持要送我到車站，並沿途介紹紐倫堡景點名勝，大教堂、聖母院、著名的兒童玩具市場及玩具博物館等。讓我不禁問Mr. Latz夫婦，世界著名童話故事作家霍夫曼（ETA Hoffman），在十九世紀初，所寫的胡桃鉗和老鼠王（The Nutcracker and The Mouse King）聖誕夜故事的「虛擬」意境是否就在紐倫堡？他們思考一下說：「有這個傳說，是在市政廳，就是今天你去的地方。」讓我們三人不禁哈哈大笑。紐倫堡實際上在二戰末期，盟軍大轟炸下幾乎成為廢墟，現在所見一切都為戰後仿古原貌所修建。此行，讓我深深感覺到德國真是一個了不起的國家及了不起的一個民族。

9) 人人都說職業教育重要，但非富人所愛

　　國際技能競賽結束後，我隨韓顯壽學長去司圖加（Stuttgart）看一個職業訓練中心。晚間，韓學長邀請該中心主任夫婦，還有一位從泰國來的技術學校校長，共五人，在一家中國餐館晚餐，這一對主任夫婦對中國菜非常欣賞，一再誇讚好吃。高興之餘，談到他們的兒子今年考取大學，心中十分高興，主動贊助費用讓兒子攜女朋友一同到西班牙度假去了。我聽後，低頭微笑，想到在美國讀書時常常聽到的一句流行話：「職業教育人人都說重要，但非富人所

愛，不會讓他們的子女去學這種謀生技能。」德國的富有人士也是一樣，讓我不感意外。

　　次日，韓學長介紹我司圖加有一高能雷射應用研究中心，主要應用在重工業方面，如造船工業等。我對此頗有興趣，因為高能雷射尚可衍生其他甚多高新技術，並取得該中心設施及訓練資料，算是結束德國之行。在我回程路上，一直思考東西方民族的文化思想及傳統習俗差異，有很多政策在歐美推行都很成功，但移到我們國內就變了樣，技術職業教育也是如此。只可採其長，以補己之短，把現有架構稍作調整，我國的未來技職教育體系功能，也可達到德國技職教育之成效，勿需全盤接納。

10）回國途中，貝魯特的一場驚魂記

　　回國途中，飛機到達黎巴嫩首都貝魯特（Beirut）機場後，需轉機再往東飛，不知為什麼接班飛機延誤了，時間改到次日清晨五時起飛。航空公司安排我在市區附近旅館住宿一晚，由航空公司人員陪同辦理出機場手續。只見機場內外很多軍人，服裝不整，手提衝鋒槍，在一旁有說、有笑，各種姿態都有，看著幾個入境客人。讓我想到過去在大陸戰亂時的經歷，使我心驚不已。貝魯特面向地中海，背靠黎巴嫩一條長長山脈，是地中海東岸最大港口城市，風景優美，氣候宜人，有東方小巴黎之稱。沒有想到今天會有這樣恐怖場面出現，這可能是黎巴嫩的不祥前兆。我坐上航空公司安排的車子，已是晚上七時，天色已暗，車上只有司機和我。司機告誡我：不可講英語，不可外出，吃完晚飯就熄燈睡覺，明晨三點我準時來接你。由機場開往旅館，車行二十幾分鐘，遠望濱海大道路燈明亮，高樓林立，入夜車輛、行人稀少，顯得非常冷清。也許當地

人正在憂愁一場大的內戰即將爆發。

　　次日清晨準時趕到機場，在出境海關被質問甚久，為一個007手提箱，幾個軍人圍著我，翻過來，翻過去，說為什麼這麼重？我把所有東西倒出，仍有懷疑。最後一位軍官走來，看了看，敲了敲，又看了看我的機票、行程，然後向他們使個眼色，可放行。這一幕情景讓我出了一身冷汗，至今想起，心中仍有餘悸。

第6章　完成技術職業教育體系的理論基礎

1）工作的使命感

　　1973年11月15日，教育部發佈技職司陳履安司長兼任國立台灣工業技術學院（National Taiwan Institute of Technology）籌備處主任，規劃創設國內首所技術學院。陳籌備主任隨即展開成立籌備處，執行秘書由技職司副司長吳元新兼任，副執行秘書由教育部臨時編制之世界銀行教育專案貸款小組組長郁松年兼任。下設：秘書組、課務組、師資甄選組、建築設備四組。我被派負責課務，按當時章程所訂，其中有：一、關於課程之設計、發展研究等事宜；二、關於蒐集有關教材、教法之資料研究事宜；三、關於招生考試之計畫執行事宜；四、關於建教合作之策劃推展等事宜；五、關於教師之排課、教學計畫及課程大綱之編訂事宜；六、關於臨時交辦事宜。

　　在上述我的職掌中，第一條「課程設計」，即涉及到未來這所學校至為關鍵的核心問題。在我深思之後，瞭解到絕對不是以前規劃時，所歸結出的「培養工業界所需的高級實用人才」，那麼簡單的一句話就可以了結的。而且，國立台灣工業技術學院在我國將是一所新型態制度下的高等學府，並無前例可循，必須找出這所學校未來在國家整體教育中的定位在那裡？與普通大學工學院的差異在那裡？以及畢業生在未來就業市場的人力結構中定位在那裡？而這些重要問題都需要一一分析、求證，才能來設計課程。換句話說，

我國技職教育發展到這個階段，需要一個完整「體系性的理論基礎」才能說明及顯示其不同的領域、特徵及地位。國際間雖有很多技術學院，但由於各國環境與文化差異，教育功能也不盡相同，而且都沒有一個完整的技術職業教育體系，像我國規劃的這樣，由職業學校、專科學校到技術學院，將來還要授予應用科學方面的學士、碩士及博士學位。再者，有關定位也涉及著未來這所學校聲譽、地位，以及畢業生前途遠景，可說至為複雜而重要。陳籌備主任把這份工作給我，也讓我深感他對我的信任與器重，是一種榮譽，也伴隨著帶來的責任與壓力。

從此，為這個「體系性的學術理論」問題，正式開始在我腦海中思索。首先，讓我想到的是調閱所有過去教育部有關籌劃成立技術學院及建立技職教育體系的檔案，又到經建會人力規劃小組詢問及查閱有關這方面的原始資科，希望能找到最初的規劃研究。但，看所有檔案後能找到的依據，就是「隨科技發展，促進我國工業提升，需設立技術學院培育高級實用技術人才」這幾句話。至於，技術學院如何定位？如何高級？高到什麼程度？沒有進一步寫出。雖然，技術學院曾倡議多年，也開過多次會議，但經建會與教育部間卻無人作深入分析探討。也許，當時根本沒有人會想到這些較深層次的問題。

2）探討技術職業教育體系的需求與成因

我從1972年9月，進入教育部專科職業教育司後，一年多來每天例行事務繁多，幾乎所有需要費時深入思考的問題，我都安排在非上班時間進行。為探討建立這個體系性的學術理論依據，我每天下班後及每個週末，多在台大、師大圖書館或重慶南路書店查尋國

內外有關的資訊。在那個年代，除交通不方便外，國內電腦才剛剛問世，尚未普及，網路也沒有建立，所能夠參閱的全是書本、期刊平面資料，加以當時各大學校院圖書館都是非開放式，找尋、查閱非常不便，使我費時數月之久。然後，加以思考彙整，開始試寫這套概念性的理論基礎。

依據我閱讀過的資料，讓我體會出技術職業教育開始受到社會重視及有較快發展，主要是在二次大戰結束以後，先進國家把科技研發的重心從軍事轉向到民生工業方面，促使了社會經濟快速成長，人民生活改善。這種快速發展帶來的衝擊，使原有的社會型態、行業結構及生活方式等都起了很大的改變。在轉型社會中，新型態的技術職業教育開始形成，最為社會所需及發展最快。先是由職業學校的職業教育隨著社會需要延伸到專科學校的技術教育，再由技術教育延伸到技術學院的科技教育。而在教育的本質上也由基本之技能（Skill）傳授，轉移到中級技術（Technique），再由中級技術推展到目前的科技（Technology）。這一連串的改變，把原本以農業為主的社會推向到一個高度工業化的社會，並使人力資源在結構上也隨之大量轉移與調整。這是過去近三十年來國際間的一個大趨勢，也是世界主流。我們的技職教育也必須要向上提升，以培育高級技術人力，才能促使國家工業進步、經濟成長及社會繁榮，這是國立台灣工業技術學院成立的必要性。

為了能夠清楚表達科技與技職教育近年來的演變關係，以及各級技職教育的新定位，下列這些探討將以科技的領域、科技人力層次結構轉變及工作領域轉移等觀點，解說工業先進國家與我國這二、三十年來技職教育的演變經過，以及體系性理論基礎的形成。並以圖表方式將工程任務、工程人力分佈及教育三者的關係作解析，說明國立台灣工業技術學院教育與一般大學工學院教育之異同。

3）科技的領域

「科技」這個名詞有兩個解釋：一個是科學與技術的簡稱；另一個則是指科學技術而言。其涵蓋著一切科學理論實際應用的一個廣大領域，要探討這個廣大領域，我們必須從科學去著手。因為科技是從應用科學及理論科學研究而來。否則，從事探討者，在這廣大的領域中會有不知廬山真面目的感覺，很難釐清界限。科學是一個集合名詞，它概括著下列三大領域，即所說的理論科學、應用科學及科學技術。這三者的關係及範圍，可從下列定義中去理解：

> 理論科學——在研究方面，屬於原始性的探討，主要在發現新的尖端知識。這一類的研究，多無商業性的目的，但這些新知識的發現，在某些方面，可能會引起有潛在力的興趣。
>
> 應用科學——應用科學的研究，主要是把從理論科學所發現的新知識、新理論，轉變應用到某特定方面，去製成產品，去改良原有生產方法或去解決某些問題。
>
> 科學技術——科學技術的研究，主要應用在實際方面，如產品、工程設計、加工製造、試驗及維護等。

以上三者的關係、結構、功能及演進過程：其中理論科學所得到的新知識、新理論是從屬於哲學領域中的一種概念，經過邏輯思考、推理、實證而來；而應用科學則是將這些新知識、新理論作轉變應用到某特定方面，首先須推導出一種原始模型（Proto-type）

或一種新方法；科學技術則是依據新開發產品規格需要，將原始模型再設計、改進，然後加工製造，製成實際應用產品，這一連續過程如圖一所示。

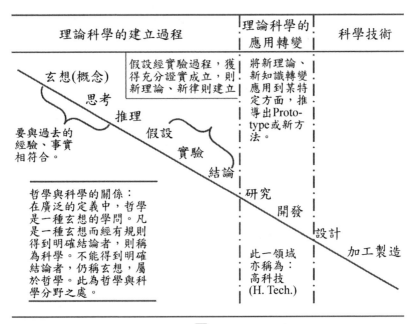

圖一

在此，需要一提的是科技領域中還有兩個重要且常用的名詞：一個是工程（Engineering）；另外一個是工業（Industry）。也有必要在這裡給予一個簡單、扼要的說明。否則，也會像科學一樣，令人難以理解。

工程——它與理論科學及科學技術有著密切關係，是二者間的橋樑，屬於應用科學。擔任著將理論科學發現

的新知識、新理論，轉變應用到某特定實際方面，製成產品，或提供有益於人類的服務。所以工程一詞，它隱含著四個大的任務，即我們所講的「研究、開發、設計、生產」。工程的定義，在廣義方面來講，它就是應用科學，涵蓋著一切有形與無形的塑造與建設。例如，在生物、醫學、農業、教育、宗教、藝術等的改良、移植，以及精神、人格等的塑造、建設等，都可稱之為工程。所以工程一詞，不限定只是在工業方面。

工業——這個名詞也像科學一樣，比科學、科技還要抽象，還要難以理解，外表很龐大，看起來浩瀚無邊。你若從事物正面去找尋答案，那就難了，而答案多是「也是、也非」，很難概括完善。要想很清楚看到它的「原形」是什麼？我們應該先從「企業」去著手。企業的定義，應該解說為：企業在我們社會上是一個組織，以生產產品或提供服務，滿足人類需求，並從中謀取經濟利益為其主要目的。工業的定義，我分析歸納為：工業是一個集合名詞，其涵蓋所有生產類似產品或提供類似服務之企業。如汽車工業，在我們國內經常聽到的有裕隆汽車公司、福特汽車公司、Honda汽車公司、Toyota汽車公司等等，這些企業所生產的產品同樣都是汽車，所以我們可以稱其屬於汽車工業。以此類推，如機械工業、電子工業、塑化工業、食品加工工業等等。

Industry這個英文名詞，不但難以解釋，而在我們中文的翻譯

上也隨時代的不同在改變。國父孫中山先生在他那個年代把它譯為「實業」，在建國大綱中，把它稱為《實業計畫》。以後社會上也有把它譯為「產業」，也一直流行至今。

　　以上這些專有名詞與定義，早年確實困惑我很長時間，由於職責與工作上的使命感，讓我不得不努力去深入思考、探討、擬寫，找尋答案，劃清各自界限。也曾查閱過不少中外書籍及辭典，請教過不少專業人士，得到的結果，多未能讓我滿意。那時，就如國內的各種《英漢大辭典》中，都把Technology一詞譯為「工藝學」，翻譯的非常古典、文雅、美好，但未能隨時代進步而把字意更新。

4）時代與科技層次的需求

　　在分析探討中，從西方先進國家近百年來的工業發展史及教育發展史，可以很明顯發現，工業在某一時期有新技術的產生、新設備的加入及新職種技術人力的出現，而教育也隨著需要在課程上及制度上作改變。大致而言，在1945年以前，除少數幾個國家外，世界上其餘國家幾乎都處於農業時代，社會對科技的要求多在「技能」層次，只要人民有一技之長就可以了，技職教育一直停留在「手藝傳授」方面。到了二次世界大戰結束之後，先進國家將科技研發技術開始轉向民生工業，促使了社會經濟快速成長，國民所得提高，人民生活改善。社會對科技層次的需求，也由原來的「技能」提升到「技術」階段。到了1960年以後，由於國際間商業貿易開始激烈競爭，不斷要求產品品質及技術的提升，所以「技術」層次又被更高一層的「科技」所取代。到了1970年以後，先進國家又有新名詞「高科技」（Hi-tech）出現了，這就是近三十年來各國要工業化、現代化所努力追求的目標。我國也是一樣，須努力積極爭取，如圖二所示。

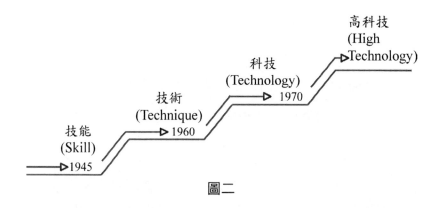

圖二

5）科技層次提升對人力結構、工作領域與教育方面的影響

　　科技人力層次結構在1945年以前，主要是由科學家、工程師及熟練技術工三者所組成，這三個職種的任務，肩負著從新知識的理論研究探討到新產品的設計及製造完成，每一個職種，皆肩負著一個廣大的工作領域。這種現象一直到1945年以後才起了改變，職種加多，工作領域開始轉移，由原來的三個職種，增加為科學家、工程師、技術員、技術工四個職種。但到了1960年以後，科技人力層次又有了新的改變，由原來的四種變更為科學家、工程師、工程技師、技術員及技術工五個不同職種所組成。由於科技人力層次結構的改變及職種加多，使得每一職種的工作領域與肩負的任務，也隨之縮小，如圖三所示。

　　以上，這一串連續性的轉變，顯示了科技人力層次靠著工程的一端一直在向上發展。在高度工業化的過程中，這些新職種填補了工程師與熟練技術工之間的廣大空間。科技人力職種加多，層次結

年　　代	科技人力層次結構的改變與工作領域的轉移情形				
1945年以前	科學家		工程師		熟練技術工
1945 - 1960	科學家	工程師		技術員	技術工
1960年以後	科學家	工程師	工程技師	技術員	技術工

圖三

　　構改變，形成分工細密，使工作效率提高，產品品質改善。這也是我們常聽講的一句話：科學愈進步，工業愈發達，分工愈精細，每個人的工作走向專精。而同時，也可以把一個新的理論構想，很快轉變成實際產品，縮短了理論到製成產品的時間，促進了工業的快速成長。

　　在另一方面，教育必須配合這種改變而改變。不然，就會形成教育與社會脫節現象。最明顯的例子，是在1972年，我們教育當局把大學部最低必修學分從142減到128，也就是受了這個影響。

6）科技人力層次結構改變與工作領域轉移的主要原因

　　促成上述科技人力層次結構改變與轉移的主要原因，是二次大戰以後，科學知識顯著擴張，在高度工業化的國家中，科學研究更趨向於瞭解自然界的基本真相（The Basic Truths of the Nature）。使整個重點走向基礎研究方面，從事研究者，多需有高深及較純理論的知識基礎，也需要有較高研究學位者來擔任。因此，在教育的形態上及課程的內涵上作了大幅度的改革，大量增加了有博士學位頭銜的科學家，使其工作領域在原來的科技人力層次結構中開始上

移。造成科技人力結構上有博士學位較純理論的科學家與獲有學士學位的工程師之間產生了一個空隙，如圖四所示。

工作領域轉移與科技人力層次結構改變情形			
科　學　家	⇔	工　程　師	熟　練　技　術　工

圖四

此一空隙之產生，當然也造成了當時理論轉變與工程銜接上的問題。依據美國工程教育學會1952-1955年評鑑報告結論中，曾特別強調：工程教育在教學上今後應該加重數學、基礎科學及工程科學之訓練……。由此顯示，工程教育將要向上轉移提升，來彌補科技人力層次結構上所產生之空隙。從此以後，大學部的工程教育開始急速轉變，加強數理及工程科學教學，刪減過去強調的工場實習、實驗、製圖及設計等實用技術課程。

由於工程教育的這樣改變以後，使工程師之工作領域在科技人力層次結構上不再概括了介於科學家與熟練技術工間之廣大領域，如圖五所示。而大學部的工程教育從此更趨向於理論及進入研究所準備課程，也大量增加了有碩士及博士頭銜的工程師。

工作領域轉移的結果，使科技人力層次結構起了變化，必須要有新的職種介入來彌補這一段技術領域。因此，而產生了「技術教

工作領域轉移與科技人力層次結構改變情形			
科　學　家	工　程　師	⇐	熟　練　技　術　工

圖五

育」與大量的「技術專科學校」出現，針對此一目標，培育專門人才。在工程方面者，即所謂的「工程技術員」因而誕生，使層次結構改變如圖六所示。

工作領域轉移與科技人力層次結構改變情形			
科學家	工程師	技術員	技術工

圖六

以後，由於科學與科技繼續不斷的發展，使科學家、工程師的工作領域又繼續向上轉移，到了1960年以後，整個科技人力層次結構在敏感的工程方面又有新的出現，即所謂的Engineering Technologist與Industrial Technologist，我們當時將其譯為工程技師與工業技師。而在科技人力結構的最基層方面也有新的單元技術操作工（Unit Skilled Operator）出現。至此，科技人力結構之層次改變，如圖七所示。

工作領域轉移與科技人力層次結構改變情形					
科學家	工程師	工程業技師	技術員	技術工	單元技術操作工

圖七

在教育方面也逐漸形成科技教育（Technological Education），由技術學院（Institute of Technology）來培育這兩種專門人才。而單元技術操作工，則由短期職業訓練中心來培育。以上所述，是西方工業先進國家隨著社會需求在教育上及人力結構上所作之調整情形。

7) 我國在技術職業教育方面的重要因應措施

科技人力層次結構的改變與工業領域的轉移，在過去二十年間，給教育方面帶來了一個實際問題，那就是各級技術教育目標及其教學範圍應如何隨著這種改變與轉移來配合。不然，國家的科技教育將會與快速轉變的社會形成脫節現象，造成求才與求職不能配合的問題。回顧過去這段期間，我國技職教育與國家經建配合情形，不難看出下列幾個關鍵性的措施與改革。

1954年，在美援項下加強我國職業教育設施及注入新的職業教育方式與觀念，確定了職業教育的明確目標及教學範圍。如工業職業教育目標為例，主要在培養科技人力基層的技術人才，即所謂的「技術工」。這時，國人已開始注意到職業教育與國家邁向工業化所需科技人力的重要性。但，當時的中等教育仍以普通中學教育為主流。

1966年，行政院經濟合作發展委員會第一期人力發展計畫，將高中與高職入學人數之比例由原來六與四之比，於六年內改變為四與六之比。更由第四期人力計畫，從1972年到1981年，由四與六之比轉變到三與七之比。這幾個人力計畫，給國家工業化過程中帶來了大量的基層技術人力。並在另一面，無形中削減了升大學競爭之壓力。在此期間，職業教育本身也起了很大改變。除工業職業學校大量開放外，其他原有之農業、商業類職業學校，由於招生及學生畢業後就業困難，當時有相當比率的學校轉為農工及商工類的職業學校。並在偏遠地區或學生升學困難之普通高中增設職業科。此時，我國中等教育之主流，已轉向職業教育。

在專科教育方面，從1962年的十一所專科學校到1972年增加到

七十六所。這種現象充分顯示著我們的國家當時已經進步到工業開發階段的中期，需要大量中級技術人力，即所謂之「技術員」。在此期間，職業學校與專科學校在學人數已逐漸形成我國教育上的一個主流。而專科及職業教育主管部門在教育部內也脫離高等及中等教育司而獨立，成為「專科及職業教育司」。

8）技術學院成立與我國雙軌制教育體系的形成

待國內首所「國立台灣工業技術學院」正式成立後，即可使職業學校、專科學校及技術學院三者教育銜接，完成技職教育體系。一方面可配合國家經建需要，培養高級工程及管理技術人才，提升未來工業技術層次。另一方面可為職業學校及專科學校畢業生開闢進修途徑，使已進入工業界年輕優秀之基層及中級技術人員有機會再進修。並與普通教育體系形成兩個主要體系。從此，我國教育體系進入雙軌制，如圖八所示。

　　　　普通教育體系——包括高中、大學校院及研究所，使國中畢
　　　　　　　　　　　　業生經過入學考試，而進入高中、大學及
　　　　　　　　　　　　研究所，接受高等教育及學術性研究。

　　　　技職教育體系——包括高級職業學校、各年制專科學校、技
　　　　　　　　　　　　術學院及研究所。國中畢業生可依其志
　　　　　　　　　　　　願，經過入學考試，進入高職、專科、技
　　　　　　　　　　　　術學院及研究所，接受職業性及專業性高
　　　　　　　　　　　　級應用科技教育。亦可獲得學士、碩士及
　　　　　　　　　　　　博士學位。唯各級技術及職業教育目標皆
　　　　　　　　　　　　以就業為目的。

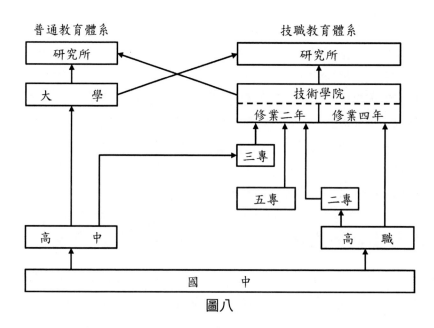

圖八

從以上我國技職教育配合需要的發展過程中，由教育層次的增加，可以瞭解到我們的科技人力層次結構也在改變，工作領域也在轉移。其改變與轉移速度，大致如圖九所示，在形態上約落後美國15年。

年　　　代	我國科技人力層次結構之改變與工作領域之轉移情形				
1960年以前	科學家		工程師		熟練技術工
1960－1975	科學家		工程師	技術員	技術工
1975年以後	科學家	研究及開發工程師	應用及專業工程師	技術員	技術工

圖九

　　但，在此必須要加以說明，我們的技術學院教育在定位上為培育應用及專業工程師（Applied and Professional Engineers），教學重點在現代化的設計及製造方面，以彌補人力結構轉變、工業快速提升所需之專業人才，而非美國技術學院所培養之工程技師與工業技師。這種差異，主要在兩國社會及教育背景因素之不同。我們的職校、專科學校教育內涵，在理論基礎上較美國的職業學校、專科學校及技術學院充實。而且在升學過程中，每一階段都經過嚴格競爭的入學考試，並非像美國技職教育方面入學那麼容易。

9）技術學院與大學工學院教育之異同與定位

　　在我國技職教育體系中，技術學院教育為最高層次，教育內涵上緊密接合著大學工學院教育。前者重應用，主要在培育設計工程師及製造工程師；而後者，較偏重理論，重點在培育研究工程師及開發工程師。兩者都屬應用科學，但沒有一定界限。技術學院畢業生，其中數理基礎強的學生，在工作崗位上也能擔任工程上的研發工作，甚至科學家。而大學工學院的畢業生對實際應用有興趣者，待有幾年工作經驗，也一樣可擔任設計與生產方面的工程師。此種情形，亦如技術學院畢業生報考一般大學研究所或一般大學工學院畢業生報考技術學院研究所一樣。到此階段，只要能達到入學標準要求，兩者的教育又復合為一，這就是我國技職教育整體規劃的完美之處。

　　實際上，在早期這兩種教育是合而為一的，工學院教育概括著技術教育，教學的範圍非常大，如圖十中曲線1所示，為培養各類的工程師。但後來分工日細及工程教育內涵上移，工學院教育重心形成如圖十中曲線2所對應之範圍，工學院因加強數理及工程科學

工程任務及工程師人力分佈與教育之關係

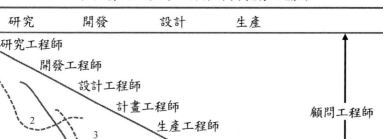

＊ 曲線位置與涵蓋之範圍，隨國家工業化之程度而異。

圖十

基礎，而刪減了設計、製造等方面的實習、實驗、製圖實用技術課程，而形成了新的技術學院教育，如圖十中曲線3所對應之範圍。

10）大三明治教育方式融合了歐美技術職業教育優點

技職教育體系，在規劃時已將技術學院未來的研究所層次納入考量，使我們的技術教育在應用研究上亦可授予碩士及博士學位。並以大三明治（Big Sandwich）方式的「職校與專科＋工作經驗＋技術學院」教育，來涵蓋德國技術職業教育之優點，既可適合我國現有之教育制度及社會環境需求，亦可為國家經建培育大量高級技術人力。同時，也為進入技職教育體系有潛在能力之青年開創出一條光明遠景，把原為「終止教育」的技職教育改變為「生涯教育」

向上延伸，隨著需要可進修最高學位。因此，也分散了每年大學聯招報考人數之壓力。

這一「技職教育體系理論」的推導，是從科學及工程領域發展，遵循著世界趨勢與社會需要而成，又逢當時教育部蔣彥士部長、郭為藩次長及陳履安司長等人的遠見、開明、宏偉胸襟與樸實、積極作風，大力改革當時舊有法規約束，使技職教育體系在兩、三年內建立完成，開啟了我國教育史上的新紀元。我在技術學院成立先後十餘年間，以此為基礎，除部分在不同時間，見諸報章、雜誌外，我也在中外學術期刊上發表四篇有關我國技職教育改革論文：

一、〈我國技術職業教育發展問題與改革動向〉，發表於中華民國比較教育學會主編之《世界技術職業教育改革動向》專輯中。

二、〈Non-traditional Engineering Education in ROC〉，發表於美國《工程教育》學刊。

三、《國立台灣工業技術學院畢業生特徵追蹤研究（一）》，單行本，由國立台灣工業技術學院技職教育研究中心出版，並獲國家科學委員會獎助。

四、〈從科學及工程領域：看我國技職教育體系之形成與其理論基礎〉，發表於國家科學委員會《科學發展》月刊。

11）首所國立台灣工業技術學院籌備紀要

在籌備期間，我曾同陳籌備主任前往新竹交通大學工學院（1958年交大在台復校之初，只設有工學院，規模不大）參觀，拜訪當時

盛慶徠院長，並聽取學校簡報，由郭南宏教務長陪我們參觀各系所教學，瞭解校園規劃、建築、設施、人員編制、經費等，作為未來技術學院籌建之參考。當時在校園遇謝清俊教授騎自行車經過，謝教授獲博士學位不久，又剛從美國進修回來，並膺選為國內十大傑出青年。年輕、優秀，有湖南才子之稱，這是首次見面。後來，謝教授應技術學院邀請擔任電子工程技術系主任，對學校貢獻良多。

　　技術學院在籌備期間，校地問題原計畫利用當時正在台北市南港籌劃中的台北市立工業專科學校土地，後經教育部蔣彥士部長與當時財政部李國鼎部長、郭為藩次長及陳履安籌備主任等親往查看，恰逢下午日落時刻，黑煙彌漫，環境甚差，而且面積狹小，不適合技術學院建校之用，必須另覓土地。在回程途中，蔣部長突然想到台灣省農業試驗所將遷往台中，在台北市公館之試驗農場土地正在出售。蔣部長回到辦公室後，立即撥電話給農業試驗所所長，詢問該土地是否已售出？該所長的答覆是已談妥，即將簽約。蔣部長請求所長暫停簽約，即與李國鼎部長商量收購該土地計畫，並請陳履安籌備主任前往財政部拜訪王紹堉次長，由王次長召集與農試所所長商討，經過多次協商，以及王次長的大力相助，始在關鍵時刻取得了這塊建校土地。並在1974年6月24日由蔣部長親自主持建校破土典禮，同時也指示：「國立台灣工業技術學院不宜過大，重點在質的提升，將來如有需要可在南部再設立。而且，要先有校舍，再辦招生。」

　　陳籌備主任本此原則，在其卓越領導下，經過一年的精心擘劃，完成技職教育體系架構及建校藍圖與逐年發展計畫，以使未來建校、招生等工作均能依計畫順序次第執行。

　　全部籌備作業，在1974年2月7日的一次重要工作會議中記載甚詳，對未來技術學院建校、組織、教育目標，以及初設系別、招生

及師資等重大施政措施均一一作成決定，可見於《國立台灣工業技術學院創校十週年專輯》中。

籌備處與創校時的全體同仁，攝於1974年8月1日，成立國立台灣工業技術學院辦事處首次會議後的合照。前排右起為著名建築設計師陳宗清先生、計算機中心主任楊正甫、圖書館長王逸如、電子工程技術系主任李順救、教務長馬道行（作者）、校長陳履安、訓導長楊思廉、總務長郁松年、會計主任龍維霖、人事主任梅應馨；第二排右起為工業管理技術系主任楊金福等。

第7章　國立台灣工業技術學院（台灣科技大學）的誕生

1）我被任命主持創校教務工作

　　1974年7月，教育部聘請陳履安博士為國立台灣工業技術學院校長。8月1日下午，在台北市信義路二段二十巷一號之一（即早年陳誠副總統之官邸，在未建中正紀念堂以前，暫歸教育部作招待所之用）舉行會議，成立國立台灣工業技術學院辦事處，同時結束原有之籌備處。在當天會議中發佈一級主管人事命令：聘馬道行副教授兼任教務主任及技術合作處主任，楊思廉教授兼任訓導主任，郁松年副教授兼任總務主任（後來改為三長制，那時國內公立大學校院尚無副校長制度），楊金福副教授兼工業管理技術系主任，李順救副教授兼電子工程技術系主任，王逸如女士為圖書館館長，楊正甫先生兼計算機中心主任，梅應馨先生為人事室主任，龍維霖先生為會計室主任。

2）招聘師資

　　國立台灣工業技術學院正式成立後，教務工作積極展開，同時進行招聘師資及準備招生事宜。在招聘師資方面，陳校長特別指示，要考慮到教授學歷、職等、年齡層的配置，以及未來升遷、退休等的整體考量。當時，教務處曾在國內外中文報章媒體刊登公告，招聘教授、副教授、講師，除學歷外，尚要求有三年以上實際

工作經驗。但符合條件有意應徵者，並不多。原因是在那個年代國內有博士學位者不多，在國外獲有博士學位及有實際工作經驗者，多在國外就業，而薪資是國內數倍之多。加以當時我國退出聯合國不久，國外學人多有考量。即使有符合條件，而有意回國服務者，多會選擇台大、成大、清大、交大等幾所有歷史的大學，而棄技術學院，有似美國麻省理工學院（Massachusetts Institute of Technology, MIT）早期情形，頗不受關注。當時確有很多專科學校資深教授申請，因受學歷、年齡限制多未能如願。

　　開學在即，教務處策略是找不到適合條件者，先在各大學遴聘適合者商請來校兼課，協助最多者為台大工學院、交大工學院及政大商學院。當時，台大工學院院長虞兆中先生（後曾出任台大校長），很關心技術學院到底是做什麼的？他看到技術學院英文名稱National Taiwan Institute of Technology，以為又是一所理工學院。技術學院距台大很近，可說是近鄰。有次虞院長突然到教務處來看我，首句話就問：「你們技術學院到底是什麼性質？同工學院教育有什麼差別？我們工學院很多教授都弄不清楚，今天我經過這裡，順便想瞭解一下。」我首先向虞院長對技術學院的關心表達謝意，我把技術學院未來教育方向、重點及與工學院不同之處向虞院長作了一個簡要報告。虞院長是教育界及工程界前輩，有學者風範，為國家工程教育貢獻卓著。聽過了我的說明之後，瞭解技術學院教育的定位與工學院有所不同，但也瞭解兩者在教學內容上靠的很近，在數、理及工程實用科學方面也稍會重疊，這應是正常現象。他對技術學院之設立，也確認有此需要。臨離去時，虞院長很希望我能夠在他們工學院開院會時給一個較深入的介紹，讓工學院教授們知道技術學院的任務及定位是什麼，我答應配合他們的時間。由於這次與虞院長的見面，及我後來前往台大工學院的多次拜訪，使我認

識台大工學院的許多資深及年輕傑出教授，也奠定了以後台大教授
支援技術學院及技術學院新購精密機具設備雙方共用的合作計畫。
台大教授給早年技術學院教學上幫助很大，使技術學院有充分時間
遴聘專任教師，至今想起，仍深為感激這些來幫忙的教授友人。

3）首次招生

　　技術學院於1974年創校之初，僅設二年制工業管理技術及電子
工程技術二個系，招收專科學校畢業生，需有一年以上工作經驗
者，在校二年，修滿72學分，成績及格，授予學士學位。當時因配
合校舍建築工程進行，第一屆及第二屆，均於春季招生，到第三屆
始改為秋季招生。第一屆招生分兩次辦理。在公開招考之前先舉辦
一次保送甄試，由工商機構推薦保送在職優秀專科畢業生參加甄
試，這項甄試係工商界要求，並經教育部核准，試辦結果，兩次招
生考試成績並無什麼差異，分別考試實無必要而取消。第一屆報考
工管系者有797人，錄取101人，錄取率14.5%。報考電子系者312
人，錄取84人，錄取率26.9%。由此，可看出技術學院招生之嚴謹
及對入學學生素質之要求。若能假以時日，將來台灣的這所技術學
院也有可能步隨MIT及Caltech（California Institute of Technology）
之走向，為國家培育前瞻性實用人才，而聞名國際。
　　首屆技術學院新生開學典禮是在1975年3月31日，當時曾邀請
教育部長蔣彥士先生及財政部長李國鼎先生以貴賓身分出席及致
詞。同時，學校亦訂定每年3月31日為校慶日。

4）教育的補強工作

　　開學後，教務處的重點工作之一，就是針對這兩系學生在各學科方面作多次測驗，以求瞭解學生學業的強弱之處，作為補強教學參考。因這些學生來自不同領域、不同環境、不同社會層次，又離校工作一段時間，差異可能很大。為使學生畢業後均有能力擔任產業界中級以上幹部，達到技術學院教育要求，教務處至為慎重。在幾次測驗中發現：英文程度平均較弱；基礎數理強、弱差異分佈較大；工程科技知識不夠廣深，且凌亂無系統；應對、表達態度有待提升。但學生求知欲很強，知道用功上進；處事能力強，知道尊重他人。此次入學新生，工管系因招收各類專科學校畢業生關係，報考人數較多，錄取率較低。這些報考學生多在社會上工作多年，是產業界的中堅幹部，上進心極強的專科學校畢業生，多期待技職教育體系的建立，有個再進修及充實自己的機會。

　　教務處為補強學生英文能力，除一般共同課程外，特又增設應用英文課程，多偏重在工程及管理專業方面，目的是使學生畢業後在其工作崗位上有閱讀專業方面之英文及書寫英文工作報告之能力。數、理方面請各系按需要自行調整、加強。另外，在工程科技知識方面，我專為技術學院學生開設「科技與工業」一門課程，屬導論性質。有系統的引介學生去瞭解科技的淵源、層次及演變過程，與從事工作者應受之教育及其未來在工作崗位上的職責、任務，以彌補技職教育體系學生之弱點。這門課是合班上課、無課本，教材以大綱方式由我擬寫而成，共用50餘張投影片，以簡明、扼要圖表及討論方式進行教學。

5）各系與支援教學單位籌創概要

工管系因要培育中級以上管理幹部，學生畢業後進入企業界，多在管理階層，日常所接觸之人士多為經理級及高階主管，在儀容、講話、對答、態度等，都需要特別加強及改進。因技術學院同學皆來自工業界生產線的技術工作人員，與辦公室性質完全相異。開學前，我同楊金福主任商議，要把學生原來習性改變，需要從基本訓練開始。特別在工管系的一個大會議室牆壁上安裝落地式大鏡子，在專題討論課程時，每位同學發言均可看到自己的講話表情、姿態，讓自己可以知道那些要改進，作自我糾正，這雖不是一個很聰明方法，但確實有效。楊金福主任早年在台塑總公司任高級管理分析師，陳校長特從台塑邀請來協助創辦工業管理技術系。

電子工程技術系主任李順救先生，早年畢業於交通大學電機系，在企業界擔任過工程師、廠長等職，行政與工業界經驗豐富，人際關係亦佳，對建系及創校時協助很多。李順救先生兼任系主任一直到1977年8月，轉任技術合作處主任。系主任一職聘請謝清俊博士接任，謝博士在交大任教多年，為國內知名學人。

技術學院成立之初，規模不大，圖書館、視聽中心及計算機中心幾個單位暫歸教務處名下，圖書館王逸如館長畢業於師大社教系圖書館組，在圖書館工作多年，經驗豐富，穩重而有規劃能力。當時我曾參觀過國內很多所大學校院圖書館，沒有一所是開放式的。學生借書仍採舊有傳統方式，只能在服務檯填寫，然後由圖書館人員給予服務，而學生不能進入書庫。我與王館長商量，將來我們的圖書館要採開放式，而在書庫適當地方安置桌椅，可讓學生進入自由查閱選取。王館長也非常同意，這樣可為國內作個示範，唯一

就是怕書丟失太多。我說，如果這樣丟書，教務處經費可以幫助
彌補，不須太擔心，我們的學生比較成熟，應該會知道這些利害關
係。在新生入學訓練時加以說明，請同學要自重就可以了。經過實
施兩三年後，清點書籍並無減少，由此可見技術學院學生人格之成
熟性。

　　技術學院計算機中心成立之初，也因國際能源危機影響，政府
預算緊縮，為了節儉，學校與政府機關貴重設備儀器採取共用方
式，計算機屬貴重設備，學校不能單獨購置。技術學院計算機課
程，學生基本程式設計之卡片都要送到行政院主計處計算機中心處
理檢驗，幾天後才能取回，造成教學上非常不便。陳履安校長奔走
教育部、行政院主計處作溝通解釋，最後以專案上報，經教育部轉
行政院主計處，再經主計處轉呈行政院蔣經國院長親自批准，才進
行購置。楊正甫主任早年任職於工程管理及教育界計算機中心主
管，專長於資訊管理，經驗豐富。

　　視聽教學中心在學校成立之初，我曾與溫春福主任商討，應該
作為「教學支援中心」，主動協助各系教授製作教學所需之投影
片、錄影帶等教學媒體，並與各系研商引進美國幾所類似學校，如
MIT等所製作有關之數、理基礎學科教學媒體，供本院師生參閱，
協助革新教學。溫春福主任主修英文與圖書資訊，早年任教於淡
江大學，後應學校聘請來校服務。溫主任兩三年後，把中心建立起
來，聲譽聞名各校。有次我遇到台灣師範大學校長郭為藩先生，他
告訴我：「你們技術學院視聽中心相當不錯，我已請師大視聽教育
中心主任張霄亭先生前去觀摩。」溫主任在教學及處理事務方面，
深具經驗，並協助校務從早期到以後退休。三十年間，歷經視聽中
心主任、技職教育研究中心主任、主任秘書、訓導長、文學院院長
等職務。他的熱誠工作與敬業精神，深受歷任校長及師生敬愛。很

不幸，他在退休後不久，即因過去積勞成疾而過世，未能享受退休後的這段安逸人生。至今想起，仍為這位早年一起工作的同伴好友不勝感傷。

6）設立技術職業教育研究中心與引進ERIC資料庫

技術職業教育研究中心經教育部核准，於1977年7月成立，這是早年我在教育部協助建立技術職業體系與課程修訂時所建議。初始由院長兼任主任，後由我兼任，此中心設立之目的主要在：

一、針對龐大的技職教育體系在制度、課程、教學、師資等方面有需要經常作分析研究，協助教育部改善及提升技職教育品質。

二、利用技術學院師資、設備資源，加強專科、職校教師進修，改善教學。

三、引進國外有關技職教育最新研究資料，提供國內從事教育研究者參考利用。

中心成立後，深感教育研究資料十分缺乏。讓我想到美國教育資源資訊中心（Educational Resources Information Center, ERIC）的教育研究論文資料庫。ERIC成立於1966年，非營利機構，屬美國教育部。這個資料庫涵蓋美國幾十年來所有學術期刊、書籍所發表的教育研究文獻，當時均用微縮影片製成，這一個資料庫相當於一個大型教育研究文獻圖書館。如能引進，可提供國內教育界人士研究參考，將助益匪淺。

　　1977年秋，國外幾位學人，在美國中西部，申請技術學院教職，陳校長要我前去與他們見面。事後，我到哥倫布市Ohio State University，那裡有一個ERIC服務中心，去拜訪其中心主任，商洽購買ERIC微縮影全文資料庫事宜。見面後，經我說明來意，該中心主任感到很驚訝，幾經思考後，他說：「在我的瞭解及記憶中，ERIC的微縮全文資料庫都是供給美國國內各學術界使用，沒有賣到國外過。因ERIC是非營利機構，也沒有訂過銷售到國外的價錢。」講話同時，他也一直在看我給他的名片，上面印著，Dean of Academic Affairs and Director of Research Center for Technological and Vocational Education, National Taiwan Institute of Technology, ROC。最後，他瞭解到我這次專程來的誠意，很肯定的說：「首先必須請示美國教育部，如果可以，我們還要研究如何定價，因為ERIC不能營利，要得到肯定答覆，需要一段時間。我們可以保持聯繫，有進一步消息，我會通知你。」這件事經過很多次函件來往，歷時一年餘，終於成功移入國內。因他們可能是幾經研商也訂不出價錢，又不能營利，最後以其國內價定案。這些微縮影片資料，均按期用航空方式寄來，我同圖書館王逸如館長算了一下，所付的費用與他們航空寄費幾乎相等，真是感謝這位熱心的美國友人。技職教育研究中心自擁有這些資料之後，漸漸發揮了它的潛在功能。受惠的不只有技職教育體系，更是國內所有從事各種教育有關研究者。

7）新系設置與二、三屆招生

　　技術學院到第二年，即1975學年度，新增設機械工程技術系、紡織工程技術系及營建工程技術系三個系，仍在春季開學。除工管系招收兩班外，其他四系各招一班。機械工程技術系主任聘請陳贊

祥博士擔任，陳主任早年讀高工機械科，曾在工廠工作，師大工教系畢業，後到美國米蘇里大學獲得博士學位，在威斯康辛州立技術學院任教多年，教學經驗豐富。紡織工程技術系主任楊文隆博士，早年在台北工專畢業，曾在紡織工廠擔任過技術員、工程師，後到英國里茲大學攻讀紡織工程，獲得博士學位，任職於遠東紡織公司。經陳履安校長親自拜訪遠東董事長，借聘而來。營建工程技術系原聘請著名建築設計師陳宗清先生擔任系主任，策劃籌備工作。後因陳宗清先生健康原因，而邀聘葉基棟博士擔任系主任。葉主任服務於高速公路工程局，任工程組長，美國華盛頓大學土木工程博士，服務於工程界甚多年，對營建工程深具經驗。以上這三個大系，在他們精心策劃及熱誠、無私的奉獻下，奠定了堅實的基礎。

　　回想當時，每個系的設立，都考慮著儘量不與其他學校重複，應顯示出其特點與需要。例如在營建工程技術系方面，除了教授一般營建技術外，主要重點是考量著台灣地震頻繁，早年多係日式木造房屋，60年代以後多採用鋼筋水泥趨向高層建築，而國內這些新的建築結構、基礎工程，以及使用材料方面都缺乏正確耐震研究分析數據。該系設立之初，我即同葉主任商量，可以考慮把營建系將要設立之結構實驗室、混凝土實驗室、土壤實驗室、營建材料等大大小小實驗室組合起來，成立一個「營建研究中心」才能發揮整體作用，將來除教學外，也容易接受校外營建界的較大研究及合作計畫，這樣也可顯示出技術學院營建工程技術系的特點及對社會的實際貢獻。葉主任非常同意這個構想，並在結構實驗室方面利用專案經費向美國購置一套最新、多功用之大型MTS600噸萬能試驗機，而且其本身附帶有微電腦設施可作輔助分析，這一計畫當時特請廖慶隆教授前往美國明尼蘇達州該公司接洽見習。廖教授專長在土木工程及計算機方面，而深有研究，並負責該實驗室之建立。這是營

建系當初規劃的重點與過程，這個「營建研究中心」在當時國內來講算是一個設施完善、有水準的研究中心，除供教學、實習及研究外，並對外界正式開放接受委託，深受國內營建界的信任與倚重。這個中心在1986年由於榮民工程處與台灣大學的先後加入，使組織擴大，名稱上改為「財團法人台灣營建研究中心」，而獨立出去。十年後，這個研究中心又改名為「財團法人台灣營建研究院」，提供營建事業技術、管理等更完善服務，聲譽遍及全台，幾十年來為國家營建事業作出重要貢獻。回想至此，也感謝早年葉主任、廖教授與同仁們對該中心初創時的規劃與辛勞。

　　1976年5月，教育部核准增設化學工程技術系及電機工程技術系。教務處即著手考慮籌創事宜，以及兩系未來教學重點、方向，除配合工程界需要外，也儘量不與一般大學重複。化學工程技術系聘請劉清田博士主持籌創，劉清田博士早年成功大學化工系畢業，曾在工業界工作多年，後至美國普渡大學獲得博士學位。在電機工程技術系方面，當時我詳細分析過各大學電機工程學系課程及分組教學，幾乎一律都走電子及計算機工程方面，而獨缺電力工程（Power Engineering）這個大領域。我再從台灣電力公司高層人員分析，從董事長到各部門高、中階主管幾乎個個都是土木工程出身，使我頗為驚奇！為了深入探討原因，教務處曾邀請台電多位部門主管來校參與座談，由陳校長主持聽取他們意見。每位都訴苦說，國內教育界很多年來沒有培育這方面人才，而進入大學電機系的青年人也沒有興趣學「電力工程」這個行業。因為電力工程方面，上班多在工地，遠離城市，工作粗重又辛苦。目前這方面已是一個斷層，國內急需這方面人才。這是電機工程技術系當初規劃的一個重點方向。同時，並計劃在電機工程技術系設一個「工業雷射應用技術研究中心」。經人推介，交通大學黃廣志博士有意前來主

　　1976年12月4日，行政院蔣經國院長首次來校巡視（右1握手者），照片中穿灰白西裝上衣者為陳履安校長介紹我給蔣院長，中間者為台大閻振興校長，稍後者為教育部蔣彥士部長。
　　此照片攝於建校初期，當時學校建築僅有行政大樓、教學大樓、部分實驗室、實習工場、圖書館及計算機中心完成使用。校門、圍牆、庭院與其他教學建築等尚未興建。因創校時正逢當時世界能源及金融危機，政府財政困難，很多工程不能同時進行，在照片中可以看到背景仍是一片荒地。

持。我也親自拜訪，說明該系將來可能發展方向，未來台灣電力公司可能有多項合作計畫。有關工業雷射應用技術研究中心方面，德國有四個中心，都偏重在工業應用方面，已有相當成熟度，我們可以借鏡，黃教授表示贊成。

8）首屆畢業典禮

　　1976年12月11日，技術學院舉行首屆畢業生典禮，由陳履安校長主持，有工業管理技術系及電子工程技術系四班，共170餘人。

首屆畢業生均屬二年制，典禮由陳履安校長主持，場地稍有擁擠。因學校沒有傳統的大禮堂，體育館正在興建，校內臨時柏油路面新鋪完成，樹木尚未種植，顯得非常單調。這些景緻也給首屆畢業生們留下學校初創時的一些歷史回憶。

人數雖然不多，但在我國教育史上頗具意義，代表著新的技職教育制度下，培育有學位的高階技術人力正式進入社會。也代表著我國的職業學校教育及專科學校教育不再是早期公認的「終止教育」。這些非傳統工程教育（Non-traditional Engineering Education）培育的人才，擁有職業學校的技能、專科學校的技術及技術學院的科技，其肩負著工程上的設計、計劃、生產等重要任務，加上已有的工業界實際工作經驗，就業後確能滿足我國產業界的需求及促進產業的升級。

　　如果現在翻開世界所有國家的教育體制作比較，我國的教育體系架構最為完整。青少年們不論選擇普通教育體系或技職教育體系，只要你有能力，肯上進，都有進修機會，也可看到自己未來的光明遠景。這些，我們真是要感謝當時教育部的蔣彥士部長，帶領教育部同仁齊心協力，革新教育，完成這項教育史上的新創舉，使我國技職教育走向國際前端。

9）階段性任務完成

　　1977年12月6日，陳履安校長調升教育部次長，他從奉命籌設、建校，到離開，總共五年時間，很多建校工程仍在積極進行。1978年2月9日毛高文博士接任技術學院校長。毛校長初接，由我將學校整體規劃、工程進行、各系師生、教學、招生等等作一完整簡報。毛校長首先瞭解到技術學院校地不夠大，將來無法發展，是個嚴重問題。我又將當時覓地實際情形及教育部對技術學院的指示也向毛校長作了詳細說明。否則，技術學院絕不可能在兩年內設立起來，尤其在台北市。再者，如果沒有蔣部長與農試所的關係，以及他處事的魄力與果斷，也拿不到這塊土地。籌備處有了這塊土地

後，即向四周發展，當時後面小學尚未開工興建，由陳履安籌備主任與副執行秘書郁松年先生多方聯繫，並由蔣部長出面親自邀請台北市許水德市長，還有市政府有關局長等多次協商都未成功，而側邊之軍醫院已是台大的預定地。當時，想要台大部分預定地，蔣部長還親自邀請閻振興校長幾次商談，閻校長也很願意幫助技術學院，但都被台大校務會議所否決，這是技術學院籌備時尋覓土地所作過的努力。

有關本年度新設化學工程技術系及電機工程技術系二系的人選與籌備情形，我也向毛校長說明，他深表同意，令照原計畫進行。四月間聘書分送劉清田教授與黃廣志教授。沒有想到，過了幾天，交大校長郭南宏先生晚間同我通電話說，他要留黃廣志教授擔任下年度交大教務長，黃教授不可能到技術學院。事後，我徵詢黃教授意見，確定他不能前來，數月的人事安排，一切須重新來。大學校院聘請教授多在三、四月間聘定，尤其技術學院籌創新系，主任人選不僅要高學歷，而且還要有豐富經驗、領導能力、前瞻視野等等都需具備，使我一時無措。特請毛校長同意，由技術合作處主任李順救教授暫兼電機工程技術系主任職務，進行籌備工作。

八月招生完畢，九月開學。此時，技術學院已設有二年制及四年制。有工業管理技術系、電子工程技術系、機械工程技術系、紡織（後來改為纖維）工程技術系、營建工程技術系、化學工程技術系及電機工程技術系七個系，共有學生三十二班。工程技術研究所已報請教育部核示中。至此，技術學院奠基工作已建立，只待工程技術研究所核准成立，我國的技職教育體系即可完成，而學校事務已向新校長交代清楚，我擔任教務的階段性任務亦可告一段落。

10）最後心願，我要出國修完博士學位

　　同年10月，我向毛校長請辭教務工作，原因有二：一是自1972年我到教育部參與建立技職教育體系工作起，七年來由於工作及精神壓力，心身俱疲，血壓升高，造成很多困擾；二是我要出國把博士學位修完。毛校長經再三考慮及討論接替人選，由工管系陳貽成教授接任教務工作後，同意我的請求。陳貽成教授專長在會計及管理學方面，曾任教東吳大學會計系，有甚多著作，為當時名教授之一。其早年曾協助王雲五先生主持台灣商務書局，為王雲五先生得力助手，文學、書法及處事、待人皆有高度學養。

　　我於年底離開學校，以教授休假到美國進修。約隔兩個月後的一個深夜（雙方時差關係），接教務處陳貽成教務長電話告知，工程技術研究所已奉教育部核准，今年即可招生。這個突來的消息讓我很高興，心情頗為激動，整夜未能入眠。回想著一年前，這個案子報教育部後，曾引起高教司、督學、參事們熱烈討論，他們多持否定態度，認為技術學院成立研究所真是一件怪事！我也多次前往解釋、溝通。後來，陳履安校長前去參加會議，並多方舉例說明技術學院成立「技術研究所」的需要性，當場就有位次長在會議上對陳校長大聲講：「我從來沒有聽講過技術學院還要成立研究所。」在當時大環境下，人們的傳統觀念仍然停留在早年的「技術教育就是學習動動手而已」，頭腦裡根本想不到技術也需要研究、提升這個簡單觀念。還是蔣部長認為這個提案頗有意義，可暫時保留，值得作進一步商討，技術學院成立研究所案子才沒有被否決。同時，也讓我不斷回想，我過去六、七年來的努力協助及參與，每一過程經歷的點點滴滴，順與不順，樣樣仍深埋心頭。總算，到今天終於

看到我國的技職教育體系從構想到實際建立完成，把職校、專科、技術學院教育延伸到研究所層次，除了可為國家經濟發展培育大量的各級技術人力外，也為進入職校、專科眾多青年學生們開啟一道光明的前途遠景，解除了許多年來我國教育法令上所訂「職業教育是終止教育」的這條堅固枷鎖，讓有能力、有需要者，可繼續進修深造，使技術職業教育走向「生涯教育」，滿足人生求知願望。這條進修道路，得來確實不易，在進行的坎坷過程中，真不知有好多教育界長官、先進及同伴們為這個體系付出甚多心血。

我到米蘇里大學哥倫比亞校區（University of Missouri-Columbia），這裡是一個大學城，介於聖路易及堪薩斯兩市之間，在美國中西部算是一所大學校，成立於1839年，當時是美國密西西比河以西最早的一所州立大學。在20世紀初期，西元1908年時，米蘇里大學首先在美國設立了新聞學院，開始培育新聞界各種人才，數十年來聲譽卓著，馳名國際。我國早期新聞界的知名人士有董顯光、李幹、馬星野、沈劍虹、曹聖芬、王洪鈞等等都畢業於該新聞學院。我去時，學校規模已大，有師生三萬多人，設有18個學院，提供約240多種學士學位課程，研究生與大學部學生約各占一半。這裡氣候適宜，不像威斯康辛州那麼寒冷，是我這次選擇的原因之一。我到學校之後，首先前去拜見指導教授Dr. Franklin King，向他報到。Dr. King年齡將近60歲，在美國工業技術教育界有甚多研究及著作，是一位有理工背景及學術聲譽甚高的學者。當時，他指導的博士生有16位之多，而且這些博士生多像我一樣，年齡也比較大，多半都是在職進修。其中，有社區學院院長、教授、州政府教育部門督學、高中校長等等，個個都非泛泛之輩。

首次與Dr. King見面，我們談的時間不長，只有10幾分鐘。他寫了一張單子，要我先到語言研究中心作一測試，並約定明天

上午9時在他辦公室見面。我依照他的指示前往學校語言研究中
心報到，這個中心提供的測試種類很多，隨到隨考。我考的不是
TOEFL，也不是GRE，而是一種多門學科方面的綜合性測試，其
中有哲學、邏輯、心理學、統計及美國教育史等等，包括範圍很
廣，共10頁，選擇答案70個，時間60分鐘。這樣突然來的考試，我
心理上毫無準備，讓我非常錯愕。也只有「既來之，則安之」，靜
下心來閱讀、作答。測驗完畢後，主試人員要我等10分鐘，算出成
績、簽名後，交我帶回交給我的指導教授。我一看成績分數只有56
分，心上好像被澆了一盆冷水似的，在我回宿舍路上一直在想，這
麼低的成績明天怎麼去見指導教授？心中感到很不舒服。次日上
午，我準時到達，與指導教授Dr. King見面，他看了我的測試分數
說，不錯。這種測試45分為基準，我們美國研究所學生能考60分以
上的人也不多。聽後，讓我安慰不少，也深深鬆了一口氣，心情立
刻好轉，精神也恢復了。當天上午我們談了兩個小時，討論未來大
致要修的課程與學分，也討論了以前在它校所修過博士班課程學分
的轉移，並決定了第一學期的初選課程後，我正式到學校報到註
冊、開始上課，又重新做起學生。

　　這次來美進修我沒有回原來母校威斯康辛大學，而選了米蘇里
大學，主要原因是這裡氣候比較好，冬季不長，而且也不會那麼酷
寒。我又因年齡關係，生活習慣、飲食等都與年輕人有些差距，所
以沒有申請住學校宿舍，而在附近居民家中租了一間房子，距上課
地方都在步行15分鐘之內，又有停車地方，一切還算方便。哥倫比
亞這個小城，在我們亞洲高密度人口國家去的人看來真是一個偏遠
小鎮，居民只有10萬人左右，可是它在米蘇里州的大小排序卻是第
五名的大城。州際高速公路從城北通過，鐵路也遠離市區，沒有工
廠及製造業，所以沒有汙染。而是以發展教育、醫療、保險等事業

占主導地位。因此，它在美國全國常被評為最適合人居住的地方。這裡除米蘇里大學外，尚有史蒂芬斯學院（Stephens College），早年是一所私立的貴族女子學校，成立於1851年。另一所是哥倫比亞學院（Columbia College）。這個城市雖小，卻擁有三所大學，市民一半以上受過大學教育，三分之一受過研究所教育，人民文化水平很高。

我在米蘇里大學哥倫比亞校區，停了三個學期及兩個暑假，修完課程，通過考試，擬訂論文綱要與進程，經指導教授及委員小組認可，回國寫論文。在此期間，除專業必修課程外，我的重點多集中在《統計學》、《邏輯》及《研究方法論》方面。第二個學期時，我在學校教育學院舉辦一場專題報告：介紹「中華民國的非傳統工程教育」（Non-traditional Engineering Education in ROC）；以及第三學期，我又在工學院作一次專題報告：「高、新科技（Hi-tech）在科學領域中的定位」。當時，正是美國強調工業界未來要努力追求的方向。這兩場專題報告確吸引了兩個學院很多大學部學生、研究生及不少教授也來參與及討論。事後，我的指導教授及系所教授們都給予高度讚賞。

回國後，論文每完成一個章節，皆分送指導教授及小組委員給予評語意見。次年暑假，我以自費方式返回學校，參加論文及口試皆順利通過，算是完成多年心願。畢業時內人范培琳特從國內匆匆趕來，參加我的畢業典禮。除高興外，也讓我感動的說，「這個學位你有一半，沒有你上班工作及照顧家中兩個小孩，我也不可能再來完成這個心願。所以你的貢獻實際上比我要大，又千里迢迢趕來，看我拿這個遲到的博士學位，實在讓我感激。」

1981年8月初，得到學位後與培琳合照於米蘇里大學哥倫比亞校區，行政大樓後六根
紀念柱前。

第8章　與內人同遊美國東西名勝

1）美國首都──華盛頓

　　結束米蘇里大學學業之後，因仍是暑假期間，又是自費，精神上沒有壓力，我就安排同培琳去東部旅遊，首站是美國首府華盛頓（Washington D.C.）。臨行，米蘇里大學生化研究所好友孫永光教授夫婦一早開車先帶我們到聖路易市南邊小鎮Stanton去參觀一個世界級的大鐘乳石洞穴（Meramec Caverns）。這個洞穴很深，下面非常冷，一條溪流（地下水）像小河一樣，水清可以見底。在這裡可看到各種奇特怪異的鐘乳石，配合著燈光、音效，讓人感到新奇。據講解人員告知：「一百年前，美國中西部的著名大盜傑西詹姆士（Jesse James）帶著一幫匪徒搶銀行、劫火車、殺警察，把米蘇里鬧的人心惶惶。行蹤又神出鬼沒，飄忽不定，每次作案後就躲藏在這個洞穴中。因洞穴有很多出口，警察很難捉到，更增加了Meramec Caverns的神祕性。」其實，有關大盜傑西詹姆士的故事，很多年前我讀美國小說時已經讀過。在我進米蘇里大學的第一天，我到學校行政大樓辦註冊手續，見大門正上方一塊大理石上刻著「Jesse Hall」。讓我聯想到傑西大盜故事。事情辦完之後，我開玩笑似的問這位幫我辦註冊的中年女士，「這幢大樓名稱是『Jesse Hall』，是紀念早年米蘇里大盜傑西的麼？」這位女士一聽哈哈大笑，弄的辦公室人員全圍上來，問怎麼回事？她說：「這位來註冊的Gentleman好幽默呀！」

　　我們離開Meramec Caverns後，開車去看聖路易的大拱門

（Gateway Arch）。這個大拱門遠看沒有什麼，走近才感受到它的壯觀、雄偉、高大。它代表著美國歷史上最為重要的一頁，也代表美國一位有遠見的總統傑佛遜先生，在1803年從拿破崙手上買下原屬法國佔據的密西西比河以西到洛磯山以東約十四個州的土地，而使美國在當時的土地面積增大了一倍，這就是美國歷史上記載的Louisiana Purchase，而從此也開啟了約一百年的美國西部拓荒史。這個大拱門就代表著往西拓展的意義，英文寫著Gateway to the West。我們因為時間關係沒有爬上拱頂，只在地下室展示館看了一下，就匆匆趕往聖路易市吃午飯。

我們這次美東旅遊，正逢當時（1981年8月）美國全國機場塔台飛行控制人員罷工（Air-traffic Controllers Strike）期間，飛機班次大亂，我們很擔心行程受阻。晚上6時飛機，我們下午3點前就到達機場的美國航空公司櫃檯，服務人員告訴我們，「這班飛機要取消，給你們安排八點的最後一班飛機？」我們也只有同意。這班飛機起飛又不準時，到達Washington, D.C.已是晚上12點。機場在12點要關門，我們找到行李後，就被機場管理人員匆匆忙忙趕到機場大門外。天很黑，又下著毛毛細雨，路燈也不夠亮，一群群非裔清潔工作人員下班，衣衫不整，指手劃腳，講話聲音又大，走過面前，又用奇特的眼神望著我們，讓培琳深為恐懼。我用公共電話聯繫上朋友，他說，在機場曾詢問航空公司服務人員，說這班飛機取消了，剛由機場回到家。並說，半小時內可以趕到機場。不要怕，機場周圍很安全，有很多FBI便衣人員巡視。

我們到Washington, D.C.的第二天，葉有杉學長安排首先去參觀Mt. Vernon，這是一個很有名的地方，是美國國父華盛頓的故居。華盛頓在美國歷史上是位偉大的軍事家、政治家及美國第一任總統，也是著名兒童故事「誰砍倒了櫻桃樹」的主角。早年，他就

出生在Mt. Vernon，從小跟隨著家人就學會耕種、養牧牛羊、種植花木、果樹、釀酒、打獵等等。十九歲時父兄相繼去世，他就繼承了家族留下的這個農業山莊，擔負起全家生活重擔。

當時北美大陸很不平靜，正是英、法、荷蘭、西班牙等列強在北美大陸爭佔殖民地時期，英國為彌補軍事開支，向殖民地徵收重稅，而引起殖民地人民反抗英國殖民當局，暴發雙方軍事對抗。華盛頓加入殖民地軍隊，後被推選為總司令，雖寡眾懸殊，但在他的才智、聰明領導下，高喊著為自由而戰（We fight for liberty）的口號，終於戰勝強大的約克郡英軍，而取得獨立戰爭勝利，1789年，華盛頓當選美國歷史上第一任總統。在他第二任總統屆滿，又回到Mt. Vernon農莊去過農民生活，真是一位了不起的世界偉大人物。今天能夠前去參觀他的故居，深有意義。

第三天，由我早年台師大工教系學生張東軒先生安排參觀，他在Washington, D.C.工作，擔任IBM高級工程師，對當地環境很熟悉。我們因時間關係，只能以走馬看花方式，去看了白宮、國會山莊、國會圖書館、阿靈頓國家公墓、航太博物館、林肯紀念堂及遠眺華盛頓紀念碑等等，一天行程安排的非常緊湊。Washington, D.C.的林蔭大道及這些名勝景觀，留給我們永遠懷念，也確實看到美國的民主、強盛及偉大之處。

2）東部大城──紐約

當我們走出甘迺迪機場，許萬里兄嫂已在等候。他們都是培琳早年在中央信託局的同事好友，來美讀完書後在紐約花旗銀行擔任經理職務，住在皇后區，那裡華人很多，距中國城（China Town）也很近。我們中午先在中國城吃飯，並順便走了一圈，看到多是台

灣、香港新移民所開的店。下午萬里兄嫂帶我們去看紐約市最繁華地區的第五街、洛克斐勒中心、帝國大廈等知名地方。晚間，並在百老匯（Broadway）看了一場秀，可說是培琳與我多年的夢想。百老匯是美國著名的歌舞表演劇場匯集之地，真可說是「名不虛傳」。各個劇場所表演的大多是高級音樂劇，以幽默、風趣、輕鬆、活潑的風格揚名於世，而且好萊塢電影明星很多都是出自這裡。票很難買，多在半個月前就須預訂。

　　第二天上午，陳資本學長帶我們去看設於曼哈頓東河邊的聯合國總部（United Nations Headquarters），遠遠望去是一個端正的長方體，高有39層，前面很多旗杆可升掛各會員國旗幟。我們去的時候不是開會日，中間旗杆上掛了幾面旗，只認識中間藍色的是代表聯合國旗幟。我們入內參觀，特別選了一位漢語解說員為我們解說，她提到這個聯合國總部大樓建築群，是早年由美國人華萊士哈里森和中國人梁思成等十一位建築師設計，1949年奠基，1952年完成使用。包括有秘書處大樓、會議廳大樓、大會廳及哈馬紹爾德圖書館四部分組合而成。一樓大廳設有服務台，提供說明、服務及展示各會員國贈送的藝術品等等。我們隨這位解說員參觀了幾個廳，約一個小時結束後，我們到樓下的禮品部看來自世界各國的小禮物，可說樣樣都是藝術品，製作非常精緻，尤其具有各國特色的洋娃娃讓培琳難以釋手。雖然停留時間不長，還是覺得收穫不少。

　　下一個參觀景點是紐約市的世界貿易中心（World Trade Center），這是曼哈頓下城區的一個建築群，由七座大樓組成，自1973年啟用以來，其高聳的雙塔即成為紐約市著名的地標。一號樓稱為南樓，二號樓稱為北樓。當時，是世界上最高的建築物，而且還超過附近的帝國大廈。這兩棟大樓，也稱為「世貿雙子星大樓」。我們排隊買票後，在南樓乘高速電梯到107層觀景台，可遠眺紐約市各區景

觀、河流。很不幸，後來這兩棟大樓在2001年9月11日當地時間清晨，在恐怖攻擊中，分別倒塌。這時，我同培琳正在杭州桂花城家中看晚間新聞，突有插播（Breaknews），可以很清楚看到兩架波音767飛機先後分別撞進世貿中心的南北二樓，在燃燒後分別倒塌。當時我們都以為是胡鬧的惡作劇，但很快CNN就正式報導：「美國正遭受恐怖份子攻擊。」這消息也震驚了世界！真使人難以想像，這麼強大的美國，自身也不安全。

當天下午，我們又乘渡輪到自由島看自由女神像（Statue of Liberty）。這尊聳立於小島上的女神像，象徵著美國之立國精神，建立於1886年，是法國在1876年美國獨立100週年時送給美國的禮物。遠看並不大，到近旁一看確很壯觀，雕像就有46米，加上基座總高是93米。女神像內部設有螺旋形階梯，遊客可以登上她的頭部。我們去時，內部正在維修，沒有開放。我們僅在下面走了一圈，並聽解說人員講解：「自由女神的右手高舉著自由火炬，左手抱著1776年7月4日美國獨立宣言法典，頭上皇冠有七道光芒，象徵照耀著世界七大洲，腳上還帶著為爭取自由，而掙斷的腳鐐鐵鏈。有人問：『自由女神的造像是否取自聖母瑪利亞？』她說：不是。是法國雕塑家在雕塑自由女神像時取自他母親的像貌，右手高舉的姿勢則取自他妻子的示範模樣，身上所穿的服裝則採取古希臘風格。」然後，並說：「這個雕像從設計到雕塑完成，運到美國共花費了十年時間。」

第三天，許萬里兄嫂安排一趟遠遊，去看美、加邊界上的尼加拉瓜大瀑布（Niagara Falls）。這個瀑布舉世聞名，是世界三大瀑布之一，最為壯觀，我去年暑期隨米蘇里大學兩位學長去多倫多（Toronto）時曾來此看過。此次萬里兄嫂特為培琳安排，我們一早從紐約市開車前往，途經水牛城（Buffalo）稍作休息，中午過

後抵達大瀑布。培琳一看到這麼壯觀的瀑布，至為興奮的說，既然來啦，我要下去乘霧中少女（Maid of Mist）觀瀑遊覽船，我也只有陪同。船到瀑布近旁就感受到水花四濺，怒吼震天的刺激。當船靠近瀑布中心時，瀑布沖激形成的波浪、風暴使船劇烈顛簸搖動，令人驚心動魄，又是一種不同感受。下午我們過往對岸加拿大的一邊，住進預訂好的Motel。休息後，吃過晚飯，又一同登上觀景高塔，看尼加拉瓜大瀑布夜景，由於燈光效應，顯的更加壯麗。

次日清晨，我們沿尼加拉瓜河向上游步行，觀看廣闊的水面與充沛的流量，激湧而下，也十分壯觀。我們吃過早餐、結帳後，開車到多倫多。這是加拿大第一大城，在安大略省，坐落在安大略湖（Ontario Lake）的西北岸。我們開車在市中心轉了一圈，並在國家電視塔（CN Tower）旁看了一下這個多倫多地標，然後就到湖邊公園欣賞野鴨。我們一到野鴨就圍上來，一個個又肥又壯，搖搖擺擺，很友善的點著頭向我們走來討食物，不怕生，可以讓我們撫摸。也讓我們體會到國外的小動物真可愛，願意同人類作朋友，與國內的小動物不一樣，確是值得國人深思。

中午，我們到當地一家頗有名的中國餐館吃了一頓道地的中國菜。然後離開多倫多，回紐約途中經千島湖，看了一場十八世紀末法國大革命的鬧劇，把路易十六國王送上斷頭臺。然後乘小船遊千島湖，一眼望去小島林立，且各有島主。一幢幢精緻別墅，可以坐在家中就可釣魚。而每家大門前都有自己的小艇作水上交通工具，看起來又是一番不同景緻，也深感世界上有錢人真會享受。

3）飛往洛杉磯

當天一早我們乘UA班機飛到西海岸的洛杉磯（Los Angeles），

洛杉磯是加州第一大城，在美國僅次於紐約市。土地面積有1,200多平方公里，若以大洛杉磯區域來講，它包括五個郡，有大小80餘座城鎮，總面積就有10,600平方公里，是台灣的三分之一大。人口很分散，各城鎮間大眾交通工具也很少，多需自己開車。

我們到達後，好友王積祜先生從Huntington Beach開車來機場，把我們送到Monterey Park一位長輩劉老太太家中。王積祜先生台大商學院畢業後任職台灣銀行，早年自費，乘坐貨輪（Cargo Ship）去美讀書，到美國後半工半讀，很艱辛完成學業，我們見面時，他已升為一家股票上市公司的會計部門主管。人很幹練，也是早年我初到美國讀書時，建議我去移民局拿申請永久居留表的王先生。不過我們全家的永久居留身分，在技術學院成立後即全部放棄。洛杉磯的這位劉老太太，早年可說是家世顯赫，她的公公和五叔就是前面第一章中所提過的那兩位大人物劉鎮華及劉茂恩先生。她的丈夫劉獻捷先生是劉鎮華長子，早年去歐洲讀書，在德國漢諾威大學獲得航空工程博士學位。二次世界大戰及中、日戰爭爆發，回國後任職於國民政府軍事委員會，擔任過蔣介石委員長侍衛室侍衛，並畢業於陸軍大學將官班。後調任陸軍第十五軍副師長、師長、整編師師長及兵團副司令官等職務。早年在洛陽保衛戰中聽力受損，1948年去美醫治，後因大陸失守，執教於紐約哥倫比亞大學（Columbia University），1965年逝世於洛杉磯。劉獻捷先生國學基礎深厚，且有國際觀，除能治軍善戰外，又能執教於國際著名的美國哥倫比亞大學，真可說是一位儒將。他有很多數理方面的著作，後來都在大陸翻譯出版，也算為後人又作出一份貢獻。

我前面曾提到在大陸危急時接獲美國一位長輩來信，就是指劉獻捷這位家鄉父執前輩，由於當時他的指引，讓我有目標、有奮鬥，經過20年的艱辛努力，而改變了一生。記得有次他給我的信上

很幽默寫著：「你是大器晚成。」因當時他想要我到哥倫比亞大學去，我深感數理基礎不夠強，堅持再讀一個工程學位再去。沒有想到在我正式去美國讀書前，這位長輩六十幾歲就與世長辭了，未能見最後一面，讓我終生至為遺憾。

1966年劉夫人將其骨灰帶來台灣，原想與其父親劉鎮華先生合葬一起，後因種種原因未能如願，而單獨安葬於陽明山公墓。當時，因其家人子女都遠在美國，讓我有機會照顧其墓園至2008年。九月間，劉夫人率子女將其靈骨攜帶回河南鞏縣，安葬於家鄉邙山之上。回想，這半個世紀以來，「劉家」這個赫赫的大家族，長者凋零，幼者漂散各地；而在鞏縣的莊院，自1949年中共佔據大陸以後，無人居住，年久失修，已成廢墟。假若，沒有這些大的動亂及政權更替的話，我想「劉家」在我們家鄉應該仍是一個美好的大家族。

4）著名賭城——拉斯維加斯

我與培琳到洛杉磯後，計畫先去看拉斯維加斯（Las Vegas），這個舉世聞名的賭城、旅遊及度假勝地。然後北上去看舊金山，最後沿西海岸線公路返回洛杉磯，預計五天時間，回來後再看洛杉磯的景點。此時在米蘇里大學農學院修讀博士學位的劉順雄小姐也從米蘇里趕來一起參加這趟旅遊。我們頭一天向租車公司預約了一部有冷氣的中型車，待次日傍晚取車時，卻給了我們一部Ford新出廠的Pinto小型車。很新，但沒有冷氣裝置。我們知道七、八月間拉斯維加斯周圍的沙漠地帶溫度常常都在攝氏40度以上，車內沒有冷氣將很難受，經再三向租車公司交涉也沒調到。因為暑假期間，租車旅遊的人很多，我們也只有忍受了。

　　從洛杉磯到拉斯維加斯路程是466公里，要開七個小時。當晚我們在超市買了一個小冰櫃，裝滿飲料、食物，特別買了兩袋冰塊。第二天一早上路，避開上班車輛擁擠時間，在通往拉斯維加斯的十五號州際公路上，十點鐘過後，太陽已開始發威。當我們進入內華達州（Nevada State）南部的沙漠地帶，陽光強烈照射，熱風撲面，公路兩旁光禿禿的，偶然會有一些乾黃枯草，迎風擺動，看不到住家村落。不是週末，路上來往車輛也不多，行駛在一望無際的沙漠上，頗有旅行人在天涯的孤獨感覺。

　　此行，幸虧劉順雄學長加入我們，車上多一個人熱鬧很多，而也為我們壯了膽，我請她坐在前座幫忙查看地圖及交通標誌。氣溫在攝氏40度以上，強烈陽光下，車內沒有冷氣，我們一個個熱的受不了。培琳坐在後座不斷從冰櫃拿冰塊遞給我們，大家含在嘴裡，感覺上好像氣溫降了很多。就這樣，我們在沙漠中的高速公路上開了將近四個小時。下午三時左右，我們到達拉斯維加斯，在市中心近旁，住進一家新開設不久的Motel，價錢不貴，而距米高梅旅館遊樂場（MGM Grand Adventure Hotel and Casino）很近。我們來這裡目的不在賭博，只是想見識一下這個舉世聞名城市的特殊文化。

　　我們在旅館休息一陣後，換好衣服，經旅館的經理介紹Las Vegas景點後，就先到鄰近的MGM。進入內部一看，真是花花世界，裝潢的金碧輝煌、華貴壯麗，讓我們驚嘆不已！我們三人好像紅樓夢中的劉姥姥進了大觀園，好在我們能看懂英文，知道指示標誌與說明。當時恰趕上有一場表演，經三人商量後，決定先買票看這場六點半到八點半的晚餐秀。入場坐定，晚餐是一個較大的三明治和一杯可口可樂。秀場的燈光音效使人振奮，有小丑表演、英國來的踢踏舞團跳舞隊、名歌星演唱、最後壓軸的是一幕上空秀大型舞，可說都是世界一流的表演者。我們走出秀場到隔壁的賭場一

看，只見一排排的吃角子老虎、旋轉賭盤、撲克牌賭檯等等，坐滿了人，都聚精會神注視著「財神」的出現，耳邊也不時傳來吃角子老虎掉下硬幣的塔塔聲，使人刺激、振奮。我們想，這是人生難得的機會，既然來到這個名城，不妨也試下手氣。於是每人都換了十元美金的硬幣，玩了一陣吃角子老虎。

晚上九時許，正是Las Vegas開始熱鬧的時刻，我們走出MGM，看到紅火鶴酒店（Flamingo-LV）閃亮的大招牌，走進去轉了一圈，內部裝潢、設施有些傳統、陳舊，沒有MGM氣派。我們又去看蒙地卡羅酒店（Monte Carlo Hotel），這個酒店的名稱很響亮，好多年前就知道它在摩納哥的存在，是以賭博、賽車、美麗王妃而聞名世界。我們到裡邊一看卻是另一個不同的景觀，這個酒店把文藝復興時期，藝術大師米開朗基羅的巨幅雕塑作品，精妙複製作成背景，以顯示它高尚、文雅氣質。

最後，我們又趕到凱撒皇宮酒店（Caesar Palace Hotel），這個酒店不同的是它把羅馬的名勝都搬到美國來了。它的前面就有一個大的許願池，凱撒宮內的擺設、裝潢就像皇宮一樣，仿製的雕塑、名畫，襯托出這個酒店的高尚、雄偉氣魄。深夜十二點多，我們三人仍漫步Las Vegas街頭，在滿是人潮中觀賞這座五光十色的賭城。

第二天清晨，我們吃過早餐開車在市內巡視一圈，看到這個原是光芒四射、熱鬧非凡的沙漠城市，好像一位累了一天的風華藝人，洗去了她的艷容鉛華，正在深眠熟睡，沒有一點聲息。這時的Las Vegas在初升的陽光照射下，人車稀少，又是一番清新景象。我們有些依依不捨的離開，到東南邊48公里的胡佛水壩（Hoover Dam），這裡也是一個觀光景點，被稱為沙漠之鑽（Diamond on the Desert）。位於亞利桑那州與內華達州交界處，跨在科羅拉多河上，因兩州有時差關係，特別在壩的兩端各設一座大鐘以提醒旅行者，

調整你們的時間。這個水壩高220公尺，堤長377公尺，工程至為浩大。我們因晚上要住宿在加州的佛雷斯諾（Fresno），僅稍作停留，並在附近公路邊的沙漠中和幾棵有一人多高的小仙人掌合照了幾張像，就開車趕路。途中突然一陣大雨，來的急去的快，但確消去了沙漠中的酷熱暑氣。傍晚到達Fresno，沒有想到這裡仍熱到攝氏四十度。距旅館不遠就有一家中國餐館，是國內去的新移民所開，飯、菜、茶都很適合我們胃口，飽吃一頓，讓我們精神恢復不少。

次日早晨我們開車先在Fresno市區走了一圈，這個城市是加州農產品加工集散地，到處都可看到大型的運輸車輛奔馳。市區並沒有太繁華的地方，但這裡是通往優勝美地國家公園（Yosemite Park）的必經之地。然後我們又去參觀了州立佛雷斯諾大學（California State University-Fresno），午後到達舊金山（San Francisco）。

5）舊金山

舊金山這個名詞，從字面上來看與San Francisco毫無關係，經早年查文獻才知道，San Francisco其名來自方濟會創始人聖方濟（義大利語：San Francisco di Assisi）。19世紀中期，這裡山中發現金礦，引起世界性的淘金人潮，大批的廣東華工隔著太平洋也趕來參與，他們用華語稱這裡為金山。後來澳大利亞墨爾本發現新的金山，而華人改稱這裡為舊金山。San Francisco是美國西海岸的一個大城，我們預計在這裡停留兩天，因這裡景點很多，都值得一看。以前我曾來過幾次，要去看的地方大致都熟悉，又因不是週末，所以沒有敢通知友人。我們所住的旅館離中國城不遠，休息了一陣，就去逛市區大街。首先使我們感興趣的是乘坐舊金山的叮噹車（Cable Car），聲音響亮、顏色亮麗，有點像早期好萊塢

電影中巴黎的街車，古典、優雅、帶點淑女氣息。我們到Lombard
Street，下車步行走了一段最崎嶇的小街，有四十五度斜坡，彎彎
曲曲的狹窄道路。兩邊有高級住宅，路旁開滿鮮花，開車人經過這
裡一定感到很夠刺激，這也是舊金山的一個美好景點。當我們看到
舊金山地標之一的環美金字塔大廈（Transamerica Pyramid），細高
直立，又是個尖尖的三角錐型，雖有建築特色，但看起來真是怪怪
的，顯示著它的與眾不同。

　　第二天早上，我們不趕時間，九點多鐘去看金門大橋（Golden
Gate Bridge）。這座大橋在舊金山北邊，是連接舊金山與馬林郡
（Marin County）的橋樑，橋長有2,700公尺，橋面有六線車道，離
海面高有67公尺，支撐橋面的兩根主纜鋼索直徑約1公尺。橋基深
入海底97公尺，挖出的泥土製造了一個人工島，還給它起個很有吸
引力的名字──金銀島（Treasure Island）。當初這個橋興建時是
世界上最長的懸索橋，工程至為浩大，又非常壯觀，矗立於波濤洶
湧的海灣，是人人必看的一個景點。我們在橋頭觀望兩岸及大小輪
船往來通過橋下，培琳與劉順雄也不禁感嘆，這真是一件了不起的
偉大工程！看到下面有觀景船，可乘船遊覽灣區，於是，我們三人
買票乘船至灣外，並圍著金銀島轉了一圈。船並不大，擠了有三、
四十人，小孩占了一半。解說員講解金門大橋建造經過，不知道為
什麼，突然話題一轉，把這個人工造成的金銀島拉進了英國著名小
說家：史蒂文生1883年所寫的《Treasure Island》──海盜與藏寶
的傳奇冒險故事中。讓船上的小朋友們個個聽的津津有味，還不斷
發問，逗的滿船人哈哈大笑。

　　中午時分，我們在漁人碼頭吃午餐，看到新蒸出籠的大龍蝦，
每隻只要一美元，真是便宜。下午我們開車去看設在舊金山的加州
科學博物館（California Academy of Sciences）。這個博物館創立於

1853年，是一座綜合性自然博物館，包括有：水族館、天文館、自然史美術館及一座熱帶雨林。其知名度排在世界前十大之中，融合了教育、展示及研究為一體的自然博物館，每一館的展示都是世界級的，我們在這裡瀏覽了一個下午，深感值得再來參觀。次日一早我們離別舊金山市，向西南方向沿西海岸線一號公路回洛杉磯，這是美國西部著名的黃金海岸線，也稱Scenic Highway。沿途有秀麗風光、豐富的自然生態及很多海灣美景與度假勝地。我們由北南下，沿途走走、看看，到達洛杉磯已是華燈初上，萬家燈火時分。

按照行程，我們又在洛杉磯停留兩天。第一天中午我們看古色古香的中國城，下午看洛杉磯市區，傍晚經日落大道（Sun Set Boulevard）到好萊塢，正是熱鬧時分，滿街都是人，我們也加人觀光人群之中。到了中國戲院，星光大道，培琳與劉順雄忙著尋找自己喜歡和得過奧斯卡金像獎明星的名字及留下的手印、腳印。最後我們到蠟像館，看到瑪莉蓮夢露（Marilyn Monroe）在《七年之癢》（The Seven Year Itch）電影中的經典造型，真是維妙維肖，驚嘆雕塑藝術家的精心神工。很可惜這位20世紀最著名的電影巨星，在她36歲華麗之年而突然逝世，留給當時影迷心中永遠不捨的性感女神。三十餘年後，在1999年她獲美國電影學會評選為世紀最偉大女演員第六名，然而夢露之死仍是一團謎，沒有人能夠揭開。

第二天一早我們開車去迪斯尼樂園（Disney Land），其座落在洛杉磯市東南，以前我來過。這是世界上最大的遊樂場所，為當時美國著名動畫大師沃爾特迪斯尼在1955年所創設。園中建築群各有主題：分有中央大街、紐奧良廣場、西部拓荒、野生叢林、探險、童話世界等等。在中央大街上可以看到美國早期優雅古典的馬車、古色古香的店鋪、茶室，也可以看到演員們打扮成卡通中的米老鼠、唐老鴨及白雪公主等出現，而引得遊客歡笑，尤其小朋友們

更為興奮。因為園區太大，我們先乘遊園小火車把整個樂園繞了一圈。然後，培琳與劉順雄選了又害怕、又想嘗試的雲霄飛車。啟動之後，上下飛奔衝刺，速度之快，真是驚魂動魄。耳邊不時傳來女士、小孩的驚歡尖叫，真是又刺激、又恐怖。他們兩位也嚇的一直閉著眼，經歷了這場遊戲。我們還選看了童話世界、探險、紐奧良廣場主題等，中午在園內吃了一餐Pancake。到此，算是結束了這趟美國大陸之遊。

6）途經夏威夷

次日，我們乘華航班機到夏威夷的Honolulu，為了方便，我們訂住華航的Dynasty Hotel，距Waikiki Beach很近，離Shopping Center也不算遠，有公車可乘，這裡我比較熟悉。我們稍作休息後，換了休閒服裝，走到馬路對岸的Hilton Hawaiian Village Hotel，這裡也是Waikiki Beach的一個漂亮景點。裡邊有高級購物街、美麗精緻的庭院，色彩、建築樣樣都是經過專家的精心設計。我們邊走邊看，好像走進了人間天堂似的。人種雖雜，但都能相互尊重、有禮、謙讓，真是一個美好而祥和的世界。我們也深深知道，這裡住宿消費非我們能力可及，只是欣賞見識即可。我們走出Village就是舉世聞名的漂亮沙灘，當天氣溫不高，天空有些白雲，在陽光斜照下，一望無際的海洋顯的特別藍。我們坐在岸旁遮陽傘下，觀賞Waikiki的遠近景色，有媚人的棕櫚、五光十彩的遮陽傘、比基尼裝泳者，以及衝浪人展現的高超技巧，所構成的一片美景，讓我們感受到夏威夷的美，真是名不虛傳。

傍晚我們乘公車到海邊大道Kalahaua Avenue，這裡是城市主要商業街，集中了大大小小的名品店及一些別具特色的小攤位，晚上

非常熱鬧。培琳也在這裡買了一件泳衣，決定明天要在這美麗海灘留下一些回憶。第二天下午我們到Ala Moana Center，這裡是一個購物中心，面積很大，一切設置都很完善，1962年我在夏威夷時來過多次，我們選買些小禮物及瀏覽大小商店。晚間整理妥行李，次日清晨乘華航班機離開這個可愛的度假勝地——夏威夷。

回程中，在東京停留一天。我們特別到市中心去看銀座大道，這裡是東京最熱鬧的地方，兩旁高樓、百貨公司依次林立，專門銷售高級商品，據說這裡物價為世界之最。除大百貨公司外，也有很多飯店、小吃、酒吧、夜總會等。入夜後燈光特別亮麗，顯出銀座大道更為繁華。培琳係初次來日本，看到人的素養、服務人員的親切、商品品質、街道巷弄的整潔，心中有一種特別感受，想到我們國人為什麼不能？次日上午我們到千代田區，看日本皇宮，這是皇家居住的地方，像一座城堡。根據史料記載，建於1590年，為德川幕府時代修築。皇家是在1868年從京都遷都而來，至今已有百年。平時不對外開放，一般人民與觀光客，只能隔著一條寬寬的護城河向內眺望，四周圍繞著大片樹林綠地，在這個人口眾多、車人吵雜的大都市中，顯得非常寧靜、尊貴。

我們下午乘華航班機離開東京，在歸途中，回想培琳這趟美國之行，雖走過東西兩岸不少地方，幾乎每晚都住便宜的Motel，也沒有吃過一頓五星級飯店大餐，真可說是一種平民式旅遊，我內心有些歉疚！但培琳深感這趟旅遊甚有意義，能見識到美國這個地大物博、高度文明、移民雜聚、自由、守法、人人能和諧、平等相處，真有它了不起的地方，值得深思銘記，至為滿足。也許這都是因為幼年時，我倆都經歷過大的動亂、逃難、貧困所致，對物質享受並無太大欲望。當我們走出桃園中正機場，坐上車，兩人相望，感覺回家真好。

第9章　接掌技術職業教育研究中心

1）開創中心業務

　　八月下旬，回到學校，毛高文校長要我兼技職教育研究中心主任。把中心功能充實起來，協助教育部改進技職教育。這時前任校長陳履安先生希望我盡早把技術學院教育成效作一評量，公佈於社會。

　　技職教育研究中心為教育部專案經費，在編制上有兩位助理協助。唯當時電腦尚未普及，兩位助理很多時間花費在資料蒐集、中英文打字及對外服務聯繫方面。為推展工作，中心首先規劃發行一份《技職教育簡訊》，屬雙月刊性質，作為與各類職業學校、專科學校及教育部、廳、局間傳遞技職教育信息之用。內部文章多由我主寫與摘譯工業先進國家之技職教育制度與革新情形。我此時工作雖忙，但遠較創校負責教務時單純很多，讓我有時間作研究與專題寫作。這時中國比較教育學會理事長郭為藩先生，也是當時的國立台灣師範大學校長，邀我寫一篇〈我國技術職業教育發展問題與改革動向〉，納入學會年會論文《世界技術職業教育改革動向》選集中。我以科技發展、社會變遷、工作領域轉移、職種加多、分工精細等因素，說明我國原有技職教育必須改革與提升，同時形成技職教育體系與普通教育體系雙軌並行，以符合我國需要與國際趨勢。把前章所寫的推導理論加以整理潤飾而成，並蒙該學會評選列入。

　　事後我將這篇論文分段刊載於中心發行的簡訊上，引起了教育界人士關注。當時，省教育廳廳長黃昆輝先生曾率領教育廳主管及

職業學校校長四十餘人蒞臨技術學院參觀，並邀我作專題報告：
「技職教育改革的理論基礎」。此時，教育廳正在積極推展之「職
校能力本位教學」研究小組亦邀我參加，並在中心舉辦研討會及能
力本位教學教材展示等等。當時著名政論雜誌《中國論壇》對當前
教育問題特別舉辦教育改革座談會，亦邀我參加，討論主題有：
一、革新的觀念與革新的學制，二、對學制的改革與建議，三、從
學理層面探討學制改革，四、學制改革與師資培育，五、技職教育
將是教育的主流。

　　邀請參與討論者除我外，有孫震先生、楊國樞先生、張春興先
生、黃季仁先生、林玉體先生、蔡保田先生等，都是學術界知名人
士，對討論主題都有深入看法與見解。此後，也多次應邀參與政府
與民間學術性的類似研討會。

2）完成技術學院教育成效評量

　　1981年8月，石延平博士接掌技術學院。毛高文校長已接任清華
大學校長，臨行亦囑我盡快將技術學院教育成效評量完成。此一評
量工作我於1982年3月完成，並以《國立台灣工業技術學院畢業生特
徵追蹤研究（一）》名稱發表，歷時一年餘。在此追蹤研究中，採
用Ex Post Facto方法，設計一套調查問卷。在畢業生調查問卷中探討
畢業生在就業上之特徵；而在畢業生就業機構之直屬主管調查問卷
中測定技術學院教育適宜程度及畢業生在工作上能力表現情形，問
卷回收率高達百分之82及90。在分析所擬之15個研究問題上，其中
有8個研究問題須以虛無假設方式（Null Hypothesis Form）驗證，取
p<.05，用Z值（Z-value）、變異數分析（Analysis of Variance）及塞非
複比方法（Scheffe's Multiple Comparison）測定此虛無假設是否成立

及顯著性差異存在之位置。可以廣泛瞭解到畢業生投考技術學院的意願、畢業後就業時所需等待時間、起薪、職等、就業分佈地區、工作滿意度，與一般大學工學院類似學系畢業生在工作上之起薪、職等、升遷及能力上之比較，畢業生再進修情形及雇主對畢業生在工作崗位上之反應與對技術學院教育成效之意見等，均詳加說明。

　　至於畢業生實際從事工作內涵、性質及成效，需再進一步作追蹤研究（二）以確定其在工程人力分佈中之定位，如有需要可調整技術學院之課程與教學重點。這份畢業生追蹤研究（一），曾獲國家科學委員會獎助。

3）行政院經濟建設委員會的邀約

　　1984年初，行政院經濟建設委員會人力規劃小組（人力規劃處前身）執行秘書余煥模先生，奉派調任中華電腦公司擔任董事長，早年他從事職業教育，為我多年同事好友。副執行秘書張丕繼先生，是位經濟學者，對人口、勞動力有所專長。我從1972年任職教育部時，大部分經建會有關人力規劃會議涉及教育者多由我代表參加，因此與張丕繼先生多有交往，余煥模與張丕繼兩位先生很希望我能去接任副執行秘書一職，協助規劃全國教育與人力。這件事來的有點突然，一時難以決定。我說，「可以考慮，希望能給我兩週時間；另一方面你們須先請示主任委員俞國華先生及兼小組召集人的副主任委員孫震先生同意，我再來決定。」丕繼兄說，「都請示過，歡迎你來參與。」而且人力規劃小組已奉院核准，新會計年度將正式改為人力規劃處。

　　這件事我經過審慎思考，自我從教育部技職教育司工作開始，到今天技術學院大學部與研究所先後成立、技術學院教育成效評量

工作已完成公佈、技職教育研究中心已充實，工作推展亦上軌道，所扮演的角色、任務也深受技職學校及教育部與廳、局的重視。這十二年間，在國家建立技職教育體系及經建人力的培育中，每一重要環節均有幸參與，對很多年前的願望亦已實現。所剩進行中的幾個短期研究計畫亦可於學期末結束，我於是接受經建會的邀請，待學期末學校課程結束，前往報到。

4）辭別十餘年的教育工作與感人的惜別會

在我決定辭職前兩個月，我向石延平校長說明我將離開學校，技職教育研究中心主任人選，請他提前考量。因當時中心對教育部、廳、局及各職業學校、專科學校服務已建立良好、穩定關係，業務需要一位適當人選接替。另外，技術學院畢業生追蹤研究（二），如有需要我協助，我可以不具名參與設計規劃，這一研究在教育方面值得進一步探討，向學術界及社會交代。

在我離別前，石校長為我舉行一個較大的惜別會，並送「擘劃有功」銀牌一面，作為我對創校服務的紀念。學校同仁經過甚多年相處及攜手共同努力，在這臨別時刻都是相互難捨。石校長致詞後，我也簡要講了一段感謝大家多年來對我的支持，讓我能夠協助陳履安校長籌創建校及順利完成教務上的很多艱困工作。這次離職，同仁們的歡送與熱情厚意使我感動不已。臨別，心中頗為激動，但也充滿喜悅。原因是我有幸這十年來能夠同大家一起參與這所高等學府TAIWAN TECH的籌創及預測著它的未來，將是我國教育方面的一顆閃閃新星，充滿著潛力與遠景，假以時日，定會蓬勃發展，像美國的MIT及CALTECH一樣，為國家、社會培育無數的高新科技人力。

　　時隔30年後，2015年3月，台灣科技大學創校40週年慶時，我也應校長廖慶榮博士邀請參加，並以創校教務長名義，寫文：「賀台科大建校四十年：憶當時教育部長蔣彥士先生與籌創校長陳履安先生」，刊載於校友季刊《2015 June Issue 69-70》如附錄二所示。不久，據英國泰晤士報高等教育專刊（Times Higher Education）4月30日公佈2015年創校未滿50年的全球前100名新興潛力大學調查排名中，台科大已排第41名，深值慶賀。

第10章　任職行政院經濟建設委員會

1）國家總體經建的專責機關

　　1984年的8月初，我到行政院經濟建設委員會（簡稱：經建會）人力規劃處上班。這一機關在行政院下為一幕僚單位，是策劃國家總體經濟建設研究發展的專責機關。下設有總務處、財務處、綜合計畫處、經濟研究處、部門計畫處、人力規劃處、都市及住宅發展處，以及人事、會計、政風等單位。

　　經建會的歷史，可追溯到1948年7月在南京初設時的美援應用委員會開始，歷經國際經濟合作發展委員會、經濟設計委員會到1984年5月的經濟建設委員會，每一時期皆有其階段性任務。先後已經歷十一位不同主任委員，其中有九位出任過行政院長，九位行政院長中有三位出任過副總統及總統。由此，可知經建會的重要性及主任委員人選與其率領團隊所肩負的國家重責大任。

2）人力規劃處的業務

　　人力規劃處的主要業務在配合經建需要，規劃國家整體人力資源，主要包括：人力發展計畫、人口預測、教育、培訓、就業、勞動市場調查分析、社會福利政策等等，業務涵蓋非常廣泛。除研究、規劃及審議案件外，很多事情也要與各部會間作協商、推動。編制上有32位員額，除處長、副處長外，有專門委員、研究員、編譯、秘書等。我第一天上班，人事室主任親自到辦公室來看我，給

我解說，經建會人員要納入政府公務人員編制，除政務官外，都要有公務人員任用資格，沒有任用資格者，最近政府將舉辦考試，問我是否要登記報考？讓我想起十年前通過十一職等的考試證書，不知是否可用？我把情形向人事主任作一說明。次日，我把這張證書給他看，人事主任說，「哎呀，這是一個寶呀！有了這個你就不需要再考試了。」我才真正瞭解這張證書的功效。

　　第二天下午，丕繼兄帶我去看主任委員趙耀東先生，此時原主任委員俞國華先生已轉任行政院院長。趙主委也剛到任不久，我以前沒有接觸過。只知道趙主委工程出身，也是企管專家，過去創設中鋼，在經濟部長任內推動經濟改革，大事整頓國營企業等等，聲譽卓著。尤其是他的無私、敢言、有魄力、敢擔當，贏得國人喝彩。我們初次見面，談了約四十分鐘，趙主委對整體人力規劃及中、高階層技術人力提出不少他個人看法。知道我來自技術學院，他對技術學院培育實用高級技術人力深表贊同，稱讚不已，並認為在國家產業升級中十分需要。他希望人力規劃處今後對各級人力多作預測，因社會轉變太快，各種人力流動性亦大，加以未來出生率下降、人口遞減等等，要與有關部會多作協調，作前瞻性規劃。會見結束後，趙主委強要贈我幾個盤中的水果糖帶回，並送我們至門口。初次見面，在我感覺上這位「鐵頭主委」雖有他執行公務上的嚴肅作風，但對待部屬方面也有他親和感人的一面，是一位難得的好長官。

3）我的工作

　　這是我初次擔任副手，協助處理公文，看專案計畫，簽註意見及出席參與會議等有關事務。當時國家仍是計畫經濟時期，只要擬

訂經濟發展目標，各方即有依據配合。在人力規劃處方面，是作人口預測、推估、社會勞動力調查、分析各級教育產出、職訓人力協調與專案研究等等。此外，我與丕繼兄也特別談到即將面臨的出生率逐年下降，十年後對國小、國中教育會產生明顯影響，二十年後我國人口將進入負成長，不僅對各級教育在入學學生人數、班級、教師、學校規模，以及整體師範教育未來走向等方面會產生一連串的問題，而且人口老化涉及著國家經濟、社會福利、老人安養等等，必須要趁早研討規劃，並提出建言。丕繼兄希望我在這方面多作分析探討，並與教育部先行協商。我初到經建會工作，就感覺到這裡環境、氣氛、同仁們的相處與過去所經歷的完全不同。這裡較為靜態，每個人都有自己專案研究，工作效率、合作精神、服務態度，讓我深感敬佩。

我上班不久，有件事情發生，是人力規劃處與教育部間公文上的一些用辭所引起。這件事情的發生是李煥先生接任教育部長後，看到過去一份公文，在經建會審查簽註意見中，有人力規劃處一位研究員在整合各單位意見之後，在結語中有一段用了「似乎陳義過高」一辭。李部長在教育部會議上提出，深表不滿。並問當時次長阮大年先生，是否馬道行的意思？阮次長的回答說，「馬道行剛去，這件公文是幾個月以前的。」我知道這件事之後，我向阮次長特別致謝，並表達歉意，請他能向上級轉致，以後不會再發生這樣事情。但，後來沒有多久，為這件事在行政院院會時，李部長與趙主委見面也鬧的不愉快，讓人力規劃處每位同仁很難過，而在工作上也提高警覺，注意表達的用辭，而在教育部人人也知道這件事情。後來不久，人力規劃處與教育部中教司及國教司有場小型協商會議，討論未來十年、二十年後，國小、國中適齡入學人數逐年大幅下降及應變措施。這次會議只是初步先交換意見，我們知道教育

部國教司司長臨時住院接受手術治療，請其副司長代理就可以了。沒有想到該司司長在醫院手術的第二天，即從醫院匆匆趕來開會，除了使我感到驚訝外，也體會到這兩個單位間的氣氛仍很緊張，就是為了一件小事，鬧得這麼不愉快。

4）國家建設研究委員會第264次的一場專題報告

　　一個月後，經建會安排我九月中至國家安全會議屬下的「國家建設委員會」作一個專題報告，題目：「科技發展與人力結構之變遷」。由主任委員周至柔將軍主持，地點在總統府後面國防部大樓。去時，由經建會專門委員石齊平兄陪伴。當時，石委員兼國家建設委員會財經組秘書（石齊平先生後來為國內及兩岸三地知名的政論家）。我們進入大樓之後，警衛森嚴，到達樓上時，周將軍乘坐輪椅親迎於樓梯口。我看到周將軍立刻行九十度鞠躬禮，並向周將軍問好。我因早年曾在軍中服過兵役，那時周將軍正由空軍總司令升任參謀總長，我在軍中只是一個士兵。沒有想到事隔三十年後能與心中敬仰，且高不可及的長官相見，而受此禮遇，深感無限榮幸，也讓我體會到一位國家偉人的處事待人風範。

　　這場專題報告現場，使我近距離見到許多將軍及政、經、教界赫赫有名的資深高層前輩。早年在台灣師範學院讀書時，我的校長劉真先生亦在座，並給我甚多勉勵，也希望我寫一篇文章加入其七十壽慶專輯中。後因工作太忙及職務調動，未能如願，讓我多年以來，每憶及此事心中充滿無限歉意。我也常常想起，早年在省立師範學院當學生時，劉校長的認真、求是治學風格，為後世樹立了大教育家的風範與氣度。

第三篇

「e」時代來臨：電腦、網路與通訊結合，資訊產業自動化大革命啟動時刻

第11章　行政院國家科學委員會來文商調

1）接任科學技術資料中心

　　1985年6月，行政院國家科學委員會（簡稱：國科會）去函經濟建設委員會商調我到國科會科學技術資料中心（簡稱：科資中心，該中心後來改名為：科技政策研究與資訊中心，隸屬於科技部主管之財團法人國家實驗研究院）。當時，國科會主任委員陳履安先生希望我能把科資中心的業務全面革新，配合科技政策，提高服務品質為要點。

　　科資中心是國科會下一個獨立單位，為早年吳大猷先生任國科會主任委員時所設，編制內、外人員有120餘人，多有高學歷，且各有專長。主要任務在研究分析先進國家在科技、產業及管理等方面之最新研發資訊。除每月定期發行《科技政策》外，也分類摘譯、並以簡訊方式出版有：《機械、動力》、《電機、電子》、《化學、化工》、《材料科技》、《能源、環保》、《食品科技》、《生命科學》、《資訊管理》及《工業產品與設計》等十餘種，自行編印、出版，快速提供國內產、官、學界參考。早年，國科會補助各大學校院及研究單位之專案圖書、期刊經費，因個別向國外申請採購非常不便，皆委託由科資中心向國外統一結匯、採購、驗收，然後分發各校，以省免各單位自行訂購等繁雜手續。科資中心並蒐集、整合出版國內300多種科技及人文學術期刊論文摘要與索引等等，也包括學術研究的會議論文集等甚多出版品，全部

都是紙本式印刷平面資訊。

　　這次商調工作，先是國科會行文經建會，後國科會主委陳履安先生在行政院院會時亦當面與趙主委商量，趙主委堅持不同意。後經隨趙主委從經濟部一齊到經建會上任之副主委王昭明先生向趙主委解說，馬副處長過去在教育部協助規劃建立技術職業教育體系，後又同陳履安主委籌創國立台灣工業技術學院等等，趙主委始勉予同意。7月初我到科資中心，由當時國科會副主委劉兆玄先生監交，並致詞說明該中心未來任務。當時科資中心是在南港中央研究院內，是一棟三層樓建築，有自己的大門及庭院，為早年國科會與中央研究院所簽合約讓渡的一塊土地，由科資中心專案經費所建，並可就近為中央研究院提供服務。

2）瞭解中心業務、決定未來發展方向

　　我接下科資中心之後，真沒有想到在這裡一停就是十年，一直到1995初國科會派我擔任駐美國芝加哥科學組組長職務，才算告一段落，這是我任公務人員最長，也是最具有挑戰性的一段時間。在接任新職之初，正遇上國際間電腦、網路與通訊結合，引發的資訊產業自動化大革命的啟動時刻。我的專長在工程與工業教育方面，我接科資中心之後，雖然是換了一個全新不同的工作，所接觸的都是資訊有關的業務，但若從過去在「學術研究」角度來看，資訊處理與使用，在我專長領域之中也常常涉及，並沒有感到這些業務有什麼太陌生。

　　科資中心設有四個業務組：第一組負責資料蒐集、國際採購、分類、編目、參考服務；第二組負責資料分析、翻譯、索引、摘要、編輯、出版；第三組負責資訊服務與推廣、國際資訊線上檢索

服務、國內外資訊交換與合作；第四組為資訊組係初設，將來工作是負責中心業務自動化；另外有秘書室、會計室、人事室。

　　科資中心除本身業務外，還有學術界、產業界、政府機關等的圖書館、資料中心，大大小小300多個單位，都與科資中心有資訊共享關係。當時這些單位已設有一個組織，名稱為：「中華民國科技圖書館及資料單位館際合作協會」，簡稱：中華民國科技館際合作協會（Sci-tech Inter-library Cooperation Association, STICA）。科資中心負責資訊協調支援，中山科學院圖書館負責團體會員年費收繳與保管，雙方合作推動國內科技資訊資源共享。這時國內電腦作業才剛開始，尚未普及，又因「中文碼」問題遲遲未能解決，影響自動化作業進展，網路也沒有形成。所有資訊流通作業都靠人工一份一份查尋、複印及郵寄等處理，極為費時費力，造成提供服務單位許多額外沈重負擔。除科資中心外，協助提供服務最多的就是台灣大學圖書館及成功大學圖書館，因其圖書、期刊、文獻較多的關係。

　　我接下科資中心的第一個月，重點工作是與各組、室同仁座談，以瞭解現行業務、執行情形、人員專長及未來業務自動化轉變可能遇到的問題等等，作深入討論。另外，為配合將來業務革新需要，以任務編組方式增設一個「企劃及考核組」，協助我規劃中心業務全面自動化工作。然後，我把注意力集中在美國及歐洲幾個先進國家新研發建立的自動化大型資料庫（Data-base，或Data-bank）的結構、規範、製作程序等等，同時也讓我想著必須編訂我國中英文科技分類典（Sci-tech Classification）與科技索引典（Sci-tech Thesaurus），來統一我國科技名詞所用字彙的範圍與定義，為建立我國的大型中英文資料庫作準備。除此之外，科資中心也必須參酌國際標準訂定一套國內學術期刊及學術論文摘要、關鍵詞

等等格式規範，一方面可以配合將來自動化檢索功能，另一方面也可以把國內學術研究期刊推向國際之間，增加我國學術研究聲譽。同時，我也閱讀最新國際網路發展進程，從起源於美國國防部DARPA的研究構想、形成ARPAnet、進展到NSFnet再到Internet，僅僅只有幾年時間，逐漸由區域網路進展到網際網路，不久就會擴及到全世界。發展之快，影響之大，遠遠超過18世紀的工業革命，讓我頗有「山雨欲來風滿樓」的感受。科資中心必須早作準備，不能遲疑，也不能等待，而且需要從最基本做起，要有整體規劃，全面革新作業方式，才能趕上這班世界性的資訊改革快車，這是科資中心將來必須走的方向與途徑。

同時，也讓我想著科資中心與國內大大小小300多個分散各地的館際合作單位與資源共享服務。將來，除各單位業務要自動化外，也必須要有一個區域網路連結起來，才能發揮功能。而且，也可把科資中心未來所整合製作的各類資料庫經過網路在各種狀況下作不同反覆測試。可是，依當時的環境來講，要在國內建立一個實際大區域網路，實在太難，亦非科資中心能力所及。在無計可施情形下，讓我偶然想到以前作研究時常採用的「虛擬方式」可把現有電信局的傳輸專線與普及的電話線路，構築成一個區域網路，各單位只要電腦上安裝一個小型介面軟體，撥接上電話線路或租用電信局專線就可查看及摘取科資中心資料庫中資料，不需等待，也不需要特別經費預算，即可達到資訊自動化傳輸目的，加快帶動國內這300多個圖書資訊單位自動化作業進行。

這時，國內各單位都有業務自動化構想，但因中文處理碼問題相當分歧，一直困擾各個單位，叫嚷了好多年，仍未能統一認定，而停滯不前。資料庫需要中、英文檢索軟體，市面上也沒有設計製作公司。實際上，因趨勢發展太快，國內根本沒有這方面人才。

再者，那時歐美只有少數國家有大型英文資料庫檢索軟體製作設計公司，專門承包軟體製作，因英文自動化處理軟體要比中文簡單容易，銷售量也大。而且國內製作的大型資料庫檢索軟體均需中、英文兼顧，複雜程度很高，而市場所需也不夠大，所以軟體製作公司多不願投資研究。在當時國內推動產業自動化是由行政院科技顧問室負責，實際上是李國鼎資政在主持。李資政透過行政方面的影響力，已設立有「財團法人資訊工業策進會」，來推廣資訊應用觀念，培訓資訊自動化人才，協助政府及民間進行電腦化作業。但對科資中心來講，卻是緩不濟急，難以等待。

在建立網路方面，科資中心同仁經過多次討論，決定以「虛擬方式」，建立國內首條「全國科技資訊網路」（STICnet）計畫。然後，又將整體計畫，邀集國內自動化與網路專家作進一步討論其可行性。當時，受到邀請的有電信總局數據研究所所長賈玉輝博士、行政院主計處計算機中心主任萬鎮歐博士、中央研究院電子計算機中心主任林誠謙博士、資訊工業策進會葛亦愚工程師等，他們都是國內計算機、資訊及網路專家，也是推展國內自動化的主要策劃人士，擔任科資中心業務自動化及科技資訊網路諮詢小組顧問。經過很多次商討之後，認為此法可行，唯一的困難是將來如何能夠引進大型資料庫檢索使用的中、英文軟體。

3）擬定中心業務自動化與創設全國科技資訊網路五年中程發展計畫

兩個月後，我把科資中心全面革新計畫用口頭方式先向國科會主任委員陳履安先生報告，說明這兩個月來我對科資中心業務的瞭解，以及國際間大環境趨勢，科資中心業務必須全面自動化來取代

現在傳統方式作業，時間也至為迫切，幾年後國際間的網際網路將會延伸國內，必須早作準備。我將科資中心作業改革計畫歸結下列幾個重點向陳主任委員說明：一、科資中心必須籌建大型中英文自動化檢索資料庫，儲存國內過去及未來蒐集的大量科技研究資料；二、需編訂中英文科技分類典及科技索引典，統一國內科技名詞、定義及範圍；三、參酌國際採用規範，訂定我國學術期刊、論文規格標準，提升品質，將來這些論文才能被國際接受；四、科資中心計畫以「虛擬方式」利用電信局現有各種傳輸線路，建構一個「科技性全國資訊網路」，把國內科技館際合作組織下的大小300多個圖書館與資料單位結合起來，加速推動其作業自動化，可直接查閱及摘取科資中心資料庫資料，而取代現有人工作業，不需要動大量經費，這個構想業經中心與國內策劃自動化及網路的幾位專家研商多次，認為可行；五、待兩、三年後Internet接連到國內時，我國科技網路立即可成為網際網路的一個節點（Network Node），國際研究人士亦可查詢我國研究資料。

以上這些改革，在國內是一個帶頭性工作，在規劃上需要研訂出許多自動化處理的規範、規則，在推行上也需要一段長的時間，是一個相當艱辛的任務，但站在國科會及科資中心立場，應該首先推動，作一個帶頭示範。這個整體性的規劃、執行，經我初步評量，科資中心應有這個能力來完成。這是一個多方面功能任務，必須國科會全力支持。

陳主任委員聽我報告之後，認為這是一個大計畫，涉及多方面的革新工作，有需要，也深具意義，也正是當初商調我來科資中心的主要任務，要我正式擬定計畫書，報國科會審議。科資中心從此有了新構想及新的重點工作方向，隨即動員人力，展開作業，草擬整合國內科技資訊、業務全面自動化及籌設全國科技資

訊網路與建構大型中英文資料庫的五年發展中程計畫,提報國科會
核示。

4）加強國內科技館際合作組織功能

　　科資中心除本身業務繁重外,館際合作服務亦很複雜。我接科
資中心僅僅幾天,中山科學院圖書館葉館長帶領其館際合作服務組
長來看我,並說,「中山科學院院內新規定不能再兼任館際合作職
務,尤其財務必須馬上交出。」因這事我不十分瞭解,我請中心
三組負責合作業務的王士鍔組長一齊來談,才知道館際合作組織在
1975年3月已成立,科資中心被選為執行小組委員之一,中心主任
並被推選為召集人。中科院圖書館長亦是執行小組委員,負責財
務、會費收繳、保管。十年來館際合作組織並未正式申請立案,所
收之會費,中科院圖書館只能以私人名義在銀行開戶保管,責任上
及精神上都感受壓力很大。我瞭解實情後,即經執行小組開會,各
委員同意,以「財團法人中華民國科技圖書館及資料單位館際合作
組織研究及發展基金會」名義向內政部申請立案,很快就被核准設
立,我又被推選為基金會首任理事長。把原有收繳之會費皆以基金
會名義向銀行開戶存放,並選出兩位委員監管基金,而會費收繳業
務也同時轉移給科資中心。

　　又在同時,台灣大學圖書館陳館長也來與我商談,並對我說,
「台大圖書館堅決要退出館際合作服務,因人力不夠無法負荷館際
合作業務。」陳館長專長在資訊與圖書館學,早年在美接受教育,
後應台灣大學邀請回國服務。這時亦在革新台大圖書館作業及籌建
新圖書館計畫,工作繁重,壓力很大。我瞭解陳館長心情,我向他
說,你也是執行小組委員,你帶領台大退出,將來一定會引起很大

反應，屆時見諸新聞，對台大及館際合作都有不好影響。我剛到中心不久，我願意盡力協助你解決這個問題。台大有圖書館學系及研究所，都是你們學生，你先回去評量一下，你那邊館際合作服務需要幾個工讀生，就近邀請你們學生幫忙，費用可由館際合作基金支付。如需館員協助，基金會也可支付加班費。如真正還有困難，我中心可以派一位你們台大圖館系所畢業的人員前去帶領工讀生工作。館際合作組織確實需要台大幫助，等再過一段時間，自動化作業完成，科技資訊網路建立，這些問題就沒有了。我也曾親自去台大拜訪陳館長，並對其副館長及服務人員表達謝意。後來，這件事以增加幾位工讀生幫忙而算順利解決。

有一天下午，突接台大醫學院衛教中心一位人士要我接電話，說他們原來舉辦一個研討會，曾去函邀請美國國家衛生研究院（National Institute of Health）屬下的美國國家醫學圖書館（National Library of Medicine, NLM）派專家來台作專題演講，因雙方沒有邦交，也沒有簽訂合作關係遭到對方拒絕，而且也取不到美國國家醫學圖書館蒐集的研究資料等等，希望科資中心設法幫助。不久，又有台灣大學物理系黃邦彥教授來看我，他建議科資中心可向電信局租一條專線連接到美國費米國家實驗室（Fermi National Accelerator Laboratory），讓國內高能物理學者們可以隨時瞭解到「頂夸克」（Top Quark）的研究進展情形等等。由以上這些問題，除了讓我瞭解到科資中心不僅是內部改革，要建立自動化作業及資訊傳輸網路，而且還要設法加強國際的合作交流，去突破「無邦交」這道阻礙，才能為國內取得國際間有用的資訊。科資中心這個單位，在國內並不顯著，但是要作的事情確是涉及著新的尖端技術及國際交流等等，既困難又複雜，這些都是科資中心全體同仁與我即將面臨的艱辛挑戰。

5）奉命籌設資訊科學展示中心，推展「e」時代的來臨

　　10月下旬，突然接到國科會指示，要我籌備設立「資訊科學展示中心」（Information Science Exhibition Center）工作，兼任籌備主任。並於三週內率團赴日本、美國、荷蘭、德國、法國、英國及新加坡等地考察這些國家的資訊科學展示情形。因為事情來得太突然，時間也很緊迫，而且我對這個展示中心沒有一點概念，也不知道緣起何處，會讓我來籌備？經打聽後，原是李國鼎資政的構想，幾年前也組團出國考察過，這個案子都是由李資政秘書李偉先生主持，而李偉先生也是當時資策會副執行長，已經籌劃兩年，原本是由他率團，到國外考察。組團人選已定、出國護照已辦、日期行程、參觀地點都已安排訂定，不知為什麼臨行突然改變？可能主要原因是這個展示中心將來設立之後，有關人員編制、歸屬、經費等等難以解決，而財團法人資訊工業策進會本身亦無法容納。不得已，八月間才由李資政臨時指示，由行政院發文交國科會接辦。

　　我曾向國科會堅辭這個籌備主任工作，一方面因剛接科資中心，本身業務至為繁忙，另一方面資訊科學亦非我專長，請國科會另覓適當人選。國科會副主委何宜慈先生告訴我說，這個中心屬對外服務性質，將來可能附屬在你們中心，會裡已經這樣考量、決定，你還是先接下這個工作，以後再來討論。

　　此時，何宜慈副主委亦兼資訊工業策進會執行長，他對此案的來龍去脈應該從頭到尾都很清楚。臨時這麼大的改變，一定有不得已的原因，我曾詢問其中詳細情形，但何副主委一點都不願透露，我想要推掉這個兼職已不可能。我只有請何副主委安排邀李偉先生

我們三人聚在一起讓我瞭解當初的構想，已經規劃兩年，現在進展到什麼程度？展示中心的主要展示主題有那些？國外參觀考察人選已經確定，他們每個人的專長、工作分配、回來後的任務是什麼？我需要知道才好接下來去進行。最好仍請李偉先生領隊，我參與或作副領隊前往，因李偉先生追隨李資政甚多年，深得李資政信任，在國內各部會及駐外單位都有人脈關係。何副主委非常同意我的建議，但幾次催促，李偉先生皆因工作繁忙無法聚在一起。

因時間迫切，不得已我只有親往拜訪，請教以上事宜。據李偉先生說，李資政原來構想是請國內各大學有關資訊科學教授提供其研發作品，來設計、製作、展出。有關組團人選，其中有台北市電腦公會副會長、中華工程顧問公司王經理、經濟部總務司長、國科會會計室王主任。我又懇切邀請李偉先生擔任領隊，均遭婉拒。

回辦公室後，我一再想這個展示中心要展示的主題應該都是即將來臨的尖端資訊科技，要請國內各大學有關教授提研究展示品，雖是李資政構想、善意，但在我直覺想像中太難，一來教授們太忙，二來展出的品質、設計、製作、整體功效，均須有高度水準，在當時環境下，很難完成。而且隨團考察人選多非資訊科技專業，也讓我難以理解。我用中心的國際百科查閱國外的「資訊科學展示中心」內容，發覺展出的主題大都是「計算機、電信、網路和自動化」有關等等，表達未來發展趨勢與其對日常生活的重大影響。多以教育性為目標，使國民瞭解「e」時代的來臨。

我瞭解所有情形後，向陳履安主委報告，說明我對未來這個展示中心的籌創與原來的構想可能有很大的不同。我將實際情形向陳主委作了詳細說明，他的指示是，「已經這樣決定，先去看，多蒐集資料，回來後再作決定。」同時，我與何副主委商量，原考察團人選可能要作調整，他也認為確有此需要。我說，我要帶中心一位

組長吳明振博士暫時接下這個計畫，並隨團前往幫我作考察紀要，還需要有一位懂電信傳輸與通訊方面的人員加入才好。何副主委也認為考察團需要一位電信專家，於是推介電信局退休的一位楊處長，對這方面很有經驗，也是很多年前他的大學同學（後來擔任展示中心首任主任）。這樣決定後，我即召集會議商討各人的工作分配及啟程時間，因要參觀的展示館已經選定，並請國科會駐外單位就近先行聯繫。

此時，隨團的中華工程顧問公司王經理不願前往，要退出這個計畫。經我們細談之後才知道，兩年前初有這個構想時，即與中華工程顧問公司有所約定，該公司就派王經理負責將來展示中心的設計，從那時就開始計費，一直到現在，所欠累積設計費用未曾支付，我深感驚訝。我問，展示中心場所未來在科技大樓右下側，目前仍是鋼架，距離完工交付使用還要等一年多，不知你設計些什麼？王經理不肯講，只希望國科會能先付欠款。因款項非小數目，而且展示中心籌備兩年，什麼紀錄也沒有，我想這個問題是以前的，非我能力可以解決，我也不能參與。我很肯定向王經理講，這個時候我不能同意你的要求。但，去不去你可以自行決定。當時我也考量到，中華工程顧問公司專長在土木、建築工程設計及施工，而不是尖端資訊科技展示專業，將來也幫不上忙。即使不去，也沒有影響。

6) 率團考察美、歐、亞國家資訊科學展示

11月中旬出發，首站到日本東京，看日本電信公司附設下的一個資訊科學展示館，館設在東京市區電信局的二、三樓，面積、空間均不算大。展示主題第一部分是計算機發展史，有實際模型及產

品，並有生動圖表說明，從最古老到目前再到未來；第二部分主題是電信與通訊網路；第三部分是自動化作業、遙控與遠距離視訊傳遞等。展示主要對象是中、小學校學生，以推展資訊科技教育為主，每一項目，參觀者多可動手操作。我們參觀後，除瞭解到日本的資訊科技發展遠遠走在我國前面外，我也特別請教展示館長，詢問此展示品的設計、製作過程及費用。得知都不是他們自己設計、製作，而是包給專門設計、製作的公司，日本有好幾家，也接辦國際業務。這位館長很熱心，把他存留的設計製作公司的資料及聯絡地址、電話給了我們。首站日本之行，解除了我心中不少壓力，原因是有包辦的設計公司。否則展示這些尖端科技東西，當時在國內真是一個大難題。

第二站是美國，也是最主要參觀的地方。按照行程，首先到美國西海岸的舊金山看加州科學博物館，前文中已經述及，它是一個綜合性的科學博物館。對純粹資訊科學展示並無太大幫助，唯一有參考價值的是其內部設計、燈光及色彩配置。展示的每一區域，每一單元都是經專家精心規劃設計，全由設計公司按照展示單位需要項目設計、製作，並包辦及維護。

次日一早我們從舊金山飛往美國中西部的大城芝加哥，飛機到達後，在機場上空盤旋了四十分鐘才輪到降落，真是一個忙碌的國際大機場。晚間，隨團楊處長住芝加哥的公子帶我們到中國城晚餐，飯後又帶大家到密西根湖邊的天文台旁看芝加哥夜景，黑暗中顯示遠處高樓及大街的燈光特別亮麗，也看到芝加哥的高樓建築各有特色。

第二天上午我們參觀著名的芝加哥科學工業博物館（The Museum of Science and Industry），當時有一館正在展示電信、通訊、計算機的發展史與進程，可惜都是靜態模型，顯得非常古典，展示館的

設計也很傳統。看完芝加哥後，我們飛到波士頓看一個電腦博物館。館中擺放的都是各式的舊電腦，像一所倉庫，沒有一點生動氣息，也沒有看到有人參觀。經詢問後才知道，這個館要重新整修，我們遠道而來，頗感失望。

次日上午我們飛到佛羅里達州中部的奧蘭多（Orlando），這個地方是美國最著名的遊樂區，也是世界上最好休閒城市之一。除了迪斯尼樂園之外，還有愛普卡中心（Epcot Center）、環球影城（Universal Studio）、海洋世界（Sea World）等等。我們來此主要是看愛普卡的未來世界展示館（Future World）。我們上午離開波士頓時氣溫是攝氏零下七度，每個人穿的都很多。當飛機到達奧蘭多時，當地陽光高照，氣溫是三十度以上，下了飛機一個個熱的受不了。第二天上午我們看愛普卡的未來世界，由於不是週末，來參觀的人並不擁擠，這個館對我們來講很有吸引力，其中一部分資訊科技與未來應用發展正是我們想要的，我們從上午看到下午，仔仔細細看了兩遍，有關資訊科技可能應用在國內展示部分，都一一記載下來。館內的每一件展示品都代表著高科技的結晶，也顯出設計家的精妙神工，樣樣都像似精緻的藝術品。其實很多展示品都是利用簡單物理學的聲、光、電基本原理造成的科幻假象、曲折、生動，像魔術一樣，令人稱奇。我們向服務人員詢問展示品是那一家設計公司製作？他們回答說這裡有設計公司的維護部門，你們有什麼事？經我們說明原因，他們立刻通知該公司人員前來與我們見面。我們將事情說明後，他們回答說，這事一定要同公司接洽，公司在紐約，明天又是週末，無人上班，最好下週再與公司聯繫。依據我們的行程是明天晚上到紐約，星期天下午要離開飛往荷蘭的阿姆斯特丹。我深感不能失去這個機會，立即要求該公司人員直接轉告其高層主管人士，就說這是一件國外生意，因為我們只有週日上

午在紐約，下午就要飛往歐洲。幾經商洽，約定其公司執行副總週日上午九時在其紐約公司與我們見面，並為我們作簡報，介紹其公司承接過的展示業務。

參觀了愛普卡未來世界館的展出，是我們這十天來所看到最有特色的展示，在設計方面有著簡明、生動、新奇、脫俗的感覺。我們要訪問這家設計製作公司的主要目的在瞭解該公司業務，是否承包國際委託，費用計算等作考量，以便日後需要時邀請其公司來台灣參加投標。

週日一早，大家整理好行李，吃過早餐，乘車趕到這家公司，這時紐約氣溫攝氏零下五度，雖無下雪，但寒風吹來還是冷嗖嗖。我們到達該公司後，他們已在等待。經雙方介紹，說明我們來意後，就以投影作簡報介紹該公司業務與現況。並特別說明其公司最近所接展示業務多採統包方式（Turn-key Project）承製，只要瞭解委託者的計畫、重點及展示場所等條件，該公司就可全部包辦。到交付時間只要扭轉鑰匙，打開展示館大門，內部想要的東西一應俱全。我也特別問及，一個展示館涉及的專業很廣泛，你們公司有好多研究及工作人員？他們的回答是人不多，但他們旗下有很多小型的高科技展示品製作公司配合他們承包業務，而製作出的展示品都具世界一流。由於他們在愛普卡未來世界的展示，我們深信該公司的能力與品質。他們認為若有機會也願意來台灣投標，條件是不論得標與否，均需付參與投標及簡報設計費用。這一點，在我們政府會計方面來講將是一個問題。

辭別美國，第三站我們趕往歐洲，到荷蘭看飛利浦總部的資訊科學展示館。這個展示館設在荷蘭南部的恩多芬（Eindhoven），是荷蘭的工業重鎮，很多世界著名的高科技公司都進駐這裡。因這裡又是1891年Gerard Philips創業起家的地方，所以飛利浦公司在這

裡最為有名。我們在這裡只停留一天，參觀該展示中心，中午展示館負責人招待我們簡單午餐。並講述該館籌創經過，也是外包給設計製作公司，又快、又省事，也遠比他們想像的要先進。

次日上午我們離開恩多芬飛往德國南部文化大城慕尼黑，看德意志博物館（Deutsches Museum）。這個博物館是世界最大的科技博物館，佔地約五萬平方米，有四十多個大大小小展覽室，與美國芝加哥的科技工業博物館有點類似，從其展示幾乎可看到德國的全部科技發展歷史。每件展示品都與人類日常生活息息相關，有次序的記下了科學與技術蓬勃發展歷程。這裡有世界第一部電話機，戴姆勒的首輛汽車，也有很多諾貝爾獎得主研究使用過的原始模型，其圖書館收藏有哥倫布、達爾文等世界名人著作原始手稿等等。但對較新的尖端資訊科技這裡看不到。這也是博物館與展示館不同之處。看後深深瞭解到一個工業大國的名聲，得來不易。也深深體會出自己國家在科技、工業發展上的相對脆弱與落後。晚間，中央通訊社駐該地人員帶我們到慕尼黑一所傳統習俗餐館，吃德國豬腳，喝大杯慕尼黑啤酒。在這裡可以領會到德國人的坦誠、樸實、豪爽。不論你來自何處，只要聚在一起，大家都是朋友，皆可舉杯相敬，真可說是「四海之內，皆兄弟也。」

次日，我們依照行程，去看離慕尼黑不遠的新天鵝城堡（德語Schloss Neuswanstein），為巴伐里亞國王路德維希二世（Ludwig II），在1869年動工興建，這個城堡充滿著這位年輕國王的夢幻奇想，畢生的精力都花費在這座城堡的建築及設計上。路德維希二世出生於1845年，幼年在皇宮接受文學、藝術、歌劇薰陶，深慕中世紀天鵝騎士風尚。1864年登基，時年18歲，成為巴伐里亞國王。在登王位之後，邀請當時慕尼黑名劇場布景設計藝術家克里斯蒂安·洋克（Christian Jank）共商建構新天鵝堡之事。洋克依據國王之

意，憑空想像畫出新城堡之外貌，一切設計、建造均由國王親自主持，歷時17年始大致完成。據檔案記載，國王路德維希二世僅在這裡住了172天，在1886年6月13日被發現與醫生古登同溺死於附近的施坦貝爾格湖中，死因至今不明。

回想早年路德維希二世修築這座行宮，耗盡國家財富，受盡人民怒責。絕對沒有料想到一百年後的今天，這位國王所建的夢幻城堡，給世界各地的遊樂場所帶來了無限靈感，如迪斯尼睡美人城堡、灰姑娘城堡，連著名的拉斯維加斯賭場外景也採用了他的構想。現今，並為巴伐里亞人民帶來無盡的觀光財富。

我們到達這裡已是寒冬季節，樹葉盡落，山谷中餘雪未化。這座舉世聞名的城堡就建在峽谷旁陡峭的岩石上，顯的特別突出。這時不是觀光旺季，參觀人不多。我們買票進入，內部裝飾可說是金碧輝煌，城堡內部多是天鵝壁畫，一切陳設也極盡奢華。回程時，我們特別站在高處眺望了一下附近的舊天鵝城堡，這是國王二世出生成長的地方，以及不遠處的施坦貝爾格湖，這裡是他逝世之處，真是景物依舊在，人事已全非，讓我們略有感傷。

第二天因飛機延誤，下午抵達法國巴黎，晚間經濟部駐法國經濟參事安排我們晚餐。這位參事姓魯，早年曾追隨李國鼎資政，年紀已長，看到我們團中人員都不穿西裝，年紀又比較大，外貌有些不揚。他把我拉到一旁，皺著眉頭問我，你們怎麼組團的？我知道他的意思，只好輕鬆的笑了笑向他解說：一、我們不拜訪官方；二、我們只是參觀資訊科學展示方面，且每人各有所長，多屬技術方面；三、團中人員多由李偉先生遴選，李資政也知道人員名單，原由李偉先生帶團，後因李先生事務繁忙無法前來。這位參事聽了之後，瞭解情形，態度大為轉變，也很客氣的向我們解說巴黎市內可能沒有這類的展示場所，並詢問我們沿途住行及所看過的國家。

餐後臨別，我們一再感謝他的熱誠招待。

次日上午隨團的王會計主任身體不適，經我問清楚原因，只是感到疲勞，沒有什麼大病，我放心很多，讓他在旅館好好休息。按著當天行程，我們出發去參觀法國一座核能發電展示館。這個館主要目的是讓社會大眾對核能發電的瞭解，減少對核能發電的恐懼。展示館因在市區，空間並不大，展示可分三個主要部分；一、用很多精製圖表介紹核能發電的相關知識與原理；二、有剖面製成的核能反應爐模型、機械操作手臂、核能反應過程、冷卻散熱；三、發電流程、廢水與廢料處理及輻射防範等等。展示說明中，特別強調這是一門高能科技的新應用及它的優點，參觀人很多，設計很有特色，一切說明都用圖表、文字，無專人解說。我們想瞭解這個展示館的規劃、製作、展出、管理及維護等整體的作業情形，館內服務人員沒有人能用英語回答我們問題，他們的負責人立刻用法語廣播，詢問參觀群眾誰能來擔任英語翻譯？這真是一個好辦法，果然有位五十多歲男士走來為我們翻譯，此人從英國來，一口標準英國腔調，法語也很流利，回答我們提問的問題。說，這個展示館為法國能源部門主辦，所有一切設計、製作、展出都是委外包辦。法國的這個核能發電展示館與我國幾年後設在第二核電廠內的展示館看起來幾乎一樣，說不定可能就是同一家承包公司設計、製作。中午大家就在附近咖啡小店吃了法國式的三明治，嘗試法國小杯黑咖啡，無糖、又濃，喝後真提神。

下午，我們參觀舉世聞名的羅浮宮博物館（Musee du Louvre）。此館位於市中心塞納河邊，有其悠久歷史。最早在十二世紀末修建時，是一所防禦城堡，作為存放國王財寶與武器場所。後經歷代王朝修改、擴建，時作王宮，時作它用，歷經數世紀之久。一直到1789年法國大革命期間，把王室、貴族、地方政府、教堂所有的名

畫、雕像藝術品全收集來放在羅浮宮，並把它改為博物館對公眾開放。拿破崙即位後曾對羅浮宮大規模擴建，並把從歐陸各國奪取而來的藝術精品也存放這裡，逐漸形成現在規模。我們去時，羅浮宮入口處正在整修改建，由華裔美籍名設計大師貝聿銘先生主持，在羅浮宮中央廣場上修建一座玻璃透明金字塔的造形，我們去時仍未完工。

　　羅浮宮展示品極為豐富，為世界三大博物館之首，最著名的蒙娜麗莎畫像、維納斯女神及勝利女神的雕像都在這裡。觀看蒙娜麗莎的人最多，解說員特為大家解說：

一、達文西（da Vinci）不是畫者的姓名，而是一個距佛羅倫斯約五、六十哩處一個小農村的名稱，畫者的名字是李奧納多（Leonardo），就出生在da Vinci這個小村裡。畫者的全名應該是李奧納多‧迪瑟皮羅‧達文西（Leonardo di ser Piero da Vinci, 1452-1519），中文有人譯作：「文西村 迪瑟皮羅之子李奧納多」。

二、文藝復興發源於中世紀的義大利，其藝術風尚深受法國王室喜愛。羅浮宮現在展出很多文藝復興時期藝術大師的巨作，多是在十五、十六世紀時引入法國。

三、蒙娜麗莎的畫像，創作於1502-1506年，花費約四年時間完成。這幅畫是在1516年，李奧納多‧達文西應法國國王佛朗索瓦一世（1494-1547）邀請時帶往巴黎，由王室買下。這位藝術大師深受國王敬愛，不幸三年後，病危、逝世於國王懷中。李奧納多‧達文西不僅是文藝復興時期的藝術大師，他也是傑出的科學家、工程師、解剖學家等，是位少見的天才人物。

　　我們想找尋有關中國的展示品，並不多。原因是中國受法國影響不大，再者拿破崙也沒有帶軍隊到達東方。清末時期，英、法聯軍搶劫、盜取我國的文物甚多，可能未存放這個館裡。

　　我們離開羅浮宮，走到巴黎市中心的協和廣場（Place de la Concorde），這裡是各地遊客會集之處，已有二百餘年歷史。從1755年開始設計建造，一直到1775年完工，歷時二十年。當時為紀念法王路易十五而興建，並命名路易十五廣場（Place Liouis XV）。後經多次變革，始為今天的這座廣場，非常宏觀、壯麗。廣場上充滿雕像，金光閃閃，有羅馬噴泉及著名的古埃及方型尖碑，佔地約八萬四千平方米。西臨香榭麗舍大道，東接杜伊勒里宮，站在廣場中心，向四周遙望可見香榭麗舍大道另一端的凱旋門、後方的羅浮宮及遠方的巴黎鐵塔與希臘式的瑪德萊納大教堂等等，周圍的著名景緻皆可一覽無遺，不失為世界最美好的廣場。

　　我站在方尖碑旁，低頭沉思，這裡曾有過歡樂年代及悲慘歲月。早年路易十五的榮耀與廣場上的騎馬英姿，路易十六與王后瑪麗・安托瓦內特（Marie Antoinette）的盛大結婚典禮均在這裡舉行。曾幾何時，路易十五的雕像被推倒，廣場也改了名，新的革命政府就在這方尖碑位置，我現在站立的地方，設置了一座震驚世界的斷頭台（Guillotine），在1793年初，首位推上斷頭台被執刑的就是當時國王路易十六與其美麗高貴的王后，以及數不盡的王公貴族、富商大賈及反革命人士均在這裡行刑，被斷頭的人有數萬之多。這樣的革命、鬥爭，也讓法國舉國上下人人自危。鬥人的人，最後又被人鬥，下場至為悲慘。在1795年，革命政府終於收了這個斷頭台，並把革命廣場改名為協和廣場，以表示要對全國人民和諧相共。這一場突然而來的恐怖歲月，讓法國人好像經歷了一場惡夢。

我從小就對古埃及文化深感興趣，來到這裡看到方尖碑上的古埃及象形文字的生動、優美，令人喜愛不已。按照旅遊說明所講，這座方尖碑是埃及魯克索阿蒙神廟（Luxor A-mon Temple）入口旁的兩座方尖碑之一，已有3,300多年歷史，記載著當時法老王拉美西斯的豐功偉業。它是在1829年埃及當時統治者穆罕默德‧阿里（Muhammad Ali, 1805-1848）贈送法國國王路易菲利浦（Louis Philippe）的禮物。表達對法國學者尚波利昂（Jean Francois Champollion）破解羅塞塔石碑古埃及文字的貢獻。此碑高23米，重230噸，於1833年運達巴黎，1836年法王路易菲利浦把它安置在協和廣場中央，正是法國大革命時期設置斷頭台的地方。讓我不瞭解的是，它應該是埃及非常珍貴的國寶，就為了表達感謝把它送給外國，還是另有隱情？回國後，我曾查閱埃及近代史，穆罕默德‧阿里除贈送方尖碑表示感謝外，並有意和法國對抗當時英、奧、俄諸國的侵佔統治。回想世界上文明古老國家的遭遇，幾乎一樣，我國在鴉片戰爭及八國聯軍兩次戰爭中，受盡列強屈辱，軍隊所到之處，姦、殺、搶、奪，把中國文物、珍寶一掃而去。回旅館途中，我們經過雄偉的凱旋門，這趟法國之行，讓我們增長見識不少。

次日一早我們飛到英國倫敦，出發前曾託駐外單位詢問，知道倫敦沒有資訊科學展示館。按原有行程就是看一個大英博物館（British Museum），這是一個綜合性世界級的博物館，1759年成立對外開放，已有二百多年歷史。早期的蒐集多在自然歷史標本、文物書籍方面，後來英國透過各種方式，在世界各地攫取它國文物珍品，並多次擴建。1880年大英博物館將自然歷史標本與考古文物分離，大英博物館專收考古文物。1900年博物館再次重分，將書籍、手稿等分離組成大英圖書館。大英博物館的展示分很多館區，有：古埃及、古希臘、羅馬、東方中國、印度、西亞及歐洲館等，

這裡眾多著名展示品可說是全人類幾千年來所留下的文明精華。我們進入館內，看到中央大廳巨大的圓型閱覽室就很壯觀，設計典雅，資料豐富，令我們感覺到這個早年太陽不落的帝國及當時的威盛情形。因博物館太大，我們僅選了古埃及、希臘及中國館區。

　　第一個引起我們興趣的是埃及館，著名的羅塞塔石碑（The Rosetta Stone）就在這裡，因它刻有古埃及象形文、埃及俗體文及古希臘文三種文字，來敘述紀元前196年國王托勒密五世（Ptolemy V）時代的政績。後經法國學者藉由這三種文字的發音比對，而破解了一千餘年無法瞭解的埃及象形文字，對研究古埃及文明者提供了無比的貢獻。所以前段文中曾述及當時埃及統治者穆罕默德‧阿里把魯克索阿蒙神廟前的一座方尖碑送給了法國，起因在此。再者，羅塞塔石碑原為1799年拿破崙大軍佔領埃及時在羅塞塔（Rosetta）地方發現，隨後英、埃聯軍打敗了拿破崙軍隊，1801年英軍又從法軍手裡奪取到這塊石碑，1802年運回英國，呈獻給英王喬治三世。並以英王名義捐贈大英博物館，現今展示於埃及館中。這塊石碑經歷了兩千年風霜及人為破壞，已失原形，四周多已破損。但，它的聲譽顯著，仍讓人仰慕。

　　我們在這個展示區看到埃及雕刻精緻的石棺、古木乃伊、優美的石刻雕像及華麗的象形文字，都遠比法國羅浮宮及美國芝加哥自然歷史博物館收藏的埃及展示品要精緻許多。

　　大英博物館收藏品之多，使我們驚嘆！把古希臘雅典帕特農神廟（Parthenon）建築的大理石群雕人像、各種大塊浮雕等等也都搬到這裡來了。從歷史記載，帕特農神廟是古希臘雅典娜女神廟，建於公元前五世紀，距今已有2,500年，歷經多次戰爭，嚴重毀損。現在大英博館所保存展示的，是1806年英國湯瑪斯‧布魯斯伯爵在奧圖曼帝國的同意下，把神廟保存下來的石雕藝術品大量盜

取運回英國。這位英國伯爵並在1816年轉手賣給大英博物館，就是現在所看到的，雖然有的殘破，斷頭、缺臂，但雕刻曲線之優美，確都是古希臘時代藝術的顛峰傑作。這些舉世聞名的文化遺產，雖經希臘政府多年來一直向英方要求歸還，但都未能如願。

在中國展示館中收藏最為精緻、豐富、完整，據館方記載有兩萬餘件，多係中國歷代的稀世珍品，可說每件都是無價之寶。這些展示品按時代年序排列，上自遠古時期的石器，商周的青銅器，魏、晉、唐、宋時期的石佛、三彩陶、經卷、書畫，到明、清時期的瓷器、玉雕，以及各朝歷代的錢幣等等。華夏五千年文化精粹，除兩岸故宮博物館外，這裡收藏可說最為豐富，也讓我感嘆不已。這些大量的珍貴文物，都是十九世紀六十年代，到二十世紀初始，從我國盜取而來。那時正是清末，鴉片戰爭英、法聯軍之戰及1900年無知的義和團引起八國聯軍壓境之際，除在京城各地搶、殺、劫、取之外，英、法、俄、日、德、美、丹麥、芬蘭、瑞典等國，假借派遣探險隊到中國內陸各地探險考察名義，實際上都是盜寶而來。就如敦煌莫高窟為例，依據2012年甘肅省文物考古研究資料所示。1900年莫高窟道士王圓籙無意中發現藏經洞，內有五萬多卷古代文物畫冊，這些古代文物內容都涉及當時的宗教、歷史、文學、藝術、人民生活，所用文字有漢、藏、梵、于闐、龜茲、粟特、突厥文等。這些珍貴文物中，除了大量佛、道、儒家經典外，還有史籍、詩賦、民間文學、地志、戶籍、賬冊、曆書、信札等等。文物最早是公元359年，符秦甘露二年，最晚是公元1196年，為南宋二年。長達九個世紀。相當於從十六國、北魏、隋、唐、五代到宋朝的這段長遠歷史。

莫高窟文物被盜取經過，第一批是在1905年，俄國人勃奧魯切夫探險隊先到達敦煌，盜走第一批，數目不詳。1907年3月，英國

人斯坦因帶領中國翻譯蔣孝琬到敦煌莫高窟，經過三個月的周密謀劃，賄通王道士，盜走了六朝至宋代經卷、手寫本，共29大箱，約一萬餘卷，還有佛像、絹畫500餘幅，偷運到倫敦，震驚了世界。1908年7月法國人伯希和來敦煌，賄賂了王道士，盜走珍貴文物6,000餘卷，現存於法國楓丹白露宮（Palace of Fontainebleau）中國館中。1911年，日本人吉川小一郎和吉瑞超潛入莫高窟先後住了四個月，並從王道士手中騙走經卷500卷，精美彩塑兩尊。1914年，斯坦因第二次來到敦煌，又從王道士手中騙買經卷600卷，剩下零零落落的只有8,000餘卷。敦煌莫高窟這座豐富的古代文物寶庫，就這樣被盜騙一空，而斯坦因所盜取之文物大部分就存於這個大英博物館中。

看過大英博物館之後，讓我心中無限感傷，也引起我回想到一百年前中華民族所受的壓迫與屈辱。這座雖是世界著名的一流博物館，但若從展示品的來源及其背景思考，我像是在強盜劫取的「贓物市場」中瀏覽了一趟。

我們離開倫敦飛往第四站的新加坡，也是參訪的最後一站。在飛往新加坡途中要在羅馬國際機場轉機，這時隨團的楊處長感覺身體不適，面色蒼白，全身虛弱。我讓他躺在候機室椅上休息，我脫下身上穿的長防寒雪衣給他蓋上，摸著他的左手脈搏，心臟跳得很快、微弱、而不規律。我問他，怎麼樣？他說，已經吃過藥，要休息。因楊處長年紀較長，又有心血管疾病，當時羅馬氣溫仍在攝氏零下，室外天氣寒冷，地上積雪未化。我勸他不要緊張，安心靜躺休息。其實，我當時心裡可能比他更緊張，還想著真有需要，下一步該怎麼辦？義大利與我們沒有邦交，也沒有我們外交單位協助等一連串問題。總算上天幫忙，飛機又延誤了幾個小時。楊處長經過一陣休息，精神逐漸恢復，一場驚恐，也算讓我上了一課。

　　我們在新加坡參觀了當地科學委員會主導的資訊科學展示館，這個館是當地一家電信公司製作展出，解說電腦、網路未來的展望與對日常生活影響，主題也是宣導資訊社會的來臨。唯展示場所設計、佈置過於簡單，製品粗劣，又不夠生動，看起來沒有顯示出資訊科技的效果與吸引力。現場無人解說，也沒有見到管理人員，展示場在一條不甚熱鬧的街道上。看後，這個展示館的層次與我們未來想像的有段距離，沒有什麼參酌之處，這趟將近二十天的行程算是結束。

　　在回國飛行途中，我思考著這趟七國之行的考察，因來時過於匆促，缺少充分瞭解，加以參觀場所、行程已安排訂定，難以變更。實際上在美、歐幾個先進國家裡根本沒有一般性的專門「資訊科學展示中心」來推展電腦、電信、網路及自動化等這些我們講的新科技，因這些新科技早已融入他們的日常生活中，已無必要再作專門推展宣導。而是在美國多把這些新科技配合戲劇性的動人故事，應用在大眾的遊樂場所展現出來，如美國的迪斯尼樂園、環球影城、愛普卡的未來世界中都有高度的精彩組合應用、展示、演出，讓人感覺新奇、奧妙。換句話說，「資訊科學展示中心」是開發中國家的一種教育項目，希望讓國人知道什麼是資訊時代及資訊時代的生活。這也是我們此行到美歐國家沒有看到真正的「資訊科學展示中心」的原因。

　　我們回國後，吳明振組長三天時間已將報告書整理出來，並再經參與人員共同討論後，歸結如下：

　　　一、資訊科學展示，美、歐、日均有專門製作公司，提供展
　　　　　出項目及多媒體產品，皆以Turn-key方式包辦製作。在
　　　　　比較上，美國要先進，不論在原理、設計、製作技術、

產品品質、圖解、說明、觀念表達、實際操作、場所內
部規劃、燈光配置、整體效應，均遙遙領先。其次德
國，日本第三。

二、製作費用以德國較高，美國次之，日本最低。

三、若採取國際投標方式，美國、德國公司來台灣作簡報，
若未得標，也要付設計費及旅行費用，日本公司則可完
全免費。

四、資訊科學展示中心都屬階段性任務，非永久組織。

建議：一、國內這所「展示中心」，在衡量當時環境下，國
人難以自行製作，有開國際標必要。二、待招標完成
後，「展示中心」以全部委託外包方式經營、管理、
維護，較為經濟，也可避免將來人事上的編制及歸建
問題。

這份參訪報告書呈送國科會，經研討後，皆認為「資訊科學展
示中心」非永久性質，為考量其未來人員編制及歸屬等等複雜問
題，決定以外包為宜。何宜慈副主委要我一同去向李國鼎資政作簡
報，李資政聽我簡報後，問了幾個關鍵性問題外，亦無異議。後經
國科會陳履安主委指示，可研究召開國際標以Turn-key方式進行，
並盡快辦理。此案在1986年8月，國科會完成委託財團法人資訊工
業策進會進行招標、展示、管理，我的任務算是完成，我向國科會
辭去展示中心兼籌備主任之職。這個案子先後經歷了將近10個月時
間，讓我費神不少，也讓我瞭解到資訊科技強大無比的影響力，要
比18世紀工業革命來的兇猛、又急、又快、又普及。當我辭去這個
兼職時，資策會董事長王昭明先生又邀聘我擔任資策會顧問一職，
並希望繼續給予展示中心意見。

資訊科學展示中心設在和平東路二段108號，即科技大樓右側，除地下一樓作中心辦公室外，另一、二、三樓作展示之用。於1988年12月6日正式完成，並對外開放。這個中心經過國外公司兩年的內部設計規劃、展示品製作、場地佈置，到完成使用整整兩年時間，在亞洲來講確是一個夠水準的「資訊科學展示中心」，也是李國鼎資政、國科會陳履安主委及資策會同仁大家對國家推展資訊科技教育的另一項貢獻。

7）參加全國資訊展：首次展出「辦公室自動化」

12月初，我剛率團回國不久，國科會又以速件指示科資中心代表國科會參加1986年初的全國資訊展，負責展出「辦公室自動化」。這是首次中央部會級展出，時間也非常緊促，只剩一個多月，深感又是一個艱難任務。主要原因是我到國科會不久，對各單位都不瞭解，國科會辦公室自動化到何種程度？能夠展出什麼？我一點都不清楚。科資中心又是下屬單位，如何指揮會本部及其他單位來配合？我請示何宜慈副主委，希望由國科會主導，科資中心與其他單位配合，這樣比較容易進行。何宜慈副主委說，已經決定不要更改，你剛帶團看了日本、美國、歐洲等國資訊展示，最好還是你來主持這個工作，會裡將會全力支持。我看推辭不掉，我又請示，除會本部外，有多少附屬單位參加？何副主委略加思考後說，以會本部、新竹科學園區及科資中心三個單位參與展出。這樣決定後，我即請求何副主委邀請主任秘書來共同商量，由會立刻發公文給會本部參與單位及新竹科學園區配合，並通知負責主辦單位的資訊工業策進會選派專人參與指導即將展出的「辦公室自動化館」

展示會議，科資中心同時亦發出邀請開會通知，舉行第一次籌備會議。

在首次會議上我請資策會指導人員先說明，這次資訊展主旨、參與單位及分配給國科會「辦公室自動化館」的位置及面積，主要展出內容等，讓大家有一概念。同時，三個單位針對主題可能展出項目，以及必須增添的項目等交換意見。因時間很緊迫，科學園區管理局計算機中心主任提出很多問題，對參加展示有困難。我曾多方解說，大家都是一樣，這是一個團隊代表國科會，已經指示下來，內部問題只有自己去設法解決，真有困難，可請示你們局長給予協助。並決定下週聚會確定三個單位展出項目，亦請資策會將國科會展示場所位置、分配面積能夠確定。第二次會議，資策會對展示場所位置、面積分配仍無法確定，讓我有點著急。有關展出項目經三個單位研商初步訂定：一、管理決策輔助系統（分由會本部及科學園區各自負責），二、文字處理，三、電子郵件，四、電傳會議，五、檔案庫製作與自動化檢索系統由科資中心準備。有關展出圖表、說明等必須統一製作，各單位準備好下週會議提出。同時，並將展出項目向國科會作簡報說明，並無太大異議。

這場展示，在當時國內大環境來講，各方條件仍未具備。事前只有一個多月時間，又是代表「國家科學委員會」這塊響亮的招牌，在準備上確感壓力很大。如「電傳視訊會議」設施，國內尚未引進。但兩年前我參訪日本東京工業大學時，就看到他們與分校開會使用，當時我也曾在會場內被介紹，還招手向分隔三十公里外的分校教授們打招呼，影像、聲音，好像就在眼前。所以這次展出，特請代理公司臨時從日本空運來台，在國人面前展現。

1986年全國資訊月展，國家科學委員會以「辦公室自動化」首次示範性展出。
上：展示館入口處，左為國科會副主委謝克昌，右為作者。
下：左為經建會主委趙耀東，中為李國鼎資政，右為作者陪同巡視辦公室自動化館後，
　　走出會場。

第12章　科資中心推展新任務

1）業務革新，全面自動化

　　1986年1月，國科會核定本中心所提的五年中程革新計畫。這項新任務使科資中心的每位同仁都擁有了新的使命感，來迎接這個艱巨、而有挑戰性的革新工作。開始規劃全國科技資訊網路（STICnet），以及其帶動的國內科技資訊整合與現代化資訊服務。在當時的大環境下，這個計畫在國內，以及對科資中心來講都算是工程浩大、任務艱辛，是一個典範的國家型計畫。在亞洲國家中除日本外，我國的現代化資訊服務已首先開始啟動。

　　科資中心首要作的事情是人力調整，工作重新分配。各組一部分人員仍須維持原有工作進行，而且將新建每篇資料、檔案都必須符合自動化檢索規範，要具備有摘要（Abstract）及關鍵詞（Keywords），盡力做到中、英文俱備，這是一件很艱辛、費時工作。因為當時國內很多學術期刊格式多不一致，論文撰寫格式也各不相同，有的僅僅只有一個標題名稱。這也是我國早期學術期刊發表的文章難以被國際資訊機構採取引用的主要原因。科資中心蒐集國內學術期刊，以及會議論文集等有五百餘種，還有科技專案研究計畫等等，要配合未來自動化處理，都必須要求期刊編輯人及作者來配合改進，這也是未來科資中心的重要工作之一。除此之外，中心另一部分人員開始研究大型資料庫的結構、製作，以及策劃編訂我國《科技分類典》（Sci-tech Classification）與《科技索引典》（Sci-tech Thesaurus）等工作，以追求對科技分類精確定位及資料庫品

質。資訊組人員則全力規劃中心業務自動化，包括對外服務管理系統、內部行政管理系統及大型資料庫檢索系統，以及全國科技資訊網路所需電腦軟硬體設施等等。每一個計畫，每一個項目，在當時國內來講都無先例，皆需要自己新開創。

2）編訂我國首部《科技分類典》與《科技索引典》

　　這兩部大型科技分類典與科技索引典由中心第一組與第二組執行編訂，從開始規劃到編訂完成出版，費時將近五年，邀請協助單位有中央研究院、大學校院及產業研究單位的各領域教授、專家、學者有三百餘人參與，對分類架構、範圍、編序、英文選詞、中文譯名、內涵等等，每一名詞皆須經過嚴謹思考、詳加商討確認，才一一定案。這是國內首部科技分類與索引依據，其主題範圍涵蓋理、工、醫、農四大領域。

　　在《科技分類典》方面，類表採三階層架構編製，共分19大類、188中類、1,011小類。在標記定位方面採取英文字母和阿拉伯數字混合之6碼制，前兩碼英文字母，代表19大類，係一級類目；中間兩碼數字，代表中類，屬二級類目；最後兩碼數字代表小類，係三級類目。全書按不同層次，分編為總表、綱目表、詳表三部分。下列為第一級類目大綱：

　　　　AA科技總論、CA數學、CB物理學、CC化學、CD地球科學、CE生物科學、EA醫學、GA農業科學、IA資訊工程、IB工業工程與管理、IC能源、ID核子工程、IE電子電機工程、IF機械工程、IG土木工程、IH環境科學與工程、II礦業

工程、IJ材料科學與工程、IK化學工程

　　詳表部分所有類目，均採中英文對照形式，而每一小類下均加
註詳細之主題範圍說明，必要地方並舉例說明，以使類目內涵和範
圍清晰、明確，便於資料分類。另外，為顧及跨科技領域資料之分
類處理，每一小類下均編列「互見參考」欄，註明「見」或「參
見」，便於指示類目間之關係，以方便分類人員參考選用。書末附
有主題索引，是以正表內「主題範圍說明」欄之各主題名稱，提作
款引條目，註明參考類號，按中文筆畫順序編排。

　　在另一部大型工具書《科技索引典》方面，是資料庫所用之
詞彙控制工具。共收錄中文關鍵詞有49,270個，其中描述語37,701
個，非描述語11,569個。英文關鍵詞49,447個，描述語37,701個，
非描述語11,746個。像一部大詞典，編序、層次都十分嚴謹，共分
七大冊。

　　以上兩部創作，名詞屬中、英文對照，艱巨費時。科技分類典
由中心第一組邱淑麗組長主導，科技索引典由第二組高秋芳組長主
導，兩人經驗豐富、處事細心、邏輯意念深厚，都是中心傑出組
長。這兩部大的編著完成，為國家科技研究、分析、定位奠下基
礎。1992年出版後，日本、南韓、大陸及亞太國家科技資訊單位亦
先後函索參考。

3）訂定規範、評量及提升國內學術期刊品質

　　這是當時為了提升國內學術期刊品質，科資中心特擬定一種專
案，以及詳細列出計畫、程序及實施方法，先呈請國科會審議，並
請國科會同意未來可對國內優良學術研究期刊給予提高補助與獎

勵。此案經國科會同意後，科資中心依據國際學術期刊與論文規範，訂定國內學術期刊與論文格式參酌要點，並擬訂兩級評量制度，初步由科資中心審查學術期刊與論文格式，符合要求者由科資中心函送國科會，再經國科會學術處遴聘專家審查論文內容，經評定為優良學術期刊與傑出學術期刊兩個等級，然後由國科會每年給予充分經費補助與獎勵，使其有能力爭取進入國際著名學術期刊行列，以提升國家學術研究地位。不合規定者，由科資中心專函請其配合，否則其刊物與論文無法收錄進入文獻資料庫。此一計畫，由中心第一組主導，並將當時中心改進國內學術期刊與論文格式要點公告，要求各學術期刊編輯人給予配合，期望短時間內國內學術期刊與論文能全部符合自動化處理與國際要求。

4）創設全國科技資訊網路、建構大型中英文資料庫及自動化檢索系統

　　科資中心的資訊組新設不久，這次中心業務全面革新，資訊組的工作非常繁重。第一是規劃中心業務自動化系統，包括對外服務管理、計價收費及對內全部行政管理業務；第二是大型資料庫架構設計、資料鍵入及品質控管；第三是科技網路規劃、大型資科庫中英文檢索軟體、電腦主機招標遴選及機房配置等等。人員方面從原來的五、六人，增加到三十餘人。新聘項紹良先生任組長，主持這項革新計畫。項組長學管理及計算機科學，在國外取得兩個碩士學位，年輕而幹練，在科資中心全面自動化革新、資料庫建構、網路規劃及創設，均貢獻良多。

　　在這些新推展業務中，以選擇電腦主機及大型資料庫中英文檢索軟體最為困難。因此，國科會特別指定由何宜慈副主委主持，除

科資中心原有網路諮議委員外，又在學術界邀請清華大學李家同教授參與。歷經很多次簡報說明、討論，費時一年餘始初步定案，並提報國科會委員會議通過，送行政院科技顧問組，由我向李國鼎資政作簡報，獲同意後，經行政院正式核定。科資中心擬定公告、說明要求條件，公佈採購電腦作業，參與投標者有IBM、HP、WANG（王安）等多家。在我記憶中是參與投標者，每家各分有同樣一個中英文檢索資料庫（磁帶），內有50,000筆資料，安裝在其公司主機上，透過電信線路在科資中心電腦上可以查詢、閱讀、列印，準備時間三十天。屆時，召集會議，由諮議小組專家當場評選，結果王安公司勝出，經報核准，於1988年5月簽約。王安公司得標的原因是王安電腦公司在亞洲有一個200多人的電腦中文化研究團隊，後來又與澳洲一家軟體公司合作開發出一個《Status》大型中英文檢索軟體，在國內順利解決資料庫中英文檢索的問題。1988年6月間，王安電腦公司創始人王安博士來亞洲巡視業務，特專程來科資中心拜訪，我親自向他作簡報，解說中心籌建的全國科技資訊網路與大型中英文資料庫自動化檢索的功能、意義和當時面臨中英文檢索處理的艱巨任務，並感謝台灣王安公司團隊的大力配合，使這個大計畫順利進行。王安博士聽取我的簡報後，瞭解到當時在亞洲（除日本外）這確是個尖端大計畫，能夠把國內大大小小300多個圖書資訊單位連結起來，還可以普及到全國的學術單位、產業界及研究機構。他很感動的說：「只要能有益於國人，王安公司能夠參與，我願盡力奉獻，為國人作些有意義的事情。」

　　全國科技資訊網路自1986年初開始規劃，1987年12月奉行政院核定，於1988年12月完成，正式啟用，歷時將近三年。在這一段過程中，設備採購、檢索軟體選擇、各方的不同意見、技術難題、人力調配，以及智慧財產權等等數不清的問題，都必須設法一一解

決。除國科會歷屆主任委員的大力支持及勉勵外，全國科技館際合作組織300多個單位的同心協力配合，以及科資中心全體同仁的努力不懈，終算完成這個艱巨任務。更感謝何宜慈副主委與顧問專家的指導，以及王安電腦公司的大力配合，使很多中文自動化難題均能迎刃而解。這次自動化業務全面革新不僅讓科資中心業務有了完全改變，也提前帶動國家資訊資源整合及資訊服務轉型，而邁向現代化，並以全新姿態走在亞洲國家前端。

網路上的資料量，從初建的150萬篇，5年後增加到1,200萬篇。自建的資料庫從6種增加到31種，引進國外大型資料庫28種。連線單位遍及全台，包括學術研究機構、公民營事業單位及政府機關等300多個團體用戶，發出使用者密碼7,300餘組，而且仍在繼續成長中。

5）舉辦前導性國際資訊檢索研習會

科資中心在網路建立完成使用前，曾經為國內科技館際合作組織單位舉辦一種類似前導性的「國際資訊檢索訓練」，先從實際網路上練習查詢國際資訊，以便日後利用科資中心網路查閱國內外資料庫。這種講習及實地操作訓練，在1986年末到1988年初，科資中心與交通部國際電信局合作舉辦多次研習會，利用其國際線路、現有電腦設施及場所，邀請英國著名的Derwent公司派專家來台舉辦《世界專利索引資料庫》（WIP）應用技術研討會及國際百科《Dialog資訊檢索系統》訓練研習會等，申請參加講習者至為踴躍。

舉辦這類研習會，是以合作方式利用國際電信局現成電腦設施與線路，在當時的環境下，同時能提供二、三十台電腦與國際線路的這樣場所在國內確實難找，而且國際電信局也希望有這些使用者

能成為其未來客戶，所以不收任何費用。國外的這些大型資訊公司也為推展其國際市場業務，只要國內有適當的機構安排、邀請，他們都會考慮派專家前來講解並免費練習使用其資料庫，也不需任何費用。科資中心就在這種情形下，扮演了中介角色，每次舉辦都與交通部國際電信局合作，很多問題都解決了，大家都高興，而且都有收穫。

上：夏漢民主任委員主持全國科技資訊網路啟用典禮。
下：李國鼎資政親蒞致詞。

第四篇

我國自1971年被迫退出聯合國，1978年美國又
與我國斷交，國家處境艱險孤立

第13章　在無邦交下，推展國際間的資訊合作交流

1）日本科技情報中心（JICST）

自1971年，我國退出聯合國組織後，歐、美工業先進國家與我國多無邦交，亦無資訊交流。我接科資中心時只有與南韓科學技術資料中心（KINITI）及日本科技情報中心簽訂資訊合作交流與互訪。南韓當時經濟與科技發展均落後我國，雖雙方資訊交流較為貧乏，但人員互訪都較親切友善。而日本的合作交流是透過非官方的我國亞太科技協會與日本的東亞科技協力協會所簽訂，我接任科資中心後，就被邀請擔任我國亞太科技協會資訊組召集人，與日方對等單位的日本科技情報中心交往，凡事皆需先經過我國的亞太科技協會，轉知日本的東亞科技協力協會，再經東亞科技協力協會通知日方的科技情報中心，程序非常繁瑣，雙方不能直接交往，有時日方姿態甚高，且資訊取得亦難。

1986年2月，我首次參加亞太科技協會與東亞科技協力協會的第四屆聯席會議及資訊技術與出版物交換委員會分組會議，在日本東京召開，由雙方理事長主持，當時亞太科技協會理事長是張光世先生，曾擔任過我國經濟部部長。日方的東亞科技協力協會理事長為日本政府退休科技廳長官，也相當於我國部長級人士。我的對等單位為日方「財團法人科技情報中心」，其中心主任為日本政府科技廳退休次官，等於部會中的次長級人士，仍受日方政府監督甚嚴。其主任不能接受我方邀請及來台參加會議，所以在交往過程中

都保有相當距離，受限甚多。

　　會後，我曾要求日方東亞科技協力協會安排，拜訪日方科技情報中心，首次見到其主官，並參觀其部門業務，唯有電腦機房設施及資料庫建構部門不能參觀。他們的接待雖不熱誠，但還算友善。因當時我們的電腦自動化業務及資訊網路傳輸尚未建立，科技的研發亦遠遠落後於日方。也許，在他們的眼裡看雙方談合作交流，也僅是他們單方的付出而已，處處站在比較被動的立場，我心中能夠瞭解到對方的感受。但，這個已有的中、日科技資訊交流管道雖不算暢通，對我們卻至為重要。每年從日方獲得的資訊不少於西方歐、美國家，而且對國內來講都非常有用。科資中心每年也都有翻譯出版日本科技廳出版的科技政策白皮書及重要研發報告等供國內參考，我方確實受益不少。科資中心每年都會舉辦兩次大型研討會，也都邀請日方科技情報中心選派專家來台講解日方現代化資訊處理技術進展情形。

　　後來，由於科資中心的中、英文科技分類典、索引典、自動化及大型中、英資料庫檢索軟體完成與網路啟用，頗引日方重視，開始主動派人前來參觀及加強雙方合作，瞭解我方資料庫與中、英文檢索軟體建構技術等等。自此，關係大有改善，雙方私下可直接交往、溝通。我每次到日本開雙方聯席會議，對方主官都會主動邀請，展現非常友善。後來，他們的主官退休後也敢應我邀請前來訪問。至此，中日科技資訊交流算是奠下一個平坦、美好基礎。

　　在這裡我要特別感謝中心的副研究員謝明華先生，我每次去日本都是他陪我擔當翻譯、溝通，中心出版的日方專輯也多由他翻譯，文筆順暢。對日科技界瞭解亦有深度，在中心與日方合作方面貢獻很多。

在一次中日雙方聯席會議後，日方情報中心理事長的邀宴。

2）美國國家技術資訊局（NTIS）

1987年6月初，李國鼎資政秘書劉小姐打電話告訴我，歐洲有一國際性會議，可能與你業務有關，李資政問：「不知你是否有意參加？」當我看完來函，知道是聯合國教科文組織（UNESCO）經費支援的非官方單位「國際科學期刊編輯人協會聯盟」（International Federation of Scientific Editors Association, IFSEA）舉辦的會議，6月14-19日在德國漢堡召開，主題是「Publications as an Integral Part of Scientific Research」。贊助單位有美國、歐洲官方及民間大型資訊機構，我國自退出聯合國後幾乎沒有機會參加這類組織活動，因時間太過匆促，無法多做準備。我向李資政報告：「值得一去，這樣可以接觸到國際間很多重要科技資訊機構。」同時，我也向國科

會陳履安主任委員報告前往參加的意義，回程時並順道拜訪美國科學資訊研究所（Institute for Scientific Information, ISI），瞭解其對國際學術期刊及SCI與SSCI論文的收錄、引用評比方法，作為將來提升國內學術期刊、論文之參考。於是趕辦簽證手續，在會議前一天到達。

在當晚的Reception晚會上遇見美國國家技術資訊局局長Dr. Joseph Caponio （Director of National Technical Information Service, NTIS）。這個機構隸屬於美國商務部下，是一個獨立單位。成立於1945年，二戰結束後，最初名稱為出版局（Publication Board），後經多次更改，最後於1970年改為現在名稱NTIS。其任務是負責蒐集美國政府經費支助的所有研究計畫成果報告均需列案送交NTIS保存，並製成微縮資料庫保存及提供各界參考服務，這些研究資料也包括美國國防、太空及軍事方面的解密資料。早年我在美國讀書時也常查閱、使用，資料非常豐富，國際著名，沒有想到會在這個場合遇見NTIS的負責人。

兩年前，我到科資中心後就瞭解到美國政府的NTIS與美國的國家醫學圖書館（NLM），一個是蒐集國家的科技研究；一個是蒐集國家的醫、藥、疾病研究，資料完整，都非常豐富，他們才是我們合作的主要對象。一年多前，我剛到科資中心不久，曾寫過兩封信給NTIS，想建立一些關係。但因無邦交，官方不能接觸，兩封信如石沉大海。過了大約半年之後，有一天下午，美國在台協會（AIT）經濟組組長打電話給我，說：「你寫過信給NTIS，現在他們有人經過台灣停留一天，明天上午就要離開，你敢不敢同他見面？」我說，沒有問題，我立刻就派人去接他。並說明當時科資中心在南港中央研究院內，先請他參觀中心，然後安排在台北來來飯店晚餐及商討未來可能的合作交流事宜，最後送他回旅館。因為他

屬政府職員，雙方又不能直接洽談，所以AIT一直有人陪同。這位先生是NTIS國際合作部門負責人Mr. Post，我們曾商談今後如何聯繫及進一步的可能合作交流。很不幸，他回國後不久因舊病發作去世了，所談雙方資訊交流之事又無下文。

　　這次Dr. Caponio受邀而來，擔任大會主講人（Keynote-Speakers）之一。我當時一直思考，在這個歡迎晚會上應是最佳的接觸時機，而這個機會不能失去。在一陣熱鬧過後，我趨前自我介紹來自台灣，給他一張名片，他看到我是國家科學委員會科資中心主任，又是科技館際合作協會理事長，而且我又以「開門見山的方式」邀請他明年到台灣來擔任科技館際合作組織年會大會的主講人。他思考一下說：「對台灣很有興趣，很希望到東方看看，這件事可以考慮。」緊接著我說，台灣很希望能引進NTIS的資料庫，不知道如何同你們接洽？會後我將經道Washington D.C.到費城去參觀ISI及拜訪Dr. Eugine Garfield。他說，Dr. Garfield是他的老朋友。我說，我將在D.C.有一天停留時間，如果可能，我很想參觀NTIS。他說，沒有問題，歡迎你來，我回去後會告訴我的秘書及國際合作部門安排。真沒有想到，就這樣簡短會面，為未來中、美科技資訊交流奠下一條暢通大道。第二天，他離別時我特向前致意，他還說，你到Washington D.C.我請你吃最好的法國大餐。在一旁的大會主席等人看我們像老朋友一樣，猜不透是什麼關係，就這樣一見如故。

　　在第一天的會議上，除我之外，沒有發現有亞洲國家的人參加，都是清一色來自美國及當地歐洲國家人士。我一個亞洲人在會場一舉一動都受人注目，大會主席與大會執行秘書也不時向我致意、關注。我想可能是看我在Reception晚會上與主講人Dr. Caponio交談親切，增加了我神祕身分緣故。當天會議結束後，大會秘書長

找我，說：「中國代表團已來報到，他們要求要把中華民國改為中華人民共和國，台灣。」我說不可以，你們邀請函寫的ROC，怎麼能改為PRC呢？大會為此爭執難以決定。第二天，大陸人員不出席會議，仍向大會抗議。大會秘書長又找我談，我深感為大會主辦單位帶來困擾，實在過意不去。我建議可以請示你們外交部作決定，以拖延時間。第三天他們請示德國外交部，一直到第四天才得到答覆，已是大會結束時刻。本來是一場好的會議，這樣一鬧連主辦單位也深感不安，我心中也充滿無限歉意，家務事鬧到外國。這時大陸雖已開放，但兩岸人員見面，大陸學者仍是不接觸、不交談。後來國際間邀請兩岸出席的會議多不以國家而以北京、台北來區別，免去爭議。

會議結束後，我從漢堡飛到Washington D.C.，國科會駐D.C.科學組組長劉國治兄來機場接我，我上車後告訴國治兄，這次在德國開會，很意外遇到美國國家技術資訊局局長Dr. Caponio，邀我去參觀NTIS，他還說在NTIS附近新開一家法國餐館，要請我吃法國大餐，明天你抽空陪我一同前去。國治兄一聽，說：「真的嗎？！」我說，確實。國治兄興奮的「啊」了一聲說，機會來了。像美國這些政府單位，要想與其高層直接接觸、深談，拉上一些關係非常不容易。這件事交由我處理，我們不吃法國大餐，讓他們吃我們的北京烤鴨。我們先趕到辦公室，聯繫Dr. Caponio的秘書，安排妥第二天下午前往拜訪行程。晚間與國治兄商談如何進一步接洽和NTIS的科技資訊交流合作計畫。

第二天下午，我們依約前往，NTIS國際合作部門負責人是位女士，帶領兩位組員已在等候。我們聽取簡報後，並安排至部分部門參觀，瞭解其資料蒐集及處理情形。約3點半時，Dr. Caponio與其副局長Dr. Clark一同前來與我們商談，雙方如何建立交流管道及

引進NTIS資料庫使用售價問題。雙方談到要建立正常交流管道，還是要經由我們的北美事務協調委員會（Coordination Council for North American Affairs, CCNAA）與美國的在台協會。由我方提出申請計畫，在原有的中、美科技交流合作條款下，加上「科技資訊交流」一項，徵求雙方政府同意即可。在資料使用收費方面，由NTIS國際合作部門提出擬比照日本使用價格，開價要20萬美元。我們一聽真是嚇了一跳！國治兄在旁用腳踩我一下，用手在我腿上寫個「2」字，我深有體會。我說，這個價格對我們來講實在太貴，我們不能同日本相比，因日本是一個已開發國家（Developed Country），我們是一個剛起步的開發中國家（Developing Country），國民所得尚不到日本一半，而且目前日本在世界上是一個富裕國家，我們希望價格能在2萬美元左右。他們聽到這樣還價，都哈哈大笑起來。說，太少！太少！經過一陣輕鬆有趣的討價還價商討後，最後總算歸結出一個很好的辦法，NTIS原則同意我們以北美價格定案，他們賣給其他國家大約是25美元一張微縮影片（其中可能有100頁研究資料），賣給我們以北美（美國本國及加拿大）價格，一張只要1美元，而且可依我們所需要的類別選訂。但條件是雙方要正式經政府管道以交流合作方式簽訂，所交流資料只限在台灣使用，嚴禁流入共產國家，這個案子就這樣初步定案。晚間由國治兄安排邀請大家在D.C.一家香港人開的中國餐館，特別點了一份北京烤鴨來品嚐，都說中國菜味道真好！真好！最後，我與國治兄一再感謝Dr. Caponio及NTIS朋友給予的協助。同時，在席間我也正式邀請Dr. Caponio年底到台灣來擔任科技館際合作協會年會大會的主講人，講題是「NTIS的功能與未來自動化服務的應變措施」。此合作案在四個月後的1987年11月17日在D.C.由我方北美事務協調會科學組組長劉國治代表我科資中心與美方在台協會Joseph

Kyle（Corporate Secretary）代表NTIS正式簽下雙方合作計畫。

同年12月間，科技館際合作協會第13屆年會大會召開，並在兩個月前，我以傳真信函通知Dr. Caponio大會的時間，經他認定沒有問題，我以理事長名義正式邀請他前來擔任年會的主講人。而且由大會秘書組匯去出席費用（Honorarium），包括來往機票、台北旅館費及生活費等。沒有想到，意外的事情發生了，Dr. Caponio臨來前約十天左右，向美國商務部請假，被當時的部長否決了。原因是雙方沒有邦交，他是政府單位行政主官。部長並告訴他，說：「副部長都可以去，你不能去。」這一下給Dr. Caponio帶來很大困擾，深夜打電話給我說，被部長拒絕，不能來了。所寄來的費用如何處理？我經瞬間思考後，問他，「你的副局長是否可以代你前來發表你的演講？」他回答說，應無問題。我說，就這樣決定，匯去的費

左起AIT陪同人員、Dr. Caponio、國科會副主委鄧啟福、作者及國科會國際合作處長宋玉。

用轉給他就可以了。屆時，他的副手Dr. Clark趕來在大會上代他發
表演講，並且答覆很多問題，亦未讓大會失色。由這些地方可以瞭
解到沒有邦交，商談公務真難。該屆年會曾邀請國科會主委陳履安
先生以貴賓致詞，會後頒贈感謝牌給Dr. Caponio，由Dr. Clark代轉
致。一直到第二年，1988年12月，中美科技資訊交換合作檢討年會
時，Dr. Caponio才來台與會。

3）拜訪美國ISI與引進SCI及SSCI學術論文評比方法

　　離開Washington D.C.後，我乘機轉往賓州費城（Philadelphia），
去參觀科學資訊研究所。這是一所國際學術期刊論文引用評選
頗有影響力的機構，其主要出版品有《引用文獻報告》（Journal
Citation Reports, JCR）、《最新目次》（Current Contents, CC）、
《科學引用文獻索引》（Science Citation Index, SCI）及《社會科
學引用文獻索引》（Social Science Citation Index, SSCI）等，在國
際之間廣被圖書館及學術研究人員作為論文引用評比使用。該所成
立於1960年，其創始人Dr. Eugene Garfield為當代著名科學文獻分
析評論學者，也是目前ISI的總裁。我到達時由ISI亞洲部門主管陪
同，介紹該機構部門及業務分配，並說President Dr. Garfield已安排
午餐與我見面。

　　在ISI一樓期刊蒐集處，每天從世界各地80多個國家及地區寄
送來的期刊量非常大。ISI在其出版的《最新目次》與各種《科學
引用文獻索引》中，當時被引用的期刊就有4,000多種，送來沒有
被收錄引用的期刊還有很多。他們利用一個慢速的輸送帶，起端一
人把尚未拆封的刊物一份一份封面朝上放在輸送帶上，一步一步作

篩選、分類，然後分送各部門作分析、處理。很多未被採用的期刊連信封袋都未開封，就被篩選的第一關卡剔除在外，放置一旁。引起我的疑問，我說，你沒有拆封看，就把這些期刊剔除了，會不會有錯？這位中年女士的答覆是：「老面孔了，我只要看到信封就知道期刊的品質。」陪我參觀的這位主管在旁接著說，她修了兩個碩士學位，一個是化學；另一個是圖書館與資訊科學。對資料分析有獨到之處，記憶力很強，在處理資料方面經驗豐富。不過，我心裡仍有些懷疑，這麼多期刊每本都能有印象嗎？讓我聯想到我國寄來的學術期刊會不會像這樣，第一關沒有拆封就被剔除了。我用輕鬆的語氣，帶點幽默的說，我來自台灣，我們政府正在大力改革提高研究水準，學術期刊從格式到內部論文品質都有顯著提升，當你看到信封上印有「Taiwan, ROC」字樣時，不要一下就被淘汰了，他們兩人都笑了。

然後，我向陪我的這位主管說，我想拜訪你們SCI或SSCI的主編人員，不知是否方便？他說，應該沒有問題，他們的辦公室在二樓，我帶你去。我們上樓見到一位主編，年齡約六十多歲，名字叫Henry，姓我已記不清楚，是位博士。腿部有毛病，站起來行走有點不方便。我用英語自我介紹來自台灣，沒有想到他竟用帶有四川口音的中國話回答我，讓我頗感意外。他還說，聽你口音，你可能是中國北方人。我說，不錯，我是河南人。他誤聽為湖南人。從此，打開話盒子，滔滔不絕的講述他早年在中國情形，讓我無法改變話題。他是二戰時服役美國海軍航空隊，後來應陳納德將軍招募自願到中國參加飛虎隊與日本空軍作戰，較長時間，停在中國西南的昆明、重慶等地。後來在湖南上空與日機相遇，經過激烈戰鬥，飛機受創而墜落在湖南一個叫「沅陵」地區河邊，機頭撞進泥巴中，而腿部受了傷。經當地農民看到是飛虎隊的美國人，很多人趕

來搶救，連夜把他送到縣城，經醫院緊急包紮治療後，送到重慶，在醫院認識一位四川護士小姐而結了婚。他回到美國後讀研究所，又半工半讀完成博士學位。一生都感激「湖南人」救了他的命。我知道他把「河南」誤聽為「湖南」了。可是，在這樣充滿感激的心情下，我也只有將錯就錯，接受他的感恩了。也算認識一位朋友，他能記得台灣這個名詞，目的就達到了。

中午在Dr. Garfield辦公室稍作停留，等待Mrs. Garfield前來，還有Dr. Garfield的秘書，我們四人一同到一家中國餐館午餐，這家餐館不大，離ISI很近，內部裝潢典雅。Mrs. Garfield點了四菜一湯，可說是標準的中國式簡餐。餐館中沒有一個黃色面孔，老闆是以色列人。大廚是一個黑人，過去曾在中國餐館學過多年做菜。菜式是傳統的廣東菜，味道燒的還不錯，廣東「利湯」燉的很到位。他們都會使用筷子，而且手握的都很正確。讓我好奇的問，你們如何練習能把筷子使用的這麼好？Mrs. Garfield回答說，很久以前我們在舊金山一家中國餐館吃飯，不會使用筷子，服務人員很熱心教我們，臨走餐館經理還送了兩雙筷子給我們。從那時會用筷子後，我們就常常到中國餐館吃飯，而且也很喜歡吃中國菜。

在午餐時，我向Dr. Garfield說明我來拜訪的主要目的：一是想瞭解ISI如何遴選國際學術期刊，條件是什麼？二是SCI及SSCI的引用評量方法依據怎樣決定？三是想邀請他到台灣擔任中華民國科技館際合作協會年會主講人，我並說明這個組織有大小圖書館及資料單位300餘個，每年都會舉辦一次年會，多由圖書館長及負責人參加。同時，全國學術期刊編輯人大會亦在這時舉行，請他作一場專題演講，介紹上述兩個問題。Dr. Garfield聽了後說，我同我太太很早就想到亞洲走一趟，不過今年我的行程安排及公司業務無法成行。主要也是我們家中新添了一個小Baby，是個兒子，剛取

名叫Alexander，明年或者可以考慮帶眷前去。Mrs. Garfield問我，你來費城除了參觀ISI外，還要看些什麼地方？我說，這是我首次來費城，我知道這裡有歷史景點、賓州大學（U. Penn.）等等。不過，我很想參觀BIOSIS，因來的匆忙，沒有聯繫，可能要失去這個機會。Dr. Garfield看我有意參觀BIOSIS，他告訴秘書說：「妳在這裡打個電話給BIOSIS的Dr. Kennedy，如果他方便，就說有台灣來的朋友Dr. Ma想去拜訪。」幾分鐘後聯繫到Dr. Kennedy，經過介紹、安排。飯後Dr. Garfield夫婦把我送到BIOSIS大門口，還說Dr. Kennedy與他們都是資訊界很多年的朋友，兩家也常有來往。說再見之前，我一再感謝Dr. Garfield夫婦，並期盼他們明年到台灣來。

Dr. Edward Kennedy是BIOSIS的總裁，也是美國資訊界的一位知名人士，而在歐洲也頗有聲望。此人有學者風範，溫文儒雅，思考敏捷，主修化學，早年任教於Ohio State University。1967年應邀進入BIOSIS，任資料庫及出版部門技術執行長，對公司有傑出貢獻。1972年被董事會任命為總裁，帶領BIOSIS業務由傳統邁向現代化，已是當前世界上最大、涵蓋最廣、又有深度的生命科學及生物醫學研究資料蒐集、處理及提供服務機構。其以《BIOSIS Previews》資料庫最為有名，其中包括：學術期刊論文、專題報告、評論性文章、學術研討會論文及生技有關專利法案等，廣被國際參考應用。

我這次拜訪BIOSIS算是意外，又能與其總裁見面，真是感謝Dr. Garfield夫婦。當我到達BIOSIS二樓，Dr. kennedy已走出辦公室外，與我握手並致意歡迎，我也向他表達歉意，未能提早聯繫。我作簡單自我介紹後，順便把我中心的英文簡介一份給予Dr. Kennedy，他快速看了一遍，並主動問我：「台灣在中文自動化處理、資料庫設計、架構，以及有關文獻摘要、索引等進展情形，應

是艱辛工作吧！」我說，困難確實很多，但進行還算順利。預計還要兩年，才能完成，中文自動化處理遠比英文要複雜的多。資料庫所用的詞彙索引等一切都需自行編訂，費時費工。我並向他說明這次來拜訪的主要目的是想瞭解BIOSIS資料庫建構情形，以及如何引進你們的資料庫到台灣，費用如何計算？我知道你是位學者，又帶領BIOSIS事業成功快速發展，如果你時間許可的話，我想邀請你到台灣去給我們的圖書館界館長們作次專題演講，同時也一併給我中心業務自動化指導。Dr. Kennedy說：「可以考慮。」並問我這次到美國看了那些資訊機構？我說在D.C.看了NTIS，見到Dr. Caponio，並在最近雙方將簽交流合作計畫，把我們需要的一部分NTIS資料庫引進到台灣。順便也把過去與NTIS接觸的困難情形，說了一遍。另外就是看了ISI，見了Dr. Garfield。

Dr. Kennedy對我國所處情形深表同情，下午因有其他事情要出城去，離別時一再強調，對台灣很有興趣，並囑秘書給我一份美國科技文獻摘要及索引聯盟（National Federation of Abstracting and Information Services, NFAIS）的簡介小冊，說：「你帶回去看，所有美國政府、民間、大的、有影響力的科技資訊機構都在裡面，我們保持聯繫。」離別，還特別安排一位副總陪我看簡報，並介紹該公司業務、資料庫的建構、分類及文獻來源地區分佈等。

當天在費城住了一晚，次日上午在賓州大學校園走了一圈，並參觀了展示的第一代原始電腦，也順便看了代表費城象徵的自由鐘（Liberty Bell）與立法大樓，下午乘機到紐約轉長榮班機回台灣。這趟旅行將近十天，深感有些事情順利的難以讓人想像，就如NTIS那麼難接觸，但遇到Dr. Caponio好像一點問題都沒有，就那麼順利。如果只靠信函來往，由下往上，真不知要拖延何時，又是什麼結果？另外，我從手提包中拿出Dr. Kennedy給的NFAIS簡介

閱讀一遍，瞭解到Dr. Kennedy不但思慮敏捷，而對處事方法也有
高超之處。他雖未明講，我也體會出他匆忙離別時給的這份小冊
子，意思是告訴我，只要申請加入NFAIS會員，美國及歐洲資訊界
的權威人士都可直接接觸，任何問題都可洽商解決，不需要再像與
NTIS早期接觸那麼難。NFAIS屬機構會員制，當時會員只有20幾
個，歐洲有兩三個，沒有亞洲會員。從這時起，Dr. Kennedy已成
為我在美、歐資訊界的帶領者，也是我以後的一位誠摯好友。

　　在回程途中，遇到一對帶有家鄉口音的老夫婦，年齡應在七十
歲以上，兩人身體硬朗，都是虔誠的佛教信仰者，由女兒陪同回台
灣。男的與我並坐，講話與一舉一動都雙手合十，謙恭有禮，讓我
這晚輩也只好雙手合十回報。他聽我講話口音知道同是河南人，好
像雙方關係拉近很多。這位老先生是洛陽龍門鎮人，即著名的龍門
石窟地方。軍校畢業，是位將軍。早年帶兵參加過抗日戰爭、國共
內戰，徐蚌大戰時任某軍隊參謀長。大陸淪陷後曾在香港調景嶺住
過一段時間才來台灣。後來與朋友從事過商業，最近幾年，他們夫
婦才虔誠歸依佛教。這次是去美國看兒孫，女兒去接他們回來。他
聽我說是鞏縣人，立刻就想到我們家鄉的那兩位大人物劉鎮華與劉
茂恩先生。在交談中，他對家鄉的人、事、物要比我知道的多。他
看出我是個公務人員，並未深問。但我對這位長者人生這麼大的改
變，讓我思考不透，也讓我敬佩不已。原是一位威風凜凜、帶兵打
仗、馳騁疆場的將軍，如今換下戎裝而成為佛門信徒，而又這麼虔
誠、謙卑，一定是大徹大悟看穿了人生。我對佛教經典沒有深入探
討，而對佛教在中國的發展及其宗派形成延衍倒是閱讀過不少這方
面的書籍，所以沿途也能交換些各自的看法。

4）促使國內學術期刊邁向國際

回到辦公室後，除向國科會長官報告此行外，同時也向Dr. Caponio、Dr. Garfield及Dr. Kennedy致函感謝。這趟歐美之行能與美國NTIS、ISI及BIOSIS三大資訊機構建立合作與友誼關係，確實出我意想不到的這麼順利，尤其是能以那麼便宜的北美價格將NTIS的資料引入國內，同時也可將我國學術研究藉與NTIS的合作推展到國際之間。這時，中心同仁們都為業務自動化革新在忙碌，一組及三組也將舉辦首次「全國學術期刊編輯人座談會」事宜準備完成，場地是借用中央圖書館國際會議廳，有期刊編輯人320餘位參加。這場即將延續數年之久的改革、提升我國學術期刊會議，於1987年7月25日正式展開。

首次座談會特邀請當時國科會主任委員陳履安先生親來致詞，說明國科會舉辦此次座談會的意義及重要性，希望各學術期刊編輯人盡力配合，國科會也盡力協助，完成這項革新任務，使未來幾年讓國際間也能看到我國的傑出學術研究成就等等。參與的期刊編輯人，可說都是資深教授、學者、專家，在其各個學術領域中都有崇高地位。他們能在百忙中前來參加，而以摯誠態度交換意見，在以後的各次座談會中，均使外賓及主辦單位深為敬佩。由此，可以想像每位編輯人心裡都有同樣感受與責任，都希望把期刊辦好及學術研究成就能揚名國際。

科資中心在這首次座談會上，正式向與會期刊編輯人宣佈：科資中心業務將採取全面自動化，建構大型中英文檢索資料庫，未來期刊與論文必須採用國際標準格式方能處理。同時，也將擬定的學術期刊評量參考準則與國科會補助獎勵辦法，一一提出報告，並相

互討論及充分交換意見。

　　第二次座談會於1990年3月舉行，這時國內學術期刊在每年的雙重評量與國科會的獎勵政策下，已經歷兩年多修正改革，在形式（Format）上已趨一致，論文水準多有改善提升。同時，科資中心的業務自動化、網路及大型資料庫的建構亦先後完成，一切作業都邁上現代化的要求。這時舉辦第二次座談會邀請專家，我們已有初步的充分準備，可讓國際資訊界權威人士瞭解我國的現代資訊處理與服務進程，以及聽取他們進一步的建議。最終目的是把國內學術期刊與學術研究推介到國際之間。

　　這次研討會主題特訂為：「世界主要資訊機構選錄期刊標準」。應邀參加的主講人有三位：第一位Dr. Eugine Garfield是ISI創始人兼總裁，是我兩年前專程去拜訪過的；第二位是Dr. Elizabeth Zipf，她是國際科學期刊編輯人協會聯盟（IFSEA）的執行長，專長在生物、化學方面，也是一位資深編輯人；第三位是Dr. Edmund T. King，為美國化學摘要服務社（Chemical Abstracts Service, CAS）的資深編輯。這次會議Dr. Garfield真是攜眷而來，而且還抱著兩歲大的兒子Alexander。

　　在這次研討會中主講人除說明期刊論文國際選錄各項要點外，Dr. Garfield在會中特就ISI主要出版的CC、SCI及SSCI選錄期刊、論文標準、評比方法、條件等都很詳細的舉例一一說明，讓與會300餘位學者發問、解說、面對面討論，真是一場高水準的中外學術研討會。除我們有收穫外，也使這些貴賓見識到我們國內的學術研究及資訊自動化進程。

　　1993年3月，第三次「學術期刊編輯人座談會」再次邀請Dr. Garfield來台，為期刊編輯人與科技館際合作組織人員講解：「ISI如何利用其本身資料作為評量科學研究工具」。Dr. Garfield來之

上：ISI創始人Dr. Garfield應邀攜眷，還抱著兩歲的兒子前來，我迎接於桃園國際機場。
中：1990年3月舉辦之「世界主要資訊機構選錄期刊標準」研討會現場。這是第二次舉
　　辦之學術期刊編輯人研討會，第三次在1993年3月舉辦，Dr. Garfield亦應邀出席擔
　　任主講人。
下：前排左起為國科會副主委鄧啟福、作者、Dr. King及Dr. Garfield。

前作了充分準備，特以〈1981-1992中華民國與亞太國家科學研究之比較〉（Science in the ROC and the Pacific Rim, 1981-1992： A Citation Perspective）為例作說明。發表其評比分析報告48大頁，讓在座的人都感受到這篇分析、評比相當肯切深入。除與適當的亞洲國家作比較外，Dr. Garfield 還特別把ISI收錄國人發表於國際的文獻篇數、被引用的次數、作者姓名、服務機構，都列的清清楚楚。科資中心徵得其同意，以中、英文分別出版，寄贈國內各圖書館及資料單位參考。此次同時邀請的尚有西班牙科技資料中心主任Dr. Rosa de la Vicsca，與美國國家醫學圖書館國際計畫處主任Dr. Richard Hsieh，為科技館際合作組織年會主講人。

　　科資中心自1987年擬定學術期刊格式及評選規範，並配合國科會優良及傑出期刊補助與獎勵計畫實施以來，至1994年時，我國學術期刊被國際選錄及論文進入ISI的CC、SCI及SSCI被國際引用次數，每年均有顯著增加。在此更值得一提的是學術期刊與論文格式，在推動改革一年後已趨一致，而對科資中心建立資料庫自動化檢索方面亦省去不少額外加工時間，且品質也有大幅改善。

　　20年以後的2014年3月3日，國家「科技部」正式掛牌，有55年之久的「國家科學委員會」亦走入歷史。這時，我從國家科學委員會派駐美國科學組長退休已16年，能受邀參加「科技部揭牌暨首任部長布達典禮」，深感榮幸。在典禮上，卸任的國科會主任委員朱敬一院士在其致辭中有一段提及：「……民國七十年代由國科會率先採用的《科學引文索引》（SCI）與《社會科學引文索引》（SSCI）作為客觀評估申請者過往學術研究的指標，在運行二十多年，我國學術水準已與國際距離大幅縮小……。」馬英九總統在典禮致詞中亦提及：「……我國的科技專利、學術論文篇數，這些年來在全球均名列前茅。」我內心深感當初的構想、執行，蒙歷任

1994年全國學術期刊獲國科會評選為學術研究優良期刊之傑出獎代表頒發獎狀合影。
左1為國科會主委郭南宏，右1為作者。

國家科學委員會主任委員全力支持與大家的共同努力，經歷了二十
年之久，終在國際間顯現出來。

5）完成與美國國家醫學圖書館合作，在我國設立「國際醫學資訊中心」

　　美國國家醫學圖書館（National Library of Medicine, NLM）前
身為陸軍軍醫圖書館，已有長遠歷史，經過多次改革，始於1956
年，正式通過國會立法，定名為「國家醫學圖書館」。其任務在於
提升美國醫學水準、改善全國衛生福利，並協助相關科學研究與提
供資訊傳播、交換、服務等等。是美國三大國家圖書館之一，也是

全球最大、醫藥資訊最新、最多及服務、訓練最為齊全的國家醫學圖書館。

1988年3月，其館長Dr. Donald Lindberg夫婦訪問亞洲國家，應我邀請順道來台訪問及參觀科資中心。Dr. Lindberg早年學應用數學，後入紐約哥倫比亞大學醫學院，1958年獲醫學博士學位。1960-1984年期間，任教美國米蘇里大學哥倫比亞校區醫學院，教授資訊科學及病理學（Pathology）。在此二十餘年間，Dr. Lindberg把電腦自動化技術應用在米蘇里州醫學各有關方面，推動革新，建立制度，首獲米蘇里州政府傑出貢獻獎，以及米大頒贈榮譽博士學位。並應聘兼任美國國家高速電腦中心政策委員，協助發展全國醫學資訊網路。1984年，他應美國國家衛生研究院（National Institute of Health, NIH）邀請擔任美國國家醫學圖書館館長。我在1979-1981年間也在米蘇里大學哥倫比亞校區，我們雖不認識，但因同校關係，雙方容易接觸。我邀Dr. Lindberg來訪主要是想把美國國家醫學圖書館的國際醫學資訊中心（International Medline Center）在台灣設立一個，供國內從事醫學、藥物、保健、衛生、教育人員利用參考，並希望能進一步加強兩個單位未來的合作交流。這也是我初接科資中心時一位不知姓名的台大醫學院專業人員在電話中向我的建議，使我一直對美國國家醫學圖書館特別注意與瞭解，認識到這個世界頂級圖書館對現代世人的貢獻。

Dr. Lindberg的來訪，我事前已有安排，先讓他聽取中心簡報，參觀中心作業與設施，下午與國內醫學圖書館長及部分醫學院教授座談，交換意見。國科會生物處林榮耀處長也一齊應邀參與，並介紹我國醫學整體現況與未來發展。這場座談會使Dr. Lindberg對我國醫學教育與醫學研究深有印象，並且知道很多醫學界教授與專業人員多在美國接受過高等醫學教育與訓練，對美國醫學研究資

站立者為Dr. Lindberg，左為其夫人，右為國科會生物處林榮耀處長，面對Dr. Lindberg
站立者為作者，正講述中國古代一件酒杯的趣事。

訊至為重視與需要。會後，我與Dr. Lindberg閒談中，提到正式的
話題，說：「因兩國沒有正式邦交，對資訊合作交流、人員互訪，
非常不容易。今天你瞭解到台灣醫學界很希望與NLM建立一些關
係，引進NLM在其他國家以合作方式設立的『國際醫學資訊中
心』，我也曾多方試探，就是缺少一個有力管道」。沒有想到Dr.
Lindberg一開口就對我說：「我就是管道。」我們兩個人都笑了。
當天晚間，我安排Dr. Lindberg夫婦品嚐我們傳統的中國菜，有林
處長、幾位館長與中心的幾位組長作陪。也許我們同是米蘇里大學
的關係，在交談時都感覺輕鬆、愉快、親切，沒有官場距離。

　　從此，科資中心擬計畫書，向NLM申請在我國設立一個國際
醫學資訊中心。1989年6月，我到D.C.參加NFAIS會議，並前往美

1989年6月，在D.C.拜訪Dr. Lindberg時，與NLM副館長Dr.
Kent Smith及Dr. Richard Hsieh（左）合照於美國國家醫學圖
書館前。

國國家醫學圖書館拜訪Dr. Lindberg商談此事。當時由NLM國際合
作處主任Dr. Richard Hsieh陪我參觀各主要部門，以及拜訪副館長
Dr. Kent Smith。Dr. Hsieh還特別安排我參觀設在距離D.C.不遠的
巴爾的摩（Baltimore）市的約翰霍普金斯大學（The Johns Hopkins
University）醫學院圖書館。這所圖書館是美國國家醫學圖書館下八
個區域醫學圖書館（Regional Medical Libraries）之一，佔地面積雖
不算大，但資訊設施非常齊全，可說是一個示範性的區域醫學圖書

館。同時也順便參觀主校區的工程學院及一所有歷史的音樂學院。

約翰霍普金斯大學規模不大，學生只有5,000多人。但各學院教學、研究在美國多名列前茅，尤其醫學院在國際之間頗有聲望，讓人羨慕、敬仰。而學生來自世界各地，全是傑出優秀者。我也常想，在我們國內有些教育家們，只要當了大學校長，不論公立或私立，就一心要把學校變大，土地要廣，招生要多，好像只有這種方法才能展現出自己辦學的成效，讓人值得深思。

同年9月，NLM派遣Dr. Hsieh來台停留四天，評量在我國設立「國際醫學資訊中心」的環境與條件。Dr. Hsieh原籍廣東，幼年去美，曾在約翰霍普金斯大學獲得公共衛生博士學位，任職NLM已有長久時間，在美國國外設立之國際醫學資訊中心多由他評量決定。其人很耿直，講話就像早期美國官員對殖民地人民姿態一樣，非常權威、堅定，講出的話毫無轉圜餘地。一開口就講：「你們中心不適合設立。」原因是沒有醫學院圖書館的設施及配合支援條件，將來無法舉辦有關醫學資料庫檢索技術講習等等，我認為他講的也對。我思考後，認為台大醫學院地理位置、規模、開放性等條件都比較適合。我與Dr. Hsieh商量，他也認為是個好的選擇。我立刻打電話給台灣大學醫學院黃伯超院長，介紹Dr. Hsieh前去拜訪並參觀醫學院及圖書館。因為這個醫學資訊中心的爭取與設立，黃院長大致都知道。第二天Dr. Hsieh在台大醫學院停留一天，晚間黃院長準備一桌晚宴，我也被邀出席，還有醫學院主官人員一齊討論這個中心設置問題。最後的結果是黃院長肯定的向Dr. Hsieh解說，這個中心很需要，可是台大醫學院沒有能力來設置這個醫學資訊服務中心。原因是要面對全台灣醫學界服務，所需人員、設施等等困難很多。並特別強調，只有國科會科資中心有這個能力，在必要時科資中心還可邀集各醫學院與醫學圖書館一齊商討解決，比較可行。

　　有關設立這個中心，各醫學圖書館館長及醫學界人士都希望科資中心把它引進到國內，並與NLM建立合作關係，這件事已商討有很長一段時間。去年，Dr. Lindberg來訪與我上次去D.C.商談，他都認為台灣有需要。所以，今年特派Dr. Hsieh前來，若放棄爭取實在可惜。於是，我向Dr. Hsieh及黃院長建議，這個中心將來若能成立，由科資中心邀請國內各醫學院院長、專家及衛生署主管人員組成一個指導小組，召集人請黃院長主持或輪流主持。我科資中心設法聘請一位有醫學背景懂得資料庫檢索訓練的專業人員主持這個計畫，利用科資中心現有網路設施及服務系統，這樣不需什麼經費及額外人力，把這個中心設立起來。經交換意見後，Dr. Hsieh認為這個辦法可符合NLM的設立條件。

　　1990年7月，經科資中心與NLM雙方商洽同意後，科資中心透過北美事務協調會與美國在台協會，同美國國家醫學圖書館正式簽訂合作計畫，在科資中心附設全球第十七個「國際醫學資訊中心」，由許玉珠研究員主持。許研究員早年畢業於台大醫學院，後赴美國在米蘇里大學及威斯康辛大學習生物化學，分別獲得碩士及博士學位，並在紐約Brookhaven National Laboratory研究及在大學任教甚多年，語文能力、專業知識及電腦應用都很強，使該中心順利成立，在國內推展服務。龐大而豐富的美國國家醫學圖書館研究資料檔案，從此在我們國內的醫院及任何醫學研究單位都可查閱參考。也非常感謝Dr. Lindberg、Dr. Kent Smith、Dr. Hsieh及黃伯超院長等的大力協助與支持，終算完成這個任務。

6）拓展歐洲共同體與聯合國教科文組織（UNESCO）資訊

　　1970-1990年代，我國經濟快速成長，民間企業蓬勃發展，因無邦交關係，當時國內獨缺歐洲經濟共同體（此名稱於1993年11月1日改為歐洲共同體（The European Communities, EC）官方發佈出版的科技、產業、商貿、海關、稅務、法令等整體資訊。很多企業界人士，尤其中小企業取得資訊頗為不易。中心深感需要開闢歐洲共同體這條管道，由過去與美國NTIS的接觸經驗，不能直接聯繫官方，也不能從基層人員去打交道，因為基層人員多無展延空間。經多方思考後，還是要從非官方的學術性資訊組織去著手。我想到Dr. Kennedy給我的NFAIS簡介，發現當時常在歐洲及美國舉辦會議的一個科技性資訊組織，名稱是：國際科學技術資訊委員會（International Council for Scientific and Technical Information, ICSTI）。這個組織，非官方性，但屬聯合國教科文組織經費支援，參與的都是國家會員。

　　這時，恰巧Dr. Kennedy應我邀請來台，擔任1988年12月一場科技館際合作組織年會主講人，介紹其主持的世界著名生命科學BIOSIS資料庫、出版品，以及收錄、處理技術等等的同時。我將有意申請參加ICSTI的事情向他提及，他說，他很多年以來都是ICSTI的理事。他也提到世界上這麼多國家，真正在科技資訊方面有能力貢獻參加的國家會員不多，每年年會出席的會員也只有20個左右。如果你們要與歐體國家建立資訊界的人際關係，應該申請加入ICSTI，將來取得歐體資訊會方便很多。這兩天我參觀你們中心與同仁座談，你們人員素質水準都很高，建立這麼多資料庫、網路

及出版品，業務都是自動化，像你們這樣有實力的國家型中心實在不多。若你們要申請加入ICSTI，我可以作推介人，不會有問題。

科資中心在1990年經ICSTI通過為會員。1991年5月ICSTI年會在法國東北部一個文化古城，也是法國現代科技研究中心的南錫（Nancy）舉行。這時，BIOSIS董事長Dr. Kennedy已被選為該年ICSTI的理事長。於是我聯繫當時國科會派駐法國科學組組長薩支遠兄，說明我將到南錫參加ICSTI年會，同時我想順便拜訪設在南錫的法國科技資訊局（Institute of Scientific and Technical Information, INIST）。該局屬法國科技部管轄，其性質、任務與我中心類似，看看是否有可能建立一些合作關係。另外，也想拜訪UNESCO文獻檔案出版品部門，希望代為聯繫安排。

我按行程提前兩天到達巴黎，支遠兄清晨一早趕到機場來接，讓我深感過意不去，並一再表達感謝。途中，支遠兄告知，拜訪INIST之事，經法國科技部轉告INIST，已取得聯繫，安排在明天上午十一點。今天你先在巴黎停一天調整時差。明天一早我們乘第一班火車前往。有關參訪UNESCO事很難，我們駐外人員無法接觸。因進入UNESCO要識別證或有人陪同帶領才行。UNESCO也是我此行主要目的之一，想把UNESCO的重要出版品及文獻資料庫移入國內。因我國自退出聯合國後，這方面的資訊就斷了，國內確有需要。另一方面，據我所知這些文獻出版品非常便宜，又有價值，若失去這個機會心中實有不捨。腦海中一直掃描似的搜索，有什麼人可以協助？用什麼方法、途徑去接觸？中午時分，支遠兄邀我午餐與科學組同仁見面，讓我想起早年教育部派駐法國一位參事，此人姓趙，在我國未退出聯合國時以我國政府身分服務於UNESCO多年，語言好，各方人脈極廣。我請教支遠兄這位趙先生是否還在巴黎？他說，知道有這個人，已經退休很多年，現在住什麼地方不知

道。下午回到辦公室，支遠兄即向我國駐法教育組查詢，聯繫到趙先生，他退休後仍住巴黎，願意設法幫忙。

　　次日清晨隨支遠兄乘火車去南錫，路程約兩小時，到達後住進開會旅館。此城不大，尤其舊城區，保持有中古世紀風味，除一兩條主街外，其他巷道多為石子舖成，市區人口不到十萬人，是一個安靜小城。周圍有三所大學、科技研究中心及一個稱為Brabois的科學園區均設在這裡。我們依約準時到達INIST，會見其局長Dr. Nathalie Dusoulier，聽取該局簡報後，我將我們中心英文簡介一份及一件小禮物，故宮燒製張大千國畫「四柿如意」磁盤一個贈送給Dr. Dusoulier。她看我們的簡介後也感到有些驚訝，原因是兩個機構功能、作業、出版品都大致類似，唯他們用的都是法文。其資訊推廣服務，除法國本土外，也到非洲法語國家。法國人似乎對其他外語多不感興趣，該局除少數高階職員外，大部分都不能用英語交談。Dr. Dusoulier為此，也嘆了一聲說，年輕一代人真懶，不喜歡學外國語言，國家未來就沒有向外的競爭力，非常讓人擔心。

　　INIST自動化作業進程與我們差不多，都在積極改革，建立各種資料庫。在交談中我詢問Dr. Dusoulier，目前全球都在積極採取自動化作業，統一格式，並建立資料庫，以配合未來網際網路匯集整合，將來進入21世紀會是什麼樣？她說，網際網路可能真的就把世界變成了地球村。

　　INIST都是法文出版品，雙方未來資訊交流可能性不大，唯有人員互訪、技術性觀摩，增加對歐洲資訊界的瞭解有所幫助。中午與INIST人員一同午餐，Dr. Dusoulier特別介紹我這位從台灣來的朋友，是用法語講的，我也聽不懂。看大家的眼神與表情，應該是受到歡迎。我也簡要的用英語講了幾句答謝話，希望未來兩個單位能在技術、人員互訪上建立合作關係。我並邀請Dr. Dusoulier明年來

台灣出席我們的科技館際合作組織年會擔任主講人，使台灣資訊界瞭解法國INIST的未來準備與發展。

　　Dr. Dusoulier早年在UNESCO工作甚長時間，亦屬高階人員，主管資訊、文獻出版部門，正是我會後要去的地方。因UNESCO是官方組織，規定很嚴，我們不是會員，加以中共派去工作人員又多，Dr. Dusoulier又是新認識，我衡量之後還是沒有請她推介，以免使她為難，對雙方都不好。

　　下午送支遠兄乘火車回巴黎，我在車站旁沿著一條街道無目的的邊走邊看，南錫雖是洛林省省會，火車站附近並不熱鬧。街上行人不多，汽車也少。沿街不遠處有座歷史博物館，這座博物館並不顯眼，與街道商店並立，是兩層樓，內部展示的都是14-18世紀時南錫戰史、盔甲、面罩、槍、矛、弓箭等古時的作戰武器及當時人民生活器具。門口一人賣票，裡面有位管理人員看我是東方人，又穿著西裝，他向我走來，用英語問我：「是否懂法文？」我笑著說：「不懂。」他自動作解說員，用英語給我介紹南錫歷史：南錫位臨德、法邊界，古時只要兩國不和，雙方交戰，南錫有時歸德國，有時歸法國，人民飽受戰爭痛苦。在1735年，法王路易十五把整個洛林地區讓給一位有姻親關係的波蘭流亡國王史坦尼斯拉（Stanislas），並封其為洛林公爵。從此史坦尼斯拉公爵治理這個地方，開始大規模建設，使南錫成為法國建築、藝術、文化最優美的城市之一。而以史坦尼斯拉廣場為中心，周圍附近最具代表性，非常值得一看。並指示我，由此往南走不遠，就會看到這個廣場。

　　我走出歷史博物館，先回到旅館稍作休息，換了一套休閒裝，並問旅館服務人員，附近是否有中國餐館？都說不清楚。既然史坦尼斯拉廣場這麼美好，一定有吃飯地方，還是先去看看。因後幾天行程緊湊，不然就會失去這個機會。我到達廣場先巡視一圈，史

坦尼斯拉公爵的住所像皇宮一樣，鐵柵大門、圍牆漆的金碧輝煌，充滿著莊嚴與藝術感。廣場前有一座史坦尼斯拉大雕像，據歷史記載，這座雕像原是法國路易十五國王，是早年史坦尼斯拉公爵為感謝路易十五所建。後因法國大革命把原雕像毀壞，換成現在的史坦尼斯拉公爵雕像，是因他對南錫有卓越貢獻。廣場前不遠的地方就是一座美術館，因時間已晚，也無意參觀。館前聚集了很多街頭藝術家在為人畫像及向旅遊者打招呼。

此時，已是下午四點多鐘，廣場露天咖啡座可說是座無虛席。我正在張望，旁邊一對年長夫婦向我招手示意，可與他們同坐，我深為感謝。經交談後，知道這對年長夫婦已退休多年，從盧森堡而來。他們是這裡常客，每年都會開車來幾次，在他們女兒家住段時間，而且對南錫非常喜歡。我告訴他們來自台灣，在這裡參加一場會議。他們夫婦早年在政府機關工作，都是公務員退休，會講多種歐洲語言。因咖啡座提供的飲料、點心目錄全是法文。他們問我：「看得懂法文嗎？」我說，看不懂，沒學過法文，但若仔細觀察這些法文名稱，很多用字與英文很相似，大致可猜出是什麼。他們笑了笑回答說，「英文是從法文演化而來。」我沒有考證過，不知是真？是假？我在這裡點了一杯可樂，一份當地洛林餡餅，味道、形狀與義大利披薩（Pizza）非常相似，至今記憶猶新。還有兩個小甜餅，作了當天的晚餐。在這文化、藝術古城的廣場上，一邊吃一邊體會法國人的休閒心情與充滿浪漫情調的生活。讓我不禁回想，我們國人每天忙碌辛勤工作，國民所得、生活品質仍與這些先進國家有一段遙遠距離。

次日上午九時，ICSTI正式開會，出席者有20幾人，多代表國家，幾乎全來自歐洲及美國。在歐洲方面，有大英圖書館館長、法國科技資訊局局長、歐體十三總署資訊管理處處長Dr. de Bruine

等，亞洲國家參加者除我國外，日本已是會員，但這次年會無人出席。大陸尚未加入，其他國家可能受條件所限與經費問題無人與會。這次年會主題是討論會員國資訊自動化與網際網路，另一個主題討論科學數據資料庫（CODATA）建構進展情形。會議開始，主席Dr. Kennedy當眾邀我坐他旁邊，使與會人士另眼相看，此一舉動讓我會後與歐體十三總署資訊管理處長、大英圖書館館長及法國科技資訊局局長等交談均感受到對方的重視與尊重，也奠下未來幾年與歐洲資訊界的頻繁往來與友好關係。真是感謝Dr. Kennedy的帶領與支持，讓我順利接觸到這些主管部門的負責人。我國參加ICSTI這個組識，主要有三個目的：一是瞭解歐美國家科技資訊研發進展情形及讓歐美瞭解我國現代化資訊服務；二是建立人際、技術可能合作交流關係；三是找尋途徑，引進歐體及UNESCO的整體資訊。

　　會後，回到巴黎。趙先生已與UNESCO聯繫過，是一位專門銷售UNESCO出版品部門的職員，已記不清其姓名，只知道是日籍琉球人，親自到UNESCO大門口帶我進入。我說明來意，他把文獻出版品總目錄資料給我看。因我要看的東西很多，不願浪費他的時間，我用日語很有禮貌的表達感謝，請他不必陪我，我要看展示出的所有最新出版品，等我看後再請教他。當時UNESCO尚未建立自動化作業，存檔的出版品都是微縮影片。展示的新出版品，就像一個書店一樣，有科技、教育、會議論文集、人口統計等等。我詳細查閱約兩小時，大致可瞭解到那些國內需要及費用價格等。然後請教這位先生如何申請購置、匯款、運送等手續，並給我一整套目錄資料。此行，低姿態在UNESCO走了一趟，人也好像矮了一截，都歸因於我們非聯合國會員關係。

　　回到台北，我將攜回UNESCO資料請一組遴選，並申請採購。

兩個月後，把這批廉價、大量、且有高價值的參考資訊引進國內。
科資中心正式對外宣佈提供各界使用UNESCO文獻資訊服務。

　　1991年11月，我以科技館際合作協會理事長名義邀請法國
科技資訊局長Dr. Dusoulier、歐體十三總署科技資訊管理處長Dr.
Bruine、俄國科學研究院資訊主任Dr. Markusova、美國BIOSIS董事
長Dr. Kennedy、美國西伊大圖書館長張庭國教授及日本文部省全
國學術網路（NACSIS）的主持人Dr. Kimio Ohno教授來台參加1992
年3月18-19日舉行的「國際資訊發展新趨勢研討會」（Symposium
on Global Information Trends in the year 2000）。這次邀請的主要人
物之一Dr. Bruine臨行前，因歐體十三總署不同意其前來，原因仍
是沒有邦交，且官階層次較高，讓我至為失望。

右起東海大學范豪英館長、Dr. Kimino Ohno、作者、Dr. kennedy夫婦、Dr. Dusoulier、
Dr. Markusova及張庭國教授。

　　1992年5月ICSTI年會在德國柏林（實際是在原來東柏林轄區內）舉行，此時蘇聯已經解體，東、西柏林合而為一，但原東柏林地區內仍是破舊、蕭條，一切交通設施均不完善。這次參加ICSTI會議後，我已與Dr. Bruine商妥到盧森堡，除參觀他的單位外，還請他安排拜訪歐體官方出版局，試圖把歐體資訊、出版文獻引進國內。去之前，我對這趟行程考慮較多，因這些地方不但陌生，語言複雜，且交通不便。我特別呈文到國科會，請國科會發文外交部，請外交部通知駐歐洲外交單位給予協助。外交部的公文發出後，先後接到駐柏林代表處張北齊處長來電告知：東柏林地區晚間治安較差，他會到機場接我，請我放心，真是感謝。盧森堡的駐外單位是孫逸仙學社，告知可前往接機、代訂旅館。

　　1992年5月12日，我去東京參加亞太與東亞第十屆聯合年會後，15日拜訪日本文部省瞭解日本全國學術網路建構情形及拜會日本科技情報中心主任。16日晨，由日本科技情報中心派人、車送我到成田機場，乘德航班機飛法蘭克福再轉機到柏林，這又是一趟長時間遠途之行。而這次飛行航線與我前幾次去歐洲不同。飛機在東京起飛後，沿俄國的西伯利亞（Siberia）上空一直向西飛，我從窗口下望，只見白茫茫一片，全被大雪覆蓋，時值五月中旬，西伯利亞仍這麼寒冷。這樣的飛行將近十個小時，才見到綠色大地，下面已是歐洲，飛機準時降落法蘭克福機場。我立即轉德國國內航線班機，飛機起飛前不知怎麼回事，機場電腦出了問題，飛機無法起飛，就這樣坐在飛機上等了兩個多小時。我內心很急，一直看錶，機上的其他人士也都默默無言，耐心等待。這班飛機到達柏林機場已是深夜十二點多鐘，我一路正在發愁，如何找住處？沒有想到代表處的處長竟在這裡苦等我三個小時，讓我深感歉疚，一再感謝。在送我至旅館途中，談到德國統一，柏林合併，治安方面比以前差

了，尤其夜晚出去要謹慎小心。車子進入東柏林區，路燈昏暗，建築老舊，心中頗有恐懼，好在有人陪我。三年後，我在芝加哥工作時，新聞報導，這位處長在柏林被幾個年輕人搶了。在無正式邦交國家中，駐外人員的辛勞與風險，一般人很難想像。

　　ICSTI年會舉行兩天，新會員南非加入，Dr. Ben Fouche代表CSIR與會，也是我的好友之一。另一件事是新任理事長Dr. Kent Smith，為美國國家醫學圖書館（NLM）副館長，1988年我去拜訪時曾見過面並在NLM前合影留念。這次見面Dr. Smith與我商量，要推介我擔任下年度理事之一。我經多方考量，ICSTI開會多在歐洲，路途遙遠，困難很多，無法擔任，向新理事長婉拒，並深致謝意。會後，下午由東柏林機場乘小飛機到盧森堡，同行者有法國科技資訊局長Dr. Dusoulier，她要經盧森堡回法國南錫。這架小飛機可能是二次大戰時的老舊產品，有十二個座位，包括一個駕駛座。起飛時發動機聲音震耳欲聾，在跑道上一跳一跳的衝了幾次才飛起來，在空中隨著低空氣流上下起伏，左右搖擺。我們七位乘客，個個都繃緊神經，精神貫注，好像正在為生命玩捉迷藏。坐在我旁邊的Dr. Dusoulier一直抱著我的右手臂緊緊不放。飛機在空中飛行了約四十分鐘，總算到達盧森堡機場上空，沒有想到這架飛機在降落跑道上又大跳了幾下，然後又搖搖擺擺才停了下來。我們七個乘客中三位女士嚇的尖聲大叫，而且也站不起來。都在講：「心要跳出來了！」駕駛員用德語講我也聽不懂，可能是說氣候原因。不過在我看來，這些老舊小飛機在當初設計時就有問題，機翼小，平衡差，機體又笨重，稍遇氣流就會造成不穩。不管怎樣，這真是一次驚魂動魄的飛行。以後每次出國都會問旅行社是否會乘坐類似的小飛機。

　　駐盧森堡孫逸仙學社主任（已記不清尊姓大名，只記得是山東

歐體資訊服務處成立，由國科會主委夏漢民主持開幕典禮，歐體在台輪值法國代表亦
蒞臨祝賀。

人，體型高大，非常熱誠）與秘書兩人在機場接我，並告知我國駐
歐體代表處派一位王秘書前來，想隨同去拜訪十三總署，等等就
會趕到。此時，科資中心石美玉研究員已從台北趕來會合。石研
究員專長在資訊出版品方面，早年讀政大西語系，後在美國讀研
究所修讀圖書館學，又工作多年，經驗豐富，語言亦佳。她這次
前來重點是要把歐體官方出版品作選擇性轉移到國內。晚間，我
們在一家中餐館一同見面，我首先說明明天行程安排，上午十時拜
會資訊管理處長Dr. Bruine。然後，他會安排兩位科長及有關業務
人員與我們商談，如何建立交往關係（因歐體官方比美國要嚴謹的
多，「合作」兩字當時沒有談的餘地），以及如何引進及使用歐體
官方建立的資料庫。下午，Dr. Bruine已為我們安排拜訪歐體出版

局，參觀其出版品及商洽如何採購、運送手續等。王秘書也說明他
此來隨同我們拜會十三總署的目的，是想建立人際關係。以後有
需要時可以直接聯繫，只是讓我們帶帶路而已，我們十分歡迎他的
參加。

　　這次拜訪，承蒙Dr. Bruine的大力協助安排，很順利把歐體資
料庫及官方文獻出版品，以非常便宜價格移轉國內，並在同年11月
科資中心正式成立歐體資訊服務處，開始提供最新歐體動態資訊服
務。我三年後赴美任科學組長時，Dr. Bruine亦來函，對雙方的合
作交往表達感謝。

7）協同美國在台協會（AIT）舉辦中美尖端科技資訊展

　　1989年8月間，美國在台協會文化新聞組長與本中心三組聯繫
並告知，美國有一批新書與期刊，都屬高科技方面，計畫到亞洲新
興國家作巡迴展示，詢問中心是否有意願協助展出？三組王士鍔組
長與我商量結果，我們原則上可以接受，但這些書刊有多少？目
錄、內容是什麼？何時可以到達國內及展出？我請王組長前往南海
路AIT文化新聞組作進一步瞭解。經接洽後，知道一個月後首站可
到台灣，書、刊有400多種，AIT很希望與我們合辦。這件事情經
中心內部研商，同意合作舉辦。同時，並把中心統一採購新到的部
分國際書刊及國內的優質期刊也一併展出。利用本中心科技大樓14
樓現有服務設施作展示場地。決定後，我請王組長邀請AIT文化新
聞組長來中心商談細節問題，以及查看展出場地與設施，以及開幕
儀式雙方主持人選等問題。對方說，這次展示可能由AIT主席丁大
衛（David Dean）親來主持。我一聽丁大衛主席能親來主持，讓我

上：丁大衛主席、吳大猷院長及李國鼎資政曾先後致詞。
下：參觀書展。左2李國鼎資政，後為吳大猷院長及丁大衛主席。

想到不久前，國科會主任委員夏漢民帶領國科會一級主官在來來飯店宴請丁大衛，我也應邀參加為其惜別及感謝其任內對台灣的貢獻。這次如丁大衛先生真的能來主持，我必須邀請有適當身分，而

且與丁大衛先生有交情的人士前來參與，比較有意義，也增添會場氣氛。經決定後，開幕儀式決定以簡單、隆重茶會方式進行，讓大家有交談機會。

此展示會於9月20日以茶會儀式開幕，邀請貴賓有中央研究院吳大猷院長、總統府李國鼎資政、國科會夏漢民主委、政治大學張京育校長（張校長早年任行政院新聞局長時與丁大衛先生多有接觸）、東吳楊其銑校長等，很多都是丁先生長時間認識的好友，這個開幕茶會真像似一個惜別會，對丁大衛先生多有依依離情。

8）與南非（斐國）科學工業研究院（CSIR）的資訊交流合作

1990年代，我國與南非經濟、科技交流頻繁，為當時最好的友邦國家之一。我國國家科學委員會與南非科學工業研究委員會（Council for Scientific and Industry Research, CSIR）已簽有科技合作計畫，雙方亦希望能增加科技資訊交流一項。1988年春，南非科學工業研究委員會資訊中心主任Dr. Ben Fouche正式來函邀請我前往參訪並商洽合作事宜。多年來我對南非歷史、國情、人文、社會也稍有注意，知道南非在非洲國家中經濟發展、科技研究算是最進步的，是一個現代化的國家。但另一方面是國際間對南非政府「有色人種隔離政策」的制裁。除此之外，還有小時候讀地理所記憶中開普敦（Cape Town）及好望角（Cape of Good Hope）的地理位置、特殊環境及自然景觀，讓人遐思、嚮往。而在感覺上這些地方又非常遙遠，像在天涯海角似的，使人難以到達。

雙方的這個合作計畫經中心多次研討，所得結論重點放在資訊處理技術與人員交流參訪方面，因雙方資訊能夠交換的實在不多。

1988年7月，對方正式來函邀請，我們的行程他們已經排定，先參觀、後商討雙方合作事宜。9月下旬，我與王士鍔組長前往，同時內人范培琳亦因對方之邀，也想看看這個特殊地方，滿懷著興趣，隨我們一同前往。她的費用自理，當時由台北飛南非只有南非航空獨家經營，內人一張經濟艙往返票價新台幣105,000元，價格至為昂貴，亦無選擇。此次前往，主要是建立雙方友誼關係，中心特別準備100份台灣製的男女手錶，每只不到100元，並在盒上印有贈送標誌，當作紀念禮物。我們乘南非班機從中正國際機場起飛經曼谷稍作停留加油後，向西南方向直飛，斜著穿越赤道，橫渡印度洋到達馬達加斯加（Madagascar）。這是一個島國，由火山構成，屬世界第四大的島嶼，位於印度洋西部，我們沒有下機，只是停留加油後，繼續西飛，這趟行程比我想像的要遠很多。飛機到達約翰尼斯堡國際機場，出海關時被攔下，因帶了100只的小禮物，不能放行。我們被帶到單獨一個窗口，有一位年輕海關人員，我們把情形說明及邀請函給他看，他的回答很肯定：「不能帶入。」怎麼講都不行。王組長看看我，給我使個眼色，他向這位海關人員說：「這些都是送人的小禮物，台灣製的，很便宜，如果你們喜歡？可以留下幾個作紀念。」真讓我意外，這位海關人員竟然選了四、五只，就放行了。使我初次感受了南非行政人員素養外，真佩服王組長的臨機處事經驗與見識。

我們在約翰尼斯堡機場轉其國內班機，由南非科學工業研究委員會國際合作單位人員陪同飛往開普敦，到達時已是傍晚時分，濛濛細雨中看到開普敦的燈光閃耀、亮麗。次日上午，原計畫前往著名的景點「桌山」，因氣候不佳改往市區參觀。開普敦是南非人口排名第二大城，也是南非的立法首都，國會及很多政府部門都設在這裡。早期也是南非的政治、經濟、文化中心及歐洲移民的集散

地。這裡有很多著名建築，如國會大廈、早期殖民時代的大教堂、鐘樓、美術館、歷史博物館等等。開普敦屬地中海氣候，涼爽、宜人，背山面海，西邊是大西洋，南邊是印度洋，開普敦就靠近印度洋與大西洋交匯之處，離好望角有45公里，是一個美麗的城市。

下午我們參觀史特倫布西大學（Stellen bosch University），這所大學距開普敦市區不遠，開車約40分鐘，位於史特倫布西鎮上，這裡也是南非的一個觀光景點。據陪我們的人員解說，這個城鎮已有三百多年歷史，為歐洲早期葡萄牙、西班牙、荷蘭、法國、英國等移民所建，有小歐洲之稱。街道、路旁多是橡木老樹，房舍建築也都帶有歐洲十八世紀風尚。這裡也是南非著名產酒之鄉，葡萄種植、製酒技術皆為早期歐洲移民所帶來。城鎮雖古老，但有純樸、典雅、寧靜氣氛，十分可愛。

史特倫布西大學建於1866年，是所公立學校，師生一萬多人，教授多在英國接受高等教育及研究，各方面的設施均不錯。學生中男女、黑白都有，均能和平相處，並沒有想像中的「種族隔離」那麼嚴苛。但能在這所學校接受高等教育的學生，看起來白人似乎要比黑人多的多，也許是經濟條件的原因。我們主要參觀該校圖書館與現代化資訊服務情形，在學校停留約兩個小時，其資訊服務設施與人員素質均有高度水準，與我國不相上下，在南非也是一所好的學校。

第三天的行程安排，是去看南非著名的「好望角」。這個地方我從小在地理課本裡讀到時就對它深感興趣，雖很嚮往，但在那個封閉時代，我又生活在中國北方一個小農村裡，感覺上那是一個永遠無法到達的地方，只可想想而已。沒有想到經過半個世紀後的今天，竟能這麼容易踏上這塊土地，真讓我十分高興。也使我憶起500多年前（西元1487年），葡萄牙的著名航海家迪亞士

（Bartholmeu Dias）的探險故事，他奉國王若奧二世之命帶著他的探險團隊，沿著非洲西海岸向印度洋摸索而行，經過了一年多的艱辛航行，來到這個大西洋轉向印度洋交匯之處，卻在這裡遇到不尋常的暴風、巨浪，整個船隊幾乎全部覆沒，僅迪亞士率少數人員逃生登岸，來到這個海岬之處。為了能讓後人提高警惕，他將這個危險地方命名為「風暴角」。但是，當時的國王若奧二世要開闢這個航道，到達富裕的東方，而為激勵士氣再接再厲起見，把「風暴角」改為「好望角」，意思是過了這裡就會帶來好的希望。

　　早年，我曾讀過一篇記載，是報導航海人員對好望角海域的描述，大致是說：「──航行於兩洋交匯之處，烏雲密佈、連綿不斷，很少見到藍天和星月，終日西風勁吹，一個個旋渦狀雲系向東奔馳，海面上奔騰的巨浪與船舷相撞，發出陣陣吼聲，震撼著每個海員的心靈。」

　　以往，由於錯誤的記述，都認為好望角就是非洲大陸最南端的地方，也是兩洋的正確交匯之處。後來，一直到1950年代，經過國際海道測量組織（International Hydrographic Organization, IHO）的實地測繪，證實：「好望角」並不是非洲大陸的最南端，而是非洲大陸的最西南端，其位置在南緯34度21分25秒，東經18度28分26秒。真正的非洲大陸最南端是厄加拉斯角（Cape Agulhas），在南緯34度49分42秒，東經20度00分23秒，即好望角東南方147公里處。然而「兩洋交匯」的地方是介於好望角與厄加拉斯角之間的147公里寬闊海域，隨著洋流的強度大小、溫度變化和月球引力大小在兩者之間不停地移動，並非一成不變，固守在一條線上。至於，強風巨浪的形成主要是因其所處南半球中緯度地帶位置關係，受大西洋、印度洋、太平洋三洋匯合而成的南大洋（Southern Ocean），亦稱南冰洋（Antarctic Ocean）環狀洋流地帶影響，終

年西風勁吹，風暴頻繁。在夏季時也是西風咆哮，冬季時更是寒風凜冽。

我們車子行走海岸公路，景觀非常美麗，一邊靠高低不等的山丘，另一邊是遙望無邊際的大海洋，沿途海岸巨石林立，看起來都是土黃色的沙岩結構，也是一片美好景緻。早上天氣晴朗，微風吹來稍有寒意外，這裡可說是風平浪靜，波濤並不洶湧，與一般的海洋沒有什麼兩樣。我們午前登上好望角最高點的燈塔，也眺望海洋遠處，卻沒有看到有什麼不同。

當天傍晚，我們從開普敦乘飛機到達南非的行政首都普利托里亞（Pretoria）。次日（第四天），首先去參觀普利托里亞大學（Pretoria University），僅在校園及圖書館巡視一下，校園建築、設施都很現代化，是一所非常好的公立大學。中午前我們趕到南非大學（University of South Africa），校長（Prof. Theo Van Wijk）特為我們安排簡報，介紹這所學校是建立於1873年，已有百年以上歷史，是所全部函授學校（當時電腦與通訊網路尚未普及），註冊登記學生有10萬人之多，主要是對黑人而設。Prof. Wijk是一位將近60歲的荷裔校長，在南非也是一位有名的教育學者。一年後，Prof. Wijk校長曾應我國教育部邀請來台灣訪問，還特別到我中心參觀，看我們的業務自動化與網路設施及資訊傳輸，並一再稱讚我們的自動化作業與人員素養。午間我特安排午餐，由國科會副主委及中心幾位主管作陪，我們也談到利用網路推展遠距教學來取代傳統方式的函授教育。

第五、六兩天行程安排是去參觀克魯格國家公園（Kruger National Park），這個國家公園位於南非東北角上與莫三比克交界地帶，距普利托里亞約兩小時車程。佔地19,485平方公里，是南非最大的自然野生動物保護區。依當時旅遊簡介所述，這個保護區南

北長約350公里，東西寬約60公里，區內有300多種樹種、1,900多種植物、40多種魚類、500多種鳥類及140多種哺乳動物，也是世界著名的一個遊獵景點。清早我們從普利托里亞出發，乘坐南非科工會國際合作部門安排的一輛四輪傳動吉甫越野車，駕駛兼導遊是位50多歲男士，荷裔後代，他經常接待來賓，對南非北部幾個城市及景點都十分熟悉。我們出發前給我們說明行程及所經過的地方，在途中這位駕駛特別帶我們參觀了一個小村莊，這個小村莊是一個典型的大地主莊院，內有一幢白牆灰瓦兩層西式建築樓房及一個大的庭院圍繞，四周排列著很多小屋，井然有序，據說都是大地主的農奴所住。看到這樣景緻，也讓我立刻想起早年以美國南北戰爭為背景的一部電影《飄》（Gone with the Wind）的故事，不知這個莊園主人是否也像《飄》片中的男主人一樣，有著紳士風度，且飽經世故，又能認清時局的人物？

中午時分，我們經由克魯格國家公園的Malelane Gate入口處進入，距入口處不遠的地方就有個休息中心，提供園區各種資訊，有旅遊途徑，解說這所國家公園的設立經過及內部營區住宿與公共設施等等。最引我們注意的是設置在這裡的一尊銅像，是紀念早年保羅・克魯格（Paul Kruger）創設這個園區的貢獻，也是令我們深為敬仰這位波爾人（Boer）在南非歷史上的英勇事蹟與遠大理想。波爾人是指早期在南非境內出生的歐洲移民後裔，所形成的一種混合民族，主要是指有荷蘭血統的南非人。目前已改稱阿非利堪人，所用名稱以Afrikaaner表示，亦與African有所區別。

我們離開休息中心，開車沿著園區道路邊走邊看。南非的季節恰與我們國內相反，但都處於地球赤道南北的迴歸線上，也都屬於亞熱帶氣候。他們的夏季是十月到次年的三月，這時炎熱多雨，草木旺盛。冬季是四月到九月，雨水很少，白天乾燥，夜晚涼爽。

這時保護區內，草木枯黃稀疏，動物無所隱藏，正是觀賞的最佳時機。我們此行，正好趕上季節，在這個天蒼蒼、野茫茫、一望無際的大草原上驅車奔馳，有令人心曠神怡，忘卻一切煩惱的感覺。

我們的司機導遊先生對園區非常熟悉，時走大道，時穿小徑，走走、停停，讓我們有機會觀看各種不同的野生動物棲息、覓食、追逐情景。下午四時許，到達住宿營區。這個營區有20幾個獨立的個別小屋，白色圓形，屋頂用蘆葦結成，有點像蒙古包形狀，內部設施尚稱簡潔、齊全，至為別緻。晚間，我們在營區餐廳用食，提供甚多野味，可惜烹調方式不同，我們三人都難以下嚥，有些也不敢嘗試。這時，反而是「生力麵」最合我們胃口。次日早餐後，我們出發繼續沿路邊走邊看，一直到回程出口，兩天來觀賞到不少大象、長頸鹿、斑馬、水牛、羚羊、猴子等等。但都沒有看到非洲老虎、獅、豹這一類兇猛動物的出現與追逐獵食情景。雖有些失望，不過事後想想，沒有看到真好，否則又要為那些弱者的下場而感到嘆息、難過。

第七天上午，我們在科學工業研究委員會資訊中心聽取對方簡報，討論雙方可能的技術合作、資訊交換與人員互訪，並拜見科學工業研究委員會副主席Dr. Van Deventer。晚間，特為我們安排一場晚宴，是設在郊區一輛火車上的餐館，名稱叫「One-O-One」。此餐館提供101種動物肉為主食的菜餚，是自助餐方式。當時，我國駐南非大使館人員亦應邀參加，並在餐會上致詞，祝賀兩國間的科技研發資訊交流合作，共同促進雙方的經濟發展與人民福祉。

這趟南非之行，除使我瞭解到這個國家的現代化進展外，也讓我體會到其深埋的種族隱憂。黑人與白人之間的政治地位、貧富差異、文化、生活水平及所受的待遇等等。再回顧該國歷史，從1448年葡萄牙航海家迪亞士發現好望角起，原住民與殖民間衝突，殖

民與殖民間的戰爭，數百年來一直沒有停息。現在實施的「黑白分離」政策，已不適合時代潮流，在統治上似乎已到窮途末路，不久的將來，南非政局將會面臨大的轉變，我深為這些新認識的友人感到憂心。祈望未來能和平、寬容，所有的種族都能平等融合相處，讓這個美好的國家繼續發展下去。這項合作計畫在1989年2日25日正式在台北簽約。

9) 一次多難的莫斯科、東歐之行

這是較長、而充滿新奇的一次公務行程，要到蘇聯莫斯科（Moscow）去參加1991年8月19-23日的「國際圖書館協會與機構組織聯盟」（International Federation of Library Associations and Institutions, IFLA）第57屆年會大會及拜訪蘇聯科學研究院（Soviet Academy of Sciences）的科技資訊部門，結束後順道參訪東歐幾個國家，整個時間是半個月。這時蘇聯尚未解體，但已經開放旅遊、觀光及經商。蘇聯為簡稱，其全名為「蘇維埃社會主義共和國聯盟」，屬邦聯制，共有15個國家參與，成立時間是1922年12月30日到1991年12月26日解體，延續70年之久。1945年，二次大戰結束後，蘇聯與美國同為世界兩個超級強國，蘇聯代表共產主義國家，而美國則是代表資本主義國家，形成東西方兩大陣營，雙方時有衝突。如1950年代的韓戰、後來的越戰及阿富汗戰爭等等，都給世界人們帶來恐懼與不安，尤其是在亞洲自由地區的人們倍感威脅。

這種情形一直到1985年，戈巴契夫（Mihail‧Sergeerich‧Gorbachev）上台接下蘇聯共產黨總書記及總統職位之後，他就開始致力於經濟和政治改革工作，並廢除半世紀以來共產主義的各種嚴苛管制，學習西方推行民主及自由化，消除當時東西兩大陣營的

冷戰對峙，免除了全世界人們對共產制度的威脅陰霾，也讓鐵幕國家人們嗅到自由世界氣氛的可貴。戈巴契夫就在這短短幾年間改變了世界，成為當時世界上唯一耀眼的政治明星，除贏得諾貝爾和平大獎外，也贏得全世界人們的高度讚譽。

我國代表團由圖書館、資訊單位及各大學校院有關教授與眷屬等40餘人組成。此行，我除參加會議之外，另一個主要任務是拜訪蘇聯科學院屬下的科技資訊部門，以及邀請其主任前來台灣參加我國1992年3月18日舉辦的「國際資訊發展新趨勢研討會」，講述蘇聯科技資訊的未來發展，他也同意前來，並約定這次在莫斯科見面及參訪其資訊部門。

我們這個代表團於8月15日由台灣乘荷航班機飛阿姆斯特丹再轉機到波蘭的首都華沙，預計在這裡停留兩天，等飛莫斯科班機。來到波蘭讓我想到幾位歷史上的著名人物：一位是文藝復興時期的天文學家哥白尼，他的《天體運行論》衝破了當時宗教的層層嚴厲枷鎖，揭開了科學革命的序幕；另一位是頗受世人敬仰的音樂大師蕭邦；以及發現鐳元素的居禮夫人，都對後世作出極大貢獻。在華沙停留期間，帶團的旅行社安排了不少節目，我們參觀了波蘭總統府、蕭邦出生的莊園、居禮夫人的居所、史達林式建築博物館、納粹屠殺猶太人的紀念碑與送往集中營屠殺的「不歸門」，令人想到當時情景，真有不寒而慄的感受。

波蘭在歷史上是個悲情的國家，常常被強鄰侵佔、併吞及瓜分，波蘭人有一肚怨氣難伸。至今，波蘭人不論身在何處，國內或移民國外，每個人都有一份堅強的團結愛國心。就連蕭邦這位舉世聞名的音樂大師在1849年於巴黎去世時，還囑託要把心臟運回波蘭安葬，以示心向祖國。我們在華沙參觀「聖十字大教堂」時，我與內人特面向這位大師的「心臟安息之處」致上最高敬意。

攝於波蘭華沙蕭邦公園。

　　8月17日下午，原定飛往莫斯科的班機不知什麼原因取消了。旅行社領隊朱有恭副總一個下午都在與當地航空公司交涉飛機問題，顯得很焦急。當時在蘇聯控制下的東歐，個個國家都面臨經濟崩潰，人民貧窮，交通設施落後，可說是一切都不上軌道。班機時有、時無，根本無法按照行程，讓大家真實瞭解到鐵幕國家情形，一切都難以掌握，我們這一團人只有默默等候消息。傍晚，下著濛濛細雨，望眼窗外，昏暗的路燈與冷清的街景，讓人頗感孤獨、淒涼，好像處身在另外一個遙遠無助的世界。七時許航空公司電話通知，要大家立刻趕到機場，飛機預定八點半起飛，這是專為我們這一團臨時找的一架包機，終於能夠成行。飛機是一架中型，看起來已經老舊，屬蘇聯早年所製。天空下著細雨，飛機在黑暗的跑道上加速衝刺起飛，整個機身都在劇烈震動，好像要散掉一樣，嚇得大家都出了一身冷汗，我緊緊握著內人的手，內心在默默祈禱，願上帝保佑大家這趟行程能夠平安順利。

　　我們晚間十點半到達莫斯科國際機場，入境時遇蘇俄海關人員多是年輕、面帶微笑，講著俄國腔調的英語，顯出非常友善，歡迎我們，讓我至感意外！不像以往書本上、新聞報導上對俄國人的粗暴負面印象。也許是我們來參加國際會議的緣故，這是一種特別禮遇吧！當時，莫斯科國際機場設施陳舊，衛生很差，指標也不清楚，多是俄文，讓國外來的人連「洗手間」都找不到。只聽遠處兩三位年輕「背包族」大聲在叫：「聞著臭氣走，你們就找到洗手間了。」讓人好笑、又有趣。

　　到達旅館已是深夜十一點多，天空黑暗，又下著毛毛細雨，視線不清。旅館前面正在修路，地面高低不平，內人一不小心，只聽「卡叭」、哎呀一聲！摔倒在地上，腳足處立刻腫了起來，這下不僅是我，也讓全團的人都吃了一驚！由兩位年輕團員立刻把她抱到旅館大廳。我向旅館服務檯人員要求設法找位外科醫生。這個旅館很大，名稱是Cosmos Hotel，在1980年莫斯科舉辦奧運會時為運動員所建，談不上品質，只是房間多，住人多而已。但旅館的醫務部門都有內、外科醫師值班，簡單救急藥品相當齊全。幾分鐘後，旅館醫師趕來，是位女士，五十多歲，身材不高，有些微胖，聽她講話，頗有專業水準。她蹲下來按住我內人腳踝處上下、前後、左右搖動幾下，再仔細摸著腳骨關節估量後，很肯定的說：「骨頭沒有斷，只是扭傷。」她用隨身帶的繃帶將受傷之處包紮，並說「今晚先用冰敷，吃點消炎止痛藥，明天一早到醫院去照X光。」一聽醫生這樣講，讓我放心不少。第二天是星期六，醫院都不上班，而且在莫斯科人生地不熟，語言、交通都是問題，東南西北都弄不清楚，既然骨頭沒有問題，決定先在旅館休息一天，再作決定。次日，大家都出去參觀莫斯科紅場、聖巴西爾大教堂等名勝，我與內人留在旅館休息，電話也撥打不到外邊，房間內也沒有電視，與外

界一切隔絕，心中想想停在鐵幕國家實在不便，又想到目前遭遇的問題，心情十分複雜。我與旅行社領隊朱副總商量希望能買到機票我們先返回台灣，得到的答覆是「根本不可能」。到了下午，我與內人檢視腳傷，發現腫脹處消了很多，疼痛也減輕了，給我們心理上減輕不少壓力。當晚，很多團中同仁來看我們，給我們鼓勵，說：「睡在床上也是痛，不如明天向旅館借個輪椅，坐在輪椅上大家輪流推，可以看看這個神祕的國家與難以一見的景緻。」這些勉勵的話，讓我們提振了精神、勇氣。我沒有等到明天，就在當晚去借了一張輪椅，在房間內上下試了兩次，果然是個好辦法。

第三天內人忍著痛，我們隨團出遊，俄國的地陪人員是個年輕的小伙子，會講英語與簡單中國話，很友善，主動要來推輪椅，而且走在隊的前面。今天是大會報到日，我們一早先向大會報到，領取資料後，就去參觀舉世聞名、難得一窺真面目的「克里姆林宮」（Kremlin）。依據當地導遊解說：克里姆林宮是位於莫斯科中央行政區內，南向莫斯科河，東接聖巴西爾大教堂與著名紅色廣場，西面接臨亞力山大花園與無名烈士墓，形成一個大三角形地帶，有宮牆圍繞，內有四座宮殿、四所大教堂及十九座塔樓而形成一個不同時期及各種型式結構的一個大建築群，也是歷代帝俄時期皇家的宮殿與施政之處。我們從三聖橋塔樓入口處進入，兩邊有六、七位衛兵維持秩序，看內人坐著輪椅，後面又有許多身穿西裝掛著參加會議牌子人士，立刻哨聲一響，一位值班軍官高呼其他遊客讓開！讓開！還向我們團體敬了一個禮，我們就這樣「堂而皇之」進入，參觀了克里姆林宮。

下午去看聞名已久的莫斯科地鐵。地鐵入口處人很擁擠，下地鐵站時，扶手電梯速度很快，而且斜度又大，三、四個年輕小伙子抬著輪椅下去，四周的人都在看，也很有禮貌的讓路給我們。莫斯科地鐵

培琳腳傷未癒，坐著輪椅、忍著痛來看當時
神秘而有權勢的克里姆林宮，並在這裡留下
這張值得回憶的照片。

站果然名不虛傳，有水晶大吊燈、壁畫、雕像等，像是進入宮殿一
樣，是我所見過最豪華而有深度藝術感的地鐵站。晚間，在莫斯科
西南郊外晚餐及看哈薩克族表演。約八時許，忽聽莫斯科電台用
俄、英語緊急廣播：「莫斯科市區十一時開始宵禁，人車管制。
逾時在外逗留人民，一律送警察局拘留所看管。」領隊與當地地陪
立即要求大家上車趕回旅館，沿途有人大叫：「Coup！Coup！」
（政變！政變！）使我們深為驚駭，這次莫斯科行真是多災多難。

　　回到旅館，大廳電視前擠滿人在看新聞，我們聽不懂俄語，只
有看CNN的轉播：「莫斯科正在發生軍事政變，軟禁了戈巴契夫；

另一股勢力葉爾欽⋯⋯。」使我們一夜難眠。第二天早上，街上重
要路口都有軍人及戰車把守，對行人沒有太多阻攔，市區還算平
靜。當天IFLA會議上，蘇俄內政部長作貴賓致詞，曾強調絕對會保
護大家安全。但與會人員仍是心情難安，使大會有些凌亂、無措。

　　我此行的另一個任務是拜訪蘇聯科學院資訊部門，原訂當天下
午前往，早上我曾多次電話聯繫對方，均無法接通，所有政府機關
都停止上班，對方在這種情形下也不敢同我聯繫，讓我這次前來至
感失望。次日，我們全團都停止原定行程，多自行到街上看運兵
車、戰車、崗哨，感到很新奇。每個主要街頭都有很多看熱鬧的
人，在街上疾駛而過的戰車，上面都插著俄羅斯的三色旗，大家都
說：「這是葉爾欽的軍隊來保護莫斯科的！」使看熱鬧的人更感

遠眺，林深處有高頂尖塔的地方都是克里姆林宮範圍，美麗、壯觀、運河寬闊、水質
清淨、沿岸整潔，不失為大國之首都要地。

興奮。我與內人同大家也來到街上，看到不遠處就是「列寧圖書館」，這個國家性圖書館並未因政變關門，只是門口警衛身佩武器，加強管制而已。我們走到大門口經詢問後，可以進入參觀。我要內人與團中同仁在車上等我，我一人進入館內，除了見到一、兩位工作人員外，整個館內沒有看見有人參觀、閱覽，我想都是政變原因。我僅在館內逗留約十餘分鐘，只是在珍藏部展示櫃及上樓入口處匆匆看了一下，立即趕回車上與團中同仁會合。身在異鄉，又逢動亂，真讓人處處要提高警覺，一點不能大意。

　　8月21日早上，我們乘機飛往列寧格勒（Leningrad），即後來改名的聖彼得堡（Saint Petersburg）。這裡是蘇俄第二大城，人口有400多萬，位於波羅的海芬蘭灣東端，是蘇俄海路通往歐洲的重要門戶。這座著名的大城，為彼得大帝在1703年開始興建，並以東正教聖徒彼得的名字為其命名，稱為「聖彼得堡」。1712年，彼得大帝將首都由莫斯科遷往這裡，一直到1918年，俄國十月革命成功，才將首都又由聖彼得堡遷回莫斯科，中間歷時200餘年。聖彼得堡也曾多次易名。1914-1924年間更名為彼得格勒（Petergrad），這是因為在第一次世界大戰中，德、俄雙方為主戰國，俄國人不喜歡再用德語中的「堡」（burg），而改用斯拉夫語的「格勒」（grad）。而1924-1991更名為列寧格勒，在1991年12月蘇聯解體後，始改回它的原名。

　　這座城市在帝俄時代的刻意建設下，是一個非常亮麗而現代化的都市。在我讀俄史的瞭解中，彼得大帝可算是一位雄才大略的君主，在位期間對俄國政治、軍事、經濟、教育、工業科技等等，均有計畫的從歐洲先進國家中學習、引進及全面革新。猶如後來1860-1880年間，日本明治維新的西化改革運動，為俄國的「富國強兵」政策，奠下了重要基礎。也因此，彼得一世在俄史上被尊稱

「大帝」君主。

我們在聖彼得堡停留兩天，曾乘高速汽墊船由市區去參觀冬宮，這裡曾是俄羅斯沙皇時代的宮邸，周圍有著名的埃爾米塔吉博物館（Hermitage Museum）、歌劇院、軍事參謀總部、皇宮大廣場、亞力山大紀念柱及大拱門等，雄偉壯麗，顯示當時沙皇時代的國強民富。這些建築在俄羅斯也是最具代表性的一個建築藝術群，而且皆出於18-19世紀義大利、法國等歐洲著名設計師之手。原安排要去參觀聖彼得堡最有歷史的一所工藝學院，亦因這次政變，人心不安而作罷。

次日清晨，我與內人步行到離旅館前不遠處的列寧格勒保衛戰英雄紀念碑（Monument to the Heroic Defenders of Leningrad）附近，這座紀念碑雄偉、壯觀，有浮雕景象及陳列館展示二次大戰時期，德國大軍曾在這裡圍城900天，斷糧、斷水，軍民被凍餓而死者近70萬人，受炮火死亡者有數萬之多的艱苦奮戰抵抗情形。由於受困軍民的合作團結、力戰不屈，終於1944年1月獲得解圍，德軍敗退，列寧格勒也因這場殊死之戰而獲選「國家英雄城市」。

我們離開列寧格勒，下一站是去匈牙利的布達佩斯（Budapest），這是一座多瑙河畔的歷史名城。匈牙利位於歐洲中部，是一個內陸國家，早期羅馬帝國強盛時為羅馬一個行省，羅馬滅亡後，各地民族紛紛陸續遷入，戰亂頻起，延續數百年之久。一直到9世紀，東方一支游牧民族馬扎兒人（Magyar），不知何種原因，從烏拉山西麓和伏爾加河一帶，向西遷移，約於9世紀末來到多瑙河盆地安居下來，由於這支東來的游牧民族，個個都是馬上英雄，驍勇善戰，結束了這一地區的紛爭，建立了這個國家。匈牙利這個名詞，古時在我國歷史中稱為「馬扎兒」，多認為是匈奴、突厥等的一個分支。但，至今西方學者研究，匈牙利人既非印歐族系，亦非匈

奴、突厥後裔。到底屬何族系？源自何處？至今在人類學研究上仍無確切定論。

我與內人這次來到匈牙利，除參觀多瑙河上著名的鏈橋、國會大廈、大教堂、布達城堡與古羅馬時期留下的溫泉澡堂外，最有興趣的是想實地瞭解，匈牙利人到底自己認為來自何方？我們詢問過各行業中的老、中、青年們有關他們的祖先來自何處？他們的答覆幾乎都是「東方」，並有著光榮歷史，不少人也到東方來過「尋根之旅」。

有關這個問題經過十餘年後，一個偶然機會，讀到一位國人學者朱學淵先生在2004年10月網路上發表一篇文章，標題是：〈匈牙利人與女真同源〉。朱先生的研究重點在匈牙利語的修辭、語法和韻律、字源等等都與中國北方諸民族的語言有相似之處。而且指證甚多，肯定匈牙利人是女真的一個支派，在唐朝末年群雄割據、大混亂時離開東方而西去。

匈牙利人有著天生的喜愛自由，並帶有原野草原牧人的粗獷與豪爽，頗有中國北方民族的風格，無形中增加了我們與匈牙利人民間友誼與情感，交談起來更加友善、親切。讓我們在這個多瑙河畔的歷史名城度過愉快的兩天。這種感受，講起來也許是千里之外，遇到都擁有大中華民族血統的緣故吧！記得小時候讀過一首詩，據說是出自一位匈牙利青年所寫：「生命誠可貴，愛情價更高；若為自由故，兩者皆可拋。」用詞簡單，意義非凡，讓人難忘。此次歐洲之行，我們對這個非印歐民族國家的印象最為深刻。

此行以後幾天，我們沿途看了維也納、捷克的布拉格、東德的萊比錫、東、西柏林等地的圖書館及資訊單位後，於8月底返回國內。這次最大的遺憾是遇到蘇俄政變，攪亂了所有行程，也失去了參訪「蘇聯科學院」的機會。後來由於蘇聯解體，人事更迭，次年

3月在我國舉辦的研討會改由Dr. Sc. Valentina A. Markusove前來出席報告。當時，該組織已改為Russian Academy of Sciences。

10) 赴西班牙參加FID會議

　　1992年10月下旬，國際資訊與文獻聯盟（International Federation for Information and Documentation, FID）第46屆年會大會在西班牙首府馬德里（Madrid）舉行。大會理事長Dr. Launo，芬蘭人，一年前我們在美國一次集會上相遇，我向她介紹過台灣及我們的現代化資訊服務，她深感興趣，希望有機會來我國看看，也希望我將台灣的自動化資訊服務建構經過、實施情形提FID下次大會上發表，供其他國家及地區會員參考，尤其是中、英文雙語並用系統處理技術方面。FID是兩年舉辦一次的大型國際性研討會，參加的國家、地區、會員眾多，我們中心也是FID會員之一。次年，我報名參加，

在FID大會宣讀論文並解答問題。

並申請發表論文摘要一篇，寄大會籌備處，約三個月後，通過評審，大會並邀我出席發表。

10月中，行程確定後，我即刻聯繫西班牙科技工業部屬下的科技工業資訊中心主任Dr. Rosa de la Viesca，約定10月25日前往拜訪及參觀其中心。Dr. Viesca主任我們在歐洲開會時認識，她在歐美資訊界人緣很好，也是位活躍人物。10月23日晚，我從台灣乘華航班機飛到荷蘭的阿姆斯特丹，然後再轉機到馬德里。在登機時遇台師大校長梁尚勇先生（早年曾任教育部次長）與台大校長孫震先生，也同機飛往歐洲出席會議。他們兩位都是我早年在教育部及經建會工作時的長官，多有接觸。

我到馬德里後，次日上午Dr. Viesca主任來旅館接我，前往其中心參觀。他們的出版品都是西班牙文，除本國外，還有大部分推銷到南美及非洲等西班牙語國家，英語出版品不多，自動化服務起步較慢，才剛剛開始。順便我也邀請她明年三月間來台灣參加我國的科技館際合作組織年會大會，介紹西班牙的資訊蒐集、處理及服務。下午，我國駐西班牙代表處黃秘書接我到代表處拜見張代表，並向張代表報告我這次來馬德里參加FID的會議及參觀西班牙政府科技資訊中心情形，同時也提及Dr. Viesca主任明年三月將到台灣參加我國的科技館際合作組織年會大會，初步已經決定，她是首次到亞洲國家，屆時請代表處能主動給予簽證協助，而且她的夫婿是現任西班牙國會議員，將來也許對代表處有所幫助。

10月26日清早，代表處黃秘書開車帶我去參觀「托里多」（Toledo），在馬德里西南邊約70公里處，位於山丘上，是西班牙一座古城，建於羅馬時期。中世紀時，為卡斯提亞王國（Reino de Castilla）的首都，先後延續數百年之久，其文治、武功在西班牙及早期歐洲都有一段輝煌歷史。當時，托里多也是東西方學者匯集

及學術思想交流的一個主要地方。在1561年時，國王腓力二世將首都由托里多遷往現在的馬德里。

托里多古城擁有哥德式、巴洛克式等歐洲早期建築的教堂、修道院、王宮、街道、市集、城門等，仍保持著原有風貌，而且非常完好，現在已是西班牙的重要觀光景點之一。1986年，托里多已列入聯合國世界文化遺產保護，這次有機會來此遊歷，真感謝黃秘書。我們在這座古城中參觀了教堂、王宮，穿越古老、狹窄的大街小巷，彷彿回到了西方的中世紀時光。回程時，我們又看了馬德里市區附近的王宮及大十字架山，並觀望山下的修道院。看到這些地方也讓我想起海明威的名著《戰地鐘聲》（For Whom the Bell Tolls），描述1936-1939年間西班牙的內戰，這些地方在當時可能都是炮火連天的戰場。這本書在1943年，又由好萊塢拍成一部烽火戀情、至為感人的電影，使人記憶深刻。

次日，我向大會報到，看會場場地，遇大陸與會代表，我想又是一場不可避免的爭執。這次，也真出我意料之外，不但沒有像上次在漢堡會議時的不愉快，而且還非常友善交談。這位帶頭的是大陸科技部下科技情報研究所國際合作處長，姓趙，是位女士，講話、處事很有修養與風度，讓人尊重。大陸科技情報研究所性質與我們中心可說完全一樣，當時這個機構有2,000餘人，總部設在北京，各省市都有分支單位，出版品很多，我對這個機構雖無接觸，但從側方瞭解十分清楚。1991年時，李國鼎資政及國科會都有意讓我去趟大陸，看看大陸科技方面研發情形及引進這方面資訊。後因我是單位主官，職等又超出政府規定，行政院也不會核准而作罷。不過，此時我們中心已透過國內書商在大陸代為購買其政府與學、研機構出版的學術研究期刊、報告等有300多種，陳列展示在我們中心14樓，供各界研究人士參閱。其中極少部分經我們加

註後，以「藍皮」封面重印出版，分送國內各有關單位參考（註：
Information一詞，我們譯為資訊；大陸與日本則譯為情報）。

10月29日上午，輪我上台報告〈Sci-tech Informtion Processing
and Services in Taiwan, ROC〉（中華民國的科技資訊處理與服
務）。這一小組有60餘人參加，大陸科技情報研究所的趙女士也參
與我這一組的討論，並主動協助幫我分發資料，令人感激。會議結
束時，我贈送一件小禮物，表示答謝，因上面印有中華民國（The
Republic of China）字樣，我也特別提醒她，以免回國後增添不必
要的麻煩。她說：「咱不怕，政府這兩年都放寬了。」這時，美國
工程文獻索引（EI）公司負責人Dr. John Regazzi，我們在美國曾有
多次見面，與下屆FID大會主辦國日本的負責人前來同我商議，希
望我擔任FID理事等職務，協助下屆在亞洲舉辦的FID大會，由他們
聯名向大會提議。我因考慮很多實際問題，如將來出席會議，以及
代表國家名稱等，都是難解問題，我均婉拒，並謝謝他們的好意。

會議結束當晚，代表處張代表邀我晚餐，時間是晚上十點半。
我把請帖看了幾遍，認為可能是寫錯了時間，我又打電話向代表處
詢問，才知道西班牙人的習俗，晚間十時到次日清晨一時市區是最
熱鬧的時刻，一般正式應酬多在這個時候。我們約深夜十二點吃完
晚飯，馬德里繁華的街頭仍是人來人往，優悠自在，餐館、酒吧、
舞廳、咖啡店等都是高朋滿座，我雖然去過不少國家，走過不少地
方，但像這樣的夜生活還是首次遇到。這次來到馬德里讓我真實體
會到西班牙人的豪邁、熱情及生活步調。次日上午，代表處黃秘書
送我到機場，算是結束這趟西班牙之行。

回程路上，我一直想著這個早年甚為兇悍的帝國，從15世紀
末興起、在16-17世紀強大時，曾經稱霸歐陸、殖民拉美，掠奪、
殺戮，並毀滅了馬雅文明，一直到19世紀末的1898年，美西戰爭

（Spanish-American War）一役，西班牙戰敗。最後，被迫把加勒比海、拉丁美洲，以及太平洋的關島、菲律賓等所有的廣大屬地全部割讓予美國。從此，這個國家在國際的大舞台上走向沉寂、沒落。而美國也從此壯大了自己，把勢力伸展到中、南美洲與亞太地區，又形成了一個新的霸權國家。

我回國後，除致函感謝我國駐西班牙代表處外，並以中華民國科技館際合作組織協會理事長名義正式邀請Dr. Viesca前來與會，亦將邀請函副本同時電傳代表處請給予協助。Dr. Viesca在1993年3月來台，在年會大會上介紹了西班牙「科技資訊的處理與自動化服務的進展」。會後，一個多月，外交部一份公文給國科會，轉述駐西班牙代表處的致謝函，內文是：「西班牙國會議員Mr. Viesca夫婦邀請我國代表參觀西班牙國會，並設午宴款待，以感謝我國代表處給予Dr. Viesca前來我國出席會議的協助等等」。

11）我國與加拿大國家研究院的資訊合作協商

1993年秋，國科會轉來我國駐美國舊金山辦事處科學組函一件，述及加拿大國家研究委員會（National Research Council, Canada）之下的科技資訊中心（Canada Institute for Scientific and Technical Information）有意與科資中心作資訊交流，希望我能安排時間前往訪問，以促進雙方資訊合作及加強友誼。這時，國科會與加拿大國家研究委員會已簽訂很多科技研究合作項目，也不斷安排加拿大國家研究院人員參觀我中心的網路、自動化業務處理，以及與國際間的資訊交流等等。國科會也希望我在適當時間前往參訪加強雙方關係。後經舊金山科學組張和中先生聯繫，加方資訊中心主任Ms. Margot Montgomery來函邀我前往。我於1994年4月26日從台北飛溫哥華，然後再轉國內班機飛渥太

華（Ottawa），這又是一次長途飛行，由西到東橫越太平洋及北美大陸，當飛機抵達渥太華時已是晚上深夜。這裡是加拿大首都，時序即將進入五月，氣溫仍低，地上積雪有些未化，北風吹來頗有寒風刺骨感覺，後悔來時沒有帶件厚的風衣。入境後，我國駐加拿大代表處教育組張組長在機場接我，在送我去旅館途中，張組長告訴我新安排的行程，明天早上讓我在旅館多休息，十一點時他會來接我去代表處拜會袁代表，並說袁代表有事要同我商量。

次日上午，我準時到達代表處，與袁代表見面。袁健生代表早年畢業海軍官校，擔任過駐美武官，1979年中美斷交後離開軍職，正式進入外交界，曾任外交部北美司長等職。我們是初次見面，袁代表平易近人，姿態很低，講話與討論事情都很穩重，條理分明，有學者風範。當時我們討論三件事情：一是我向他請教，這次到加拿大來的主要任務與拜訪的單位，請代表給予意見及指教；二是袁代表希望我回國後向國科會主任委員報告，加拿大極需設立一個科學組，協助解決這邊有關科技方面的問題；三是在我離開前與渥太華當地僑學界部分人士作次座談，希望盡我所能答覆他們的一些有關問題。

中午與袁代表午餐，有教育組、商務組及新聞組長等相陪。談及加拿大這個國家，真是地廣人稀，土地面積有997萬多平方公里，是世界第二大國，而人口僅有3,300多萬，平均每平方公里人口密度不到3.5人，而且人口多集中幾個大城市中，如多倫多、溫哥華、蒙特利爾、渥太華等，多靠近南邊美加邊境之處。其他偏遠省份地區，人口極為稀少，冬季又酷寒，在那裡的學人、台灣來的新移民，精神上更顯得非常孤單。代表處自設立以來，業務一直增加，遇到許多科技方面問題，必須傳回國內，找尋有關單位處理，輾轉費時，非常不便，希望在加拿大能盡快增設一個科學組。當

時，我也以肯定語氣向袁代表報告：這個信息我一定會當面向郭南宏主任委員轉致，同時建議袁代表將此意見也向外交部反映，雙方同時進行，促成這個科學組的成立。

4月28日上午，教育組張組長陪我前往加拿大科技資訊中心，拜會Ms. Montgomery主任，聽取該中心三個部門簡報及參觀該中心作業。瞭解到這個中心業務除加拿大國家研究院範圍外，實際上多與美國簽有資訊共享及北美優惠方案，與其他國際性合作、交流不多，也沒有像我們中心主動提供全國性的服務。當時我也帶了一份我們中心的英文簡介錄影帶，當場播放給Ms. Montgomery主任及其中心人員觀看，以瞭解我方全部情形。雙方曾就可能領域交換意見及未來人員互訪作討論。我並邀請Ms. Montgomery主任明年初來台灣訪問及參加三月間的館際合作組織年會大會。中午，與該中心同仁一同午餐。

28日，當天晚間與僑學界有一場餐會，由代表處安排，其中有在大學任教、有在加拿大政府擔任公職及自行創業人士20餘人，個個都擁有高學歷，都是國內去的新一代移民。張組長陪我前去時，在途中並告訴我今晚出席餐會人員性質及可能談及的問題，要我多有耐心。我也告訴張組長，今晚的聚會我能答覆的盡量答覆，不能答覆我可以轉達國科會協助，應是一場愉快的聚會，不要過度擔心。我們依照時間準時到達，在餐會上張組長首先介紹我給大家認識，再一一為我介紹與會人士，第一位介紹的是在加拿大政府做事的林礦局局長洪博士，讓我立刻想到郭南宏主委以前曾對我提起過，他有位學長很優秀，移居加拿大現任政府官員，應該就是這位洪先生，他就坐在我旁邊。待一一介紹完後，我很婉轉、低姿態的向大家說明我的過去經歷，在1970年代初期，我也曾隨著早期留學潮到美國讀書及工作一段時間，1972年回國服務於教育部，協助建

上：拜會袁代表，合照於代表處。
下：同袁代表商討與加拿大未來可能的合作事宜。

立技術職業教育體系及籌創國立台灣工業技術學院，曾任創校教務
長多年，1984年任職經建會協助規劃全國人力資源，前幾年調職到
國家科學委員會，這次應邀參訪加拿大國家研究委員會的資訊部
門，商討未來雙方可能合作交流事宜，也是我首次到加拿大來接觸
政府機關，對這邊並不熟悉。前天袁代表與我談起，加拿大代表處
極需增設一個科學組協助解決這邊的問題，要我回去後向國科會轉

達。同時，袁代表也會向外交部反映，雙方面進行，應該會很順利。今晚我很榮幸有這個機會在這裡認識各位，我也想請各位在今後與加拿大的交往給我一些指教。

　　接下來，我把話題轉向洪局長，聆聽他的高見。他在渥太華德高望重，頗受當地僑學界敬仰。洪局長講話溫文儒雅，談及僑學界，盼望政府多加關心，希望科學組能早日設立及讓這邊僑學界瞭解國內科技發展現況。當晚的聚會可說是輕鬆愉快，沒有拘束，盡情交談，涉及很廣，有關國內人口出生率下降、人口老年化、教育、經建、科技等等無所不包。但重點仍在設立科學組，希望出版一份通訊（Newsletter），把國內及加拿大、美國信息結合起來。聚會結束，回程途中，張組長講：「真沒有想到，今晚大家談的這麼高興。」

　　4月29日上午，張組長陪我前往渥太華大學（University of Ottawa）拜會教務長，聽取該校簡報。渥太華大學創於1848年，為北美最早雙語（英語與法語）教學的一所高等學府，而且在學術研究方面亦頗具聲望。並由助理館長Mr. LeBlanc陪我參觀圖書館，介紹ORBIS自動化服務系統。中午，由我與代表處教育組張組長聯名設宴邀請Mr. LeBlanc及Ms. Montgomery主任共進午餐，並致意答謝。下午，向袁代表辭別，結束我在渥太華之行，乘加航班機西飛溫哥華再轉機回國。

　　回國後，我將此行向郭南宏主委及謝長宏副主委除口頭報告外，並提國科會主管會報，有關在加拿大設立科學組一事，經討論後確認有此需要，並經郭主委指示國際合作處籌劃向外交部申請。我即將此信息以電傳方式向袁代表報告，也提及請代表處向外交部請求，同時進行。一年後，1995年我國駐加拿大代表處科學組正式設立。

第14章　科資中心特殊紀要

1）科資中心20週年慶與舉辦亞太10國科技資訊研討會

　　科資中心為早年吳大猷先生任行政院國家科學委員會主任委員時，為提升國內科技研究與工業研發水準，於1973年3月在南港中央研究院院區成立「科學資料中心」，後改名為「行政院國家科學委員會科學技術資料中心」，於1974年3月1日正式奉行政院會核定，初設三個組及秘書室、會計室、人事室等行政部門，人員編制53人。至20年後的今天，由於業務範圍的擴大，新增資訊組及約聘人員已至130餘人，為國家科學委員會下一個獨立單位，執行著「國家性科學技術資料中心」的任務。

　　科資中心20年慶，經中心同仁研商訂於1994年2月底3月初舉行，同時舉辦「21世紀亞太國家科技資訊服務新展望」（Towards the 21st Century：Sci-Tech Information Services in Asia-Pacific Countries）研討會，邀請亞太地區南韓、日本、美國、紐西蘭、澳大利亞、菲律賓、新加坡、印尼、馬來西亞、泰國十個國家的科技資訊單位參與，並發表專題論文。同時擬計畫邀請當時聯合國教科文組織（UNESCO）秘書長Mr. Federico Mayor前來參加，擔任大會貴賓與主講人。我知道機會不大，但還是想試一下，看看這個組織能夠作何種反應。屆時，與我們的館際合作協會新改組後第三屆年會大會一起合併舉行，有大小300多位圖書館及資訊單位負責人參加。這一計畫經過籌備小組多次研商，最後始定案。於1993年7月5日，

我以「中華民國科技館際合作協會」理事長名義，致函邀請聯合國教科文組織秘書長Mr. Federico Mayor。8月3日UNESCO回函，由助理秘書長Mr. K. Nhouyvanisvong代為回覆，文辭委婉說明，因與政府間無邦交關係，無法派代表前來參與，UNESCO希望能收到會議後的論文集，並祝大會順利成功（如附錄三，UNESCO回函）。

讀回函後我並不失望，能有這樣回答已經不錯，因UNESCO有其基本的國際原則，這次去函邀請只是一種試探性質，並沒有抱很大希望。但沒有想到的事，是UNESCO把這封邀請函轉到其駐泰國的亞太地區辦事處Ms. Delia E. Torrijos，她的職位是PGI Regional Advisor, UNESCO/Bangkok, Thailand，突然與我聯繫，言及屆時她會代表UNESCO出席大會並作有關報告，讓我感到非常意外。她於1994年1月31日在泰國曼谷我國代表處申請入境簽證遇到困難，她電傳中告知，我們駐泰國的代表處不能簽，要請示外交部得到許可才可以，要我盡快協助解決。我曾電話詢問我國駐泰國代表處是何種原因？負責簽證組的回答是：「她用的聯合國公務護照，代表處無法簽，需請示外交部給予指示。」我又與外交部的負責單位聯繫，才知道自1971年10月我國退出聯合國組織後，即失去邦交。從那時起，再沒有持聯合國公務護照的人入境簽證，目前外交部正在為此事研商，原則上會做放寬處理，很快即可決定。

Ms. Delia E. Terrijos以UNESCO駐亞太地區顧問身分於2月27日順利來到台北參加會議，其他國家有來自澳大利亞國家科學工業研究院（CSIRO）資訊部主任Ms. Jinette de Gooijer、紐西蘭工業研究委員會資訊部門主任Ms. Lindsay M. Miline、菲律賓的Dr. Josephine C. Cison、新加坡的Dr. Ronnie Lee、馬來西亞的Ms. Saonah Shairi、印尼的Mr. B. Sudarsono、南韓的 Dr. Hong Shik Park、日本的Dr. Sumio Horiuchi、美國的Dr. John Regazzi等與會代表多經其政府機

上：20週年慶，貴賓吳大猷院長致詞。
下：亞太10國資訊研討會各國代表合照，前排左2為UNESCO
　　亞太地區代表Ms. Terrijos。

關選派推介，並發表論文。其中除泰國代表因趕辦手續延誤未能前
來外，其餘這些與會者幾乎都與UNESCO代表Ms. Terrijos熟悉，因
他們常有聚會。我國因退出聯合國後，20年來都未接觸。我們在國

際組織間雖被隔離，但並不算孤獨無依。這些年來，由於我國科技發達、工業進步、經濟成長快速及民主自由化，頗受國際注意與讚譽，這次亞太十國資訊會議能夠在我國順利召開即為明顯例子。

科資中心20週年慶安排了三個主要活動：一是在2月28日，邀請貴賓致詞者有前中央研究院院長吳大猷、國科會主任委員郭南宏、行政院政務委員王昭明及衛生署長張博雅；二是亞太十國資訊研討會安排在3月1-2日兩天，在中央圖書館國際會議廳，可容納300餘人出席；三是舉辦大會閉幕晚會及惜別各國代表。這場國際性會議一切進行圓滿順利，並獲UNESCO代表及九國參與者至高好評。

大會結束後，Ms. Terrijos返回曼谷辦事處，除來電感謝外，亦告知她的台北之行，大陸已經向UNESCO提出抗議。不過，事過之後，也不了了之，並囑不必為此特別介意。

2）首次與大陸科技資訊單位交流互訪

自1987年國內開放赴大陸探親，經過幾年後，政策逐步擴大，這時國內許多學術研究單位與民間組織與大陸相關機構人員交流互訪亦逐日頻繁。讓我想到大陸科技情報研究所的很多出版品，而且又與我們的性質相似，都在科技部、會之下，可說是對等單位。早年，李國鼎資政亦與我提及過，要注意大陸科技發展情形。

1994年春，我以中華民國科技館際合作協會理事長名義開始與大陸的科技情報研究基金會有所接觸，他們的理事長劉昭東先生也是大陸科技部科技情報研究所兼任所長。劉昭東先生曾任大陸科技部情報司長、派駐美國科學參事等職。我方首次選派代表是以協會顧問名義邀請宋玉先生與協會副秘書長游振宗先生前往。宋玉先生主修電機工程，美國史丹佛大學研究所畢業，曾任國科會駐美科學

組長、國際合作處處長等職，已退休多年，兼任中央圖書館自動化顧問。游振宗先生為科資中心資深研究員，負責中心合作事宜。他們此次去大陸訪問一切都很順利，也奠下了1995年3月12日大陸科技情報研究基金會理事長劉昭東先生率五人小組來訪，參觀我們中心。從此，為以後兩個單位間的交流互訪鋪下一條道路。

3）奉派外調，離別科資中心

1995年3月15日，奉國家科學委員會派遣前往美國芝加哥台北經濟文化辦事處擔任科學組長，主要任務是負責美國中西部的伊利諾、明尼蘇達、威斯康辛、愛荷華、印第安納、密西根及俄亥俄七州的學術界華人、美國科技研究單位及國家實驗室等的聯繫與服務。這項調動由去年九月開始，郭南宏主委與謝長宏副主委與我商量多次，希望我能前去加強該地區科學組的工作與人際關係。起先我並沒有意願，我對郭主委提及早年在威斯康辛讀書及工作時常到芝加哥採購日常生活用品，對芝加哥很熟悉，是一個又髒、又亂、治安又差的地方，每次開車經過市區都有些緊張。郭南宏主委早年在西北大學讀書，就在芝加哥市區東邊，知道的比我更清楚。他說芝加哥現在很漂亮，密西根湖的水也清了，密西根大街、中央公園、天文台、博物館等經過多年的整治，芝加哥已面目全新，治安也好了很多。

這項職務調動，改變為國科會駐外人員，配屬外交部駐芝加哥辦事處，亦是正式外交人員。這項人事調動需由我國外交部提出送到北美事務協調委員會，再轉美國在台協會及美國國務院批示，才算完成，費時約三個月。事定之後，郭主委讓我次年元月中旬先往舊金山及華盛頓D.C.科學組瞭解他們作業情形，回程時在芝加哥停

留三天，拜訪辦事處處長及看科學組業務，並考慮家眷來時的租屋居住問題。因芝加哥冬季很長，氣候酷寒，甚多不便，居家以距辦公室最近、方便為原則。在此短暫停留時，巧遇觀光局代表陳水源主任，為租屋事給我不少建議，並邀我至其府上參觀。他的租屋就在密西根大道上，是一座40層的建築，分割約200餘戶專作出租之用。管理尚稱不錯，租費比郊區House要貴，距辦公室僅一街之隔，不需開車，又在市區中心，非常方便。看後很滿意，就請陳主任代為費心安排。

在我離開芝加哥時，由原科學組王組長介紹費米國家實驗室參與Top Quark研究的華裔科學家葉恭平博士與我認識，葉博士也是帶領台灣去的高能物理研究團隊，常與科學組有聯繫，他在費米國家實驗室也屬於核心人物之一。他出生在台灣，讀完初中後，隨家人在沖繩，後在美國MIT攻讀高能物理獲博士學位，任職於費米國家實驗室，尤其在Top Quark實驗方面頗有傑出表現。葉博士並陪我一同到機場，讓我至為感謝。沿途談了很多Top Quark方面的新進展及台灣團隊來參與的情形，他是一位很熱心的研究學者。我回到台北之後，即向郭主委報告此行結果，建議科學組業務交接前，需請會計室派專人前往協助清理帳冊，再辦理交接，並獲同意。

1995年3月14日下午，中心同仁為我舉辦一個惜別茶會，令人感動不已。回想在這10年的相處，正逢資訊產業大革命時期，為改革中心業務，大家同心協力、手攜手、心連心，努力完成不少艱巨任務，感受過工作的困難、艱辛，也體會過工作完成的美好、愉快，這一切的辛勞、喜悅，都深深刻印在每位同仁心中。次日，辦理正式交接，由國科會主任委員郭南宏先生親自監交。新主任劉錦龍先生曾服務於行政院科技顧問室及國科會企劃處。交接儀式完畢後，同仁為我送別，從16樓走道到樓下大廳門口。十年相聚，不勝

依依，當我走出「科技大樓」上車揮手時，不禁熱淚盈眶，心中激動難以抑制。

　　20年後的國家科學委員會已於2014年3月3日改為科技部，而科學技術資料中心後來也以「科技政策研究與資訊中心」名稱，歸屬科技部主管的財團法人國家實驗研究院。在2014年7月間，中心同仁謝家平先生來到舍下，言及中心將於最近舉辦40週年慶，將出一本專輯，要我寫一篇回顧。我經思考後，除祝賀中心40年慶外，並將本書的第11章到14章所敘述的事蹟，摘其要者寫成回憶，主要說明我十年任期中的階段性任務，以及對中心全體同仁攜手努力的辛勞表達感謝，其原文刊載於國家實驗研究院科技政策研究與資訊中心40週年紀念專刊中。

第五篇

代表國家科學委員會出任駐美芝加哥辦事處科
學組長，服務美國中西部地區

第15章 赴美出任新職

1）接任駐芝加哥科學組長

　　1995年3月17日我與內人乘華航班機抵舊金山，國科會駐舊金山科學組張和中兄在機場接我們，預定先在這裡停留一晚，第二天再飛芝加哥。當天下午我們到史丹佛大學拜訪一位華裔教授，也是早年學長，以及參觀胡佛研究中心。史丹佛大學為國際知名學府，創立於1891年，屬私立，學校建築有特殊風格，為當時加州州長及鐵路富豪的Leland Stanford與其夫人Jane Standford所創設，並以

途中與培琳照於史丹佛大學。

他們去世的兒子Leland Stanford, Jr.而命名。1903年，美國老羅斯福
（Theodore Roosevelt）總統應邀參觀時，曾講道：「這所學校是
由美國風格的建築師精心設計，把古加利福尼亞式的風格表現出來
了。」2011年9月，史丹佛曾獲國際《旅遊與休閒》雜誌評為美國
環境最優美的大學之一。

　　次日中午到達芝加哥，由於陳水源主任的安排很順利住進
Doral出租大廈，就在芝加哥最熱鬧的密西根大道上，距辦公室僅
一街之隔，非常方便。3月18日，國科會派遣蕭主任秘書及會計室
趙科長來到芝加哥協助清查科學組經費帳目，經過兩天核對，釐清
帳目及責任歸屬後，3月20日辦理正式交接。至此，又展開一段人
生不同往例的新工作。

　　芝加哥科學組僅有組長、秘書及一位臨時雇員三人。秘書黃先
生是來自國科會工程處的一位資深人員。臨時雇員李小姐早年在台
灣師範大學音樂系畢業後隨家人及夫婿移民美國，定居於芝加哥，
對當地熟悉，語文能力亦強，處理事務穩重、心細，而且在美國又
學過會計一類的記帳工作，是一位難得的好幫手。我接科學組後，
組內的經費使用、記帳，均由李小姐登記、造表，黃秘書負責核
對、審查，然後送國科會報銷，芝加哥科學組每月的經費帳目清清
楚楚。

　　兩個月後，我瞭解辦事處各組僱用臨時人員情形，發現只有科
學組臨時人員李小姐的月薪是$1,700元，而其他組的新進僱用者月
薪都是$2,200元起，再查問其他科學組情形之後，我請黃秘書備文
向國科會會計室請求同意為李小姐調整薪資，幾次公文來往及說明理
由，終獲同意。自此以後，李小姐在辦事處同事間不再有比人低一
等的感受，而芝加哥科學組在推展工作方面也開始充滿蓬勃生氣。

　　芝加哥地區有兩個著名的國家實驗室，一個是阿岡國家實驗室

（Argonne National Laboratory），有最久歷史，成立於1946年，也是美國第一個國家實驗室。早年是芝加哥大學的一個冶金實驗室，曾參與過製造第一顆原子彈的曼哈頓計畫，設在伊利諾州Argonne地區，後來改變為一綜合性實驗室，歸屬於美國能源部。主要研究計畫有能源研究、核能研究、環保與管理、能源效益、防止核子武器擴散及國家安全等。1995年時，該實驗室有員工5,000多人，年度預算經費有5億3,100萬美元。若以台幣30比1計算可折合為159億多新台幣，遠比我們整個國家科學委員會的年度預算經費要多很多。另一個是費米國家實驗室（Fermi National Accelerator Laboratory），是紀念一位偉大的義大利裔美籍物理學家恩理科・費米（Enrico Fermi）而命名。為一單目標實驗室，主要研究在高能物理方面之能源研究，位於伊利諾州之Batavia，靠近芝加哥地區，亦屬美國能源部。當時該機構僱用有員工2,000餘人；此外，尚有1,000餘人來自世界各地的訪問學者及500多位博士班研究生在此從事研究及論文工作。在歐洲核子研究組織（European Organization for Nuclear Research, CERN）的大型強子對撞機（LHC）建構完成前，費米國家實驗室的大型粒子加速器（Tevatron）是世界能量最強的原子對撞機，它最光榮的歷史是在1995年3月撞出了「頂夸克」（Top Quark），振奮了全世界的物理學家。我國中央研究院、台大、清大及中央大學每年都選派博士後的研究人員及年輕科學家在此做高能物理方面的研究。

以上這兩個國家實驗室，都與國科會簽有合作研究計畫，經常有交流人員來往，也是我以後常要接觸的地方。除此以外，美國中西部地區有很多華人學術團體，每年各州都會舉辦幾次學術性研討會，多與科技有關，科學組多會應邀參加，有些學會舉辦的研討會需給予部分經費補助，或協助聯繫國內有關單位支援與選

派專人出席參與。其餘多是個別學人與僑界的事務及配合辦事處的活動，很多有關事務多需主動參與、和他們接觸、溝通及建立友好關係。

此次調職美國，雖是個人職務調動，確也有牽一髮而動全身的影響。內人經過再三考慮還是決定要辭去工作，提早辦理退休，隨我前去；家中大女兒友萍兩年前由美國讀書回來已工作一段時間，男女雙方已討論婚嫁之事，也必須提前；小女兒中慧已是大學四年級，幾個月後即將畢業，也只有趕辦留學考試與申請學校，去美繼續進修。一個原本溫暖、平靜的美好家庭，一下就有這麼大變化，這也是當初我對新職務不感興趣的原因之一。動身前經過一段時間的忙碌處理，大女兒的婚事在三月初舉行，小女兒申請伊利諾大學九月初可入學，總算將重要的家務事一一就緒。

台北駐芝加哥經濟文化辦事處設於芝加哥市最繁華及最方便之處，英文名稱及地址如下：

Taipei Economic & Cultural Office in Chicago
Two Prudential Plaza, 57-58 Fl.
180 N. Stetson Avenue, Chicago, IL 60601, USA

科學組在57樓，我是3月20日正式上班。芝加哥科學組已經成立三年，不知何故辦公室常用家具也不齊全，而且破舊不堪，雜物堆積很多。兩天後，交大校長鄧啟福先生來芝加哥開會，順道拜訪辦事處，事後要到我辦公室來看，讓他吃了一驚，他說：「你的辦公室好像被洗劫過一樣，怎麼會這樣？」鄧啟福校長曾任職國科會工程處處長及副主任委員，都很熟悉，這一問卻使我難以回答，只好笑一笑，芝加哥科學組等於需從頭再整理起。一個月後，將內部

安置妥當，我開始主動拜訪在芝加哥附近台灣去的學人、院士，美國的企業研究單位與國家實驗室，以建立多方面人際關係，為展開新工作而鋪路。

2）拜訪美國阿岡及費米國家實驗室

5月初，首先前往阿岡國家實驗室拜訪其國際合作部門負責人 Mr. Anderson，以及華裔著名科學家鄧昌黎博士。鄧博士1926年出生於北平，早年畢業於輔仁大學物理系，後至美國芝加哥大學攻讀物理碩士及博士學位，先後曾任職阿岡及費米兩個國家實驗室擔任高能物理研究及粒子加速器部門主管甚多年，1966年當選我國中央研究院院士。在1983-1985年間，曾受政府邀請擔任我國行政院同步輻射研究中心主任，為我國開創及指導高能物理研究實驗，嘉惠國人學者，貢獻至為卓著。我與鄧博士並不熟悉，但在國家科學委員開會時見過幾次面，所以先去作禮貌上的拜訪，中午一起參加由 Mr. Anderson安排的簡便午餐。我上午十時半到達鄧博士辦公室，此時鄧博士已高齡七十，身體健朗，思慮敏捷，仍在主持研究計畫。我向他報告此次奉派代表國科會服務美國中西部地區，未來可能很多事情還要請他給予指教與協助。我們談了將近一個小時，除涉及有關未來國內與阿岡可能的合作研究計畫外，也談到鄧先生的教育世家，他的父親鄧萃英先生是早年有名的教育家，曾籌創廈門大學並擔任首任校長，也是北京師範大學前身師院時院長，後來也應邀出任過我們河南省教育廳長，他的胞兄鄧昌國為國際著名音樂家。其中也有一段談話，我向鄧先生提到，約40年前，1956年12月你應台大、清華邀請初次回台灣講學，從松山機場一下飛機就受到國人的熱烈歡迎。幾天後，在台北市中山堂的一場公開演講，我還

記得題目是「核子研究工具：反應器與加速器」，吸引了約1,000多名年輕理工方面學生參加，中山堂樓上樓下、四周走道都擠滿了人，當時我也在場。你的那場演講，至今我仍記的很清楚，真沒有想到四十年後，能在這裡與你見面，讓我至感榮幸。鄧先生回憶往事，也興致勃勃，談了許多年輕時代對學習物理的熱情與趣事。那時，正是原子分裂、原子彈的研發成功及人造衛星開始進入太空的時代，物理學是最熱門的一門研究學科。

中午時分，鄧先生陪我一同去看Mr. Anderson，這是初次禮貌拜訪，重點在雙方認識。在談話間，Mr. Anderson也提到阿岡國家實驗室主任任期即將屆滿，新主任人選尚未定案，正在遴選中，可能需要一段較長時間，雙方原有簽訂已到期的合作計畫可以延續，待新主任視事後再重新簽訂。Mr. Anderson也為我介紹阿岡的幾個重要部門，以及在阿岡服務的台灣華裔研究人員，至為友善。我在芝加哥停留期間，每年都會與Mr. Anderson夫婦相聚一兩次，增進雙方友誼。

費米國家實驗室因為有我國中央研究院、台灣大學、清華大學及中央大學去的一組年輕科學家在參與研究高能物理，人少時約5-6位，人多時有11-12位，主要由葉恭平博士帶領。因此關係，葉博士與我常有聯繫，訪問費米國家實驗室之事，由葉博士安排，約定在5月中旬前往拜訪該實驗室主任Dr. John Peoples。去之前，我特別向辦事處教育組劉孟陽組長商借了一份台灣運去的小禮物，是一個仿製唐三彩陶的駱駝作為首次見面禮物。Dr. John Peoples年齡約在50歲，是一位高能物理學者，人很開朗、和氣，非常友善。在談話中他提到在哥倫比亞大學讀書時，吳健雄女士、李政道先生都是他的老師。他在1989年接下費米國家實驗室主任職務，因當時新建大型SSC對撞機計畫被國會否決，他就帶領費米團隊將原有大型

粒子對撞機（Tevatron）的功能提升，並在1995年初，發現了頂夸克，為費米國家實驗室寫下一頁光榮歷史。他對台灣去參與的研究團隊感到工作認真、優秀，在談話中也一再稱讚。我在芝加哥三年期間，由於葉恭平博士的從中協助，科學組與費米國家實驗室之間相處相當融洽，除邀請Dr. John Peoples訪問我國外，與費米國家實驗室的副主任Dr. Thosmas Nash等也常有接觸。每年科學組同仁與台灣去的研究團隊在中秋節與春節間都攜眷相聚，瞭解他們近況，有需要時，並就近給予協助。

　　一年後，發生了一件有趣的事情。因為自我接任科學組後，每年都有一、兩次邀請台灣在費米國家實驗室作研究的年輕科學家們到附近的中國餐館攜眷聚餐，這些年輕的科學家們因整天都在實驗室或工作站工作，尤其夏天習慣上多穿短褲、拖鞋，忙時也常常就睡在實驗室裡。我們每次在餐館相聚時，他們也多是從實驗室匆忙趕來，衣履難免不整，旁人眼裡看來不知道這些人是做什麼的？我因為是邀請他們吃飯的主人，大家聚在一起有說、有笑、談論的很高興。而在餐館吃飯的人中，有人認識我是國家科學委員會派駐芝加哥辦事處的科學組長，看到我與這群衣履不整的年輕人在一起吃飯頗感好奇！就這樣在僑學界引起一陣傳說。這些話後來傳到辦事處，烏處長特別問我，「聽說你常常同一批衣履不整的年輕人在一起，真的嗎？」我說，「沒有呀！不可能的事。」他說，「外面有這種傳說。」這件事，讓我難以理解，經尋根追源之後，才瞭解到原來是與在費米國家實驗室作研究的台灣年輕科學家們一起在餐館吃飯而引起的。後來，我特別在處務會報時把這件事情作了說明，同仁們聽了都不禁大笑，這場誤會也真讓人有一些啼笑皆非。由此，可知一般人對理工、科研人員在實驗室的辛勞與日以繼夜的工作情形多不瞭解，所以才會引起這樣的大烏龍。

上：與Dr. John Peoples主任合照於其辦公室，中為作者，右為葉恭平博士。
下：為費米國家實驗室地下環形加速器（Tevatron） 工作站，掛有我國國旗代表參與
　　國家。

3）應邀參訪伊利諾大學香檳校區工學院

1995年9月初，伊利諾大學（University of Illinois at Urbana-Champaign）工學院院長Dr. W. R. Schowalter打電話給我，言及1996年3月將到台灣參加亞太化學工程會議（The Asian-Pacific Conference on Chemical Engineering），希望藉此次亞洲之行能順便參訪我國科技、工程方面的研究單位，以及協助他聯繫在台灣的伊大工學院畢業校友，並希望我能在短期間內到伊大參觀其工學院和商談一些可能的合作事宜。當時，我聽Dean Schowalter的講話，似乎有點急迫性，想要瞭解些什麼？所以我答應下週前往拜訪。

我知道美國伊利諾大學厄班納-香檳分校是一所有歷史及學術研究很有聲望的學校，我30年前在威斯康辛大學讀書時曾去參觀過。這所學校成立於1867年，即美國南北戰爭結束不久。初設時，學校名稱為伊利諾工業大學，在1885年時改稱伊利諾大學，一直到1982年伊利諾州政府增建伊利諾大學芝加哥分校和春田分校，而原來的伊利諾大學名稱也改稱為厄班納一香檳分校。這所學校在美中地區算是一所大的公立大學，佔地約1,500多英畝，學校學生有40,000餘人，以理工最為著名。

我於9月14日清晨與黃秘書一同開車前往，有3小時車程，9時前我們到達伊大工學院。稍作休息後，Dean Schowalter準備了工學院簡報，由他親自介紹，讓我們瞭解到這時的工學院已發展非常龐大，有10餘個大系，每個系在美國的學術排名都列前茅，而物理系也設在工學院之下。除此之外，尚有20餘個研究中心及重要的實驗室，美國國家超級計算機中心之一也設在這裡。聽完簡報之後，Dean Schowalter告訴我們，工學院的入學新生中這幾年來都有

百分之6－7的非傳統高中學生。我也順便將我國的「非傳統工程教育」，向他作了介紹，然後，並表示感謝能有這個機會參觀他的工學院及詢問明年初他去台灣之事，需要我們在那一方面給予協助？他講有三點：一是想拜訪台灣的科技、工程方面的研究單位；二是參訪兩所適當的大學；三是幫他聯繫伊大工學院畢業的校友。他也特別強調，希望明年之行能與台灣在科技研究方面建立些合作關係。我瞭解這些情形後，回答這些都沒有問題，我知道你們工學院有不少畢業校友在台灣，而且都非常傑出、優秀。我可以向你推介一位是你們工學院理論力學方面畢業的博士校友，他現在是國家科學委員會的副主任委員胡錦標先生，他在台灣學、研界都有很好的人脈關係，請他安排，接待你，一切都會很順利。待我回辦公室後即向他報告這件事，請他直接與你聯繫，幾天內就有肯定答覆。我想胡錦標校友知道你要去，他一定會很高興。屆時，你也會看到很多你工學院的傑出校友，以及你教過的學生。

　　我們談完事情之後，Dean Schowalter又親自帶我們去參觀工學院新建剛剛完成的圖書館，正在佈置內部，尚未啟用。他說，這棟建築及內部設施都是一位校友捐贈的。11點鐘學校有一會議，他需參加，特別安排了一位台灣去的黃教授帶我們去參觀貝克曼研究中心（Beckman Institute）。當時，據黃教授告知，這個中心正在執行一個大計畫「人工智慧」（Artificial Intelligence）方面研究，參與人員有500-600位頂級學者、專家，來自各個不同學術專業領域及世界各國。

　　人工智慧是門邊際學科，涉及範圍極為廣泛，跨越著自然科學及人文社會科學。其中，除計算機科學外，尚涉及物理學、心理學、語言學、邏輯學、數學、哲學、認知科學、控制論、決定論及不確定性原理等等。未來，這門新學問將可能會帶領人類走向一個

難以想像的真實科幻世界。我們在這個研究中心停留甚久，請教了不少問題，也蒐集了很多資料，寄回到國家科學委員會有關研究單位參考。

有關Dean Schowalter明年去台灣開會及拜訪之事，第二天即以傳真方式給胡錦標副主委，次日又以電話請示。胡副主委說，他將同校友會商量，這幾天內即會與Dean Schowalter直接聯繫，一切都應沒有問題，並要我先行轉告。

4）美國能源部下的22個國家實驗室

1996年6月間，我應邀參加阿岡國家實驗室一次對外開放參觀，偶然間看到兩本美國能源部（U.S. Department of Energy）國家實驗室運作委員會（Laboratory Operations Board）於3月間新印出的一套策略性實驗室任務計畫草案（Draft Strategic Laboratory Mission Plan），尚未正式出版。此計畫草案內容主要包括國家目標、服務管理辦法，以及協助在未來執行期間達成能源部基金應用之成效等等。我翻閱這些資料，寫的很詳細，包括所有的國家性實驗室在內，深感此計畫草案甚有參考價值，可提供我們國家科學委員會及研究機構參考，以及瞭解美國能源部下的各個實驗室的主要研究項目與管理辦法。於是我去函向美國能源部索取，後經多次電話溝通，說明用途，能源部主管部門寄了一套給我，有上下兩冊，每冊都有400多頁。在上冊中，主要說明能源部的任務及國家實驗室所扮演的角色是要達成下列幾項研究開發成果：一、對國家安全的防護，二、提供能源的開發，三、對環境品質控制與改善，四、對先進科學與技術的研究開發，五、對國家整體經濟的貢獻；下冊為研究計畫任務之分析與執行概況。在能源部的基金支援下，當時

有22個國家實驗室。該計畫書草案中，對每一個實驗室都有詳細的基本介紹，如名稱、設立地點、監督管理單位、年度經費、接受能源部的計畫項目、實驗室的成長演變過程、主要研究設施、研究與開發重點、歷年經費成長、對能源部指定任務分配比率、研發競爭性、合作與參與單位等。

在這22個國家實驗室中，依其任務性質可分為兩類：一為綜合性實驗室（Multiprogram Laboratories），此類實驗室接受多種或不同領域的研究計畫，組織與規模也較龐大，每年預算經費少者數億美元，多者到10億多美元；另一為單一任務的實驗室（Program-Dedicated Laboratories），在某一領域的縱深方面作研究，此類實驗室規模也不算小，大者每年預算經費也有5億美元以上，但平均多在2億美元左右。這些實驗室的水準多為世界級的實驗室。以下是對上冊中這些實驗室的簡要譯文介紹，除兩冊原文函送國家科學委員會參考外，譯文部分亦刊載於國家科學委員會發行之Newsletter上，供國內研究者參閱。

在綜合性國家實驗室方面有：

1. Argonne National Laboratory分有兩個地區，主要部分在伊利諾州的Argonne地區，另一部分設在Idaho之Idaho Falls。主要研究計畫為能源研究、核能研究、環保與管理、能源效益、防止核子武器擴散及國家安全。1995年時預算為5.31億美元，管理監督單位為University of Chicago。

2. Brookhaven National Laboratory位於紐約的Uplon地區，主要研究計畫為能源研究、高能物理與核子物理、基本能源科學、生命科學及醫學應用。1995年預算為4.13億美元，管理監督單位為Associated Universities, Inc.。

3. Idaho National Engineering Laboratory位於Idaho Falls，主要

研究計畫有環保管理與研究、技術開發、應用工程、場所恢
復與廢料管理、核能、能源效益、能源研究及國防計畫。
1995年預算為5.02億美元，管理監督單位為Lockheed Martin
Idaho Technologies。

4. Ernest Orlando Lawrence Berkeley National Laboratory位於加
州Berkeley，主要研究計畫有能源研究、能源效益、能源再
生、環保管理、民用放射廢料管理。1995年時預算為2.92億
美元，管理監督單位為University of California。

5. Lawrence Livermore National Laboratory位於加州的Livermore，
主要研究計畫有國防計畫、能源研究、防止核武器擴散與國
防安全、環境復原與廢料管理。1995年預算為9.45億美元，
管理監督單位為University of California。

6. Los Alamos National Laboratory位於新墨西哥州之Los Alamos，
主要研究計畫有國防計畫、國家安全、科學與技術、環境品
質及能源研究。1995年預算為11.22億美元，管理監督單位
為University of California。

7. Oak Ridge National Laboratory位於田納西州之Oak Ridge，
主要研究計畫有能源研究、環保與管理、能源效益、能源
再生、國防計畫、環境、安全、健康、礦物能源。1995年
預算為5.45億美元，管理監督單位為Lockheed Martin Energy
Research Corporation。

8. Pacific Northwest National Laboratory位於華盛頓州Richland，
主要研究計畫有能源研究、環境管理、核能研究、能源效
益、再生能源、防止核武器擴散與國家安全、環境安全與衛
生、辦公室科學教育與技術資訊。1995年預算為2.041億美
元，管理監督單位為Battelle Memorial Institute。

9. Sandia National Laboratory分兩個地區，一在新墨西哥之
Albuquerque，另一在加州之Livermore。主要研究計畫有國
防計畫之研究開發、核武器之測試、軍火管制及防止核武器
技術擴散、危害廢料、能源與環保技術。1995年預算為13.28
億美元，管理監督單位為Lockheed Martin Corporation。

在單一性國家實驗室方面有：

1. Ames Laboratory位於愛荷華州之Ames地區，主要研究計畫
有能源研究、環保與管理及礦物能源。1995年預算為2,750
萬美元，管理監督單位為Iowa State University。

2. Bettis Atomic Power Laboratory分設於賓州之West Miffin及Idaho
州之Idaho Falls，主要研究計畫為核能方面用於海軍核子推
進計畫。1995年預算為3.5億美元，管理監督單位為Westing
House Corp。

3. Continuous Electron Beam Accelerator Facility位於維吉尼亞州
之Newport News，主要研究計畫為能源研究。1995年預算為
6,990萬美元，管理監督單位為Southeastern University Research
Association。

4. Fermi National Accelerator Laboratory位於伊利諾州之Batavia，
主要研究計畫在高能物理方面之能源研究。1995年預算為
2.31億美元，管理監督單位為University Research Association
Inc.。

5. Knolls Atomic Power Laboratory位於紐約州之Niskayuna及
West Milton，主要研究計畫在軍艦核能推力方面。1995年預
算為2.9億美元，管理監督單位為Lockheed Martin Inc.。

6. Mongantown Energy Technology Center位於西維吉尼亞州之
Mongantown地區，主要研究計畫為礦物能源及環境保護與

管理。1995年預算為5.93億美元,歸政府所有並由政府負責
營運,1995年開始由能源部研究經費支援。

7. National Renewable Energy Laboratory位於Colorado州之
   Golden地區,主要研究計畫在能源效益及更新能源方面,如
   太陽能的研發技術。1995年預算為2.35億美元,管理監督單
   位為Midwest Research Institute Kansas, City Missouri。

8. Oak Ridge Institute for Science and Education位於田納西州的
   Oak Ridge,主要研究計畫在於提供一個國家性的能源、教
   育、衛生及環境科學技術。1995年預算為3,530萬美元,管
   理監督單位為Oak Ridge Associated Universities。

9. Pittsburgh EnergyTechnology Center位於賓州之Bruceton地
   區,主要研究計畫在礦物能源有關方面。1995年預算為2.25
   億美元,歸政府所有並由政府負責營運。

10. Princeton Plasma Physics Laboratory位於紐澤西州之Princeton,
    主要研究計畫在能源研究及環保與管理方面。1995年預算
    為1.32億美元,管理監督單位是The Trustees of Princeton
    University。

11. Savannah River Ecology Laboratory位於South Carolina之
    Savannah River區,主要研究計畫在環境與廢料管理方面。
    1995年預算為1,180萬美元,管理監督單位為UGA Research
    Foundation, Inc.。

12. Savannah River Technology Center,此一實驗室早期為
    Savannah River Laboratory,位於南Carolina之Aiken地區,主
    要研究計畫在環境與廢料管理方面。1995年預算經費原資
    料不詳,管理監督單位為Westing House Savannah River Co.。

13. Stanford Linear Accelerator Center位於加州之Menlo Park,

其主要研究計畫為能源、高能物理及同步輻射方面。1995年預算經費為1.85億美元，管理監督單位為Stanford University。

1995年時，能源部對這22個國家實驗室共支援了171億美元經費。而這些龐大、複雜的國家性實驗室，能源部不直接監督管理，全部委託相關大學校院、研究單位及大企業公司，以免去自行管理僱用大量人力與管理費用。不過，實際上即使政府有此經費資助，也不可能對這些先進及高新科技的研發，有全盤監督管理之能力，所以能源部只作策劃性推動與成果評估。

這份中文簡譯介紹，在國家科學委員會出版之Newsletter發表後，沒有想到又被美中地區世界日報駐芝加哥記者董女士以較顯著標題轉載於國外發行的世界日報上，並註明芝加哥代表處科學組長馬道行提供。我當天看到新聞，心中也吃了一驚，感到不妥，當初我譯這份簡介時，只希望國人瞭解美國國家實驗室研究重點、所用經費預算及主要監督管理方法，並不希望在美國當地新聞刊出。記者董女士的報導，其實我並沒有向她提供任何這方面信息。自這則消息披露後，幾天內接到不少美國地區關心我的友人電話，提醒我這樣報導太危險了，我也有口難辯，一連多天心中不能平靜。好在，當初取得這兩冊草案是正式去函美國能源部所給，雖尚未正式出版，但應該屬於非機密性質。

5）美國中西部的國建學術聯誼會

美國中西部地區華人社會裡的各種社團、學會名稱眾多，在科技與學術方面者有國建學術聯誼會、海外孫中山學社、美中科技學會及新成立的玉山會等。其中，國建學術聯誼會最大、會員最多，

分佈於各州，而且每年都會舉辦大型研討會。這個組織，其原來名稱為「國家建設研究會，簡稱：國建會」，起源於1980年代初，我國受迫退出聯合國後。當時，政府為了集思眾議，謀求在政治方面與經濟方面的改革與突破，對內以期盡早邁入開發國家，對外則加強爭取國際支持，以確保我國在國際間之聲譽與地位。在這大環境的趨勢下，海外學人成為國家建設發展所需的一項重要人力資源。政府決策單位就在1972年8月在台北召開首次「海外學人國家建設會議」，邀請世界各地的我國傑出學人回國參與。除開會外，並前往各處實地考察，聽取簡報及參與討論，最後作出總結報告，提供各種前瞻性建言，因其立場客觀、尤多創見，為政府接納作為國家施政改革，甚具成效。後來，在第二屆會議時把原來名稱「海外學人」四字刪除，出席人員包括國內和國外學人，針對問題共同研討及交換意見。同時，自第二屆會後，海外學人返回僑居地，紛紛組職「國建學術聯誼會」，擴大邀請當地學者、專家參與，繼續為國家提供政策性改革建言。

　　美中國建學術聯誼會於1976年在芝加哥成立，會員包括美中地區七個州，在1996年時會員已有1,300多位。這些會員中擁有博士學位者占百分之六十以上，專長涵蓋政、經、科技、文教、法律、醫藥等等，可說都是精英人才，而且各州都有分會設立。該會宗旨以「促進中美政經文教交流、提高華人學術地位、宣導祖國政策、順暢海外學人交流」為目的。美中國建學術聯誼會每年都會舉辦一次大型國際高科技研討會，已連續舉辦十餘年。1995年我到芝加哥上班不久，就趕上該會與芝加哥大學共同主辦的一場「中美經濟、科技研討會」，邀請了我國當時中央研究院院長諾貝爾化學獎得主李遠哲博士及芝加哥大學教授諾貝爾經濟學獎得主Dr. Merton Miller為大會主講人，國內外學者、專家有300餘人參加，我也應邀

出席這次會議，除認識許多學人外，並在此會上認識了在芝加哥附近的科技公司Motorola、AT&T和Bell Lab等的高階人員，為後來我前往這些公司參觀及談論事務時方便不少。美中國建學術聯誼會每年在大會後都出版會議論文集，這些論文集都為美國國會圖書館列入有參考價值的高水準學術季刊。

在1996年，該會成立20週年時，曾與伊利諾大學共同舉辦一場大型研討會，科學組也從旁給予協助，並在週年慶前夕，我特宴請該會歷屆會長與現任理幹事，以表達祝賀，這些會長在美中地區都是有聲望的傑出學者，多以科技見長。

6）拜訪我國科學工業園區之父徐賢修院士

徐院士祖籍浙江溫州永嘉人，1946年畢業於北京清華大學算學系，後赴美國布朗大學獲應用數學博士學位，曾任教多所名校，以及美國普渡大學（Purdue University）航空太空暨工程科學系主任，也是我國中研院院士。1970年受邀返國出任清華大學校長，後任行政院國家科學委員會主任委員，在其任內曾創設新竹科學工業園區，為國家科技與新興產業貢獻至為卓著。過去我與徐院士沒有直接接觸過，只是在毛高文先生接替陳履安先生出任國立台灣工業技術學院校長後，那時我仍擔任教務長期間，談話時常聽毛校長暨其夫人述及徐院士與徐夫人的一些事蹟。我真正與徐院士的直接接觸是在1994年，國家科學委員會科資中心出版20週年專輯時，我請他題字作為紀念。當時，徐院士暨夫人已回美國印第安那普渡大學校區居住。以後，在1995年5月我到美國芝加哥擔任科學組長時，印第安那州亦屬我服務地區，與徐院士聯繫較多。

1996年秋，我到印第安那州參加當地的學術聯誼會，會後我開

車到Lafayette普渡大學去拜訪徐院士，我到達其住所附近，因靠近市郊，地圖路標指示不明，轉了好幾圈，始終找不到他的住址，不得已只好打電話請問徐院士，徐院士親自開車帶路，那時徐院士已高齡85歲。當天上午在其府上停了三個小時，府上只有徐院士與夫人住在那裡，生活簡樸、寧靜，因為那裡雖靠近學校，但已臨鄉村邊緣。徐院士每天多以中國文學、詩、詞、京劇、崑曲作消遣，我們當天的談話也多圍繞在這些方面。提到京劇，他深有感慨的說，這是中華民族歷代傳承下來的一種特殊藝術文化，在20世紀50年代發展到高峰，人才輩出，有四大名旦的梅蘭芳、程硯秋、尚小雲及荀慧生，以及四大鬚生馬連良、余叔岩、言菊朋及高慶奎，且形成各自派別，風格多樣，使京劇發展到空前繁榮。但，很不幸大陸經歷了十年文化大革命的浩劫，不僅對中國文學、社會有深遠影響，連京劇也造成了演員斷層、劇目斷檔及觀眾消失的局面，至為可惜。他常常在想，若能把早年這些各個名角藝人留下的京劇錄音，配上現代的京劇藝人的表演，作成「錄音配像」演出，未來在京劇界將是一件大的創新貢獻。他也提到幾年前曾將此意見轉致大陸京劇研究單位，希望能夠實現。我在這裡先插入一段，有關徐院士談的這件事情，事隔五、六年後，我已退休，與內人同去大陸北京等地旅遊時，在旅館電視中就看到京劇節目中有某某一級演員「音配像」的節目演出，讓我忽然想到幾年前與徐院士的一席談話，真佩服他的遠見。但徐院士已在2001年11月17日逝世於美國印第安那，享年89歲，我與內人都衷誠希望他能在生前看到他對京劇的革新構想已經實現。

在當天我們的談話中，徐院士還特別問我，對戲劇是否有所喜好？我說，我對各類戲劇都可接受，年輕時在家鄉看河南梆子，抗戰時隨學校流亡到西北看陝西的秦腔，後來國共內戰輾轉江南，看

過崑曲、越劇、黃梅調及到台灣後看過顧正秋的京劇與楊麗花的歌
仔戲，不過只是看看熱鬧而已，沒有深入探討分析過。徐院士對各
類戲劇淵源與演員的評析很有深度，讓我難以接腔答對，他所講那
些京劇名角，因為年齡差距，又地處北京、上海等大都市地方，我
都沒有看過他們的演出，只有在早年留聲機中聽過他們的演唱聲，
那時候年紀較輕，也品賞不出來唱的是好是壞，只知道是京戲名
角。我雖對戲劇沒有深入研究，但看過某些戲劇之後，常常會感覺
到某些戲劇在編導方面很明顯的脫離了邏輯思維，更不要說其真實
性。就如家喻戶曉的〈包公鍘美案〉中的陳世美，根據歷史記載應
是清朝順治年間進士，為官清正，家庭美滿。但被編戲者把他冠上
宋朝仁宗年間的駙馬爺，被開封府的包公以其拋妻遺子的重婚罪給
鍘了，兩者相距數百年之久；另一齣戲是〈法門寺〉，主要是述說
明朝正德年間一個發生在陝西的案子，當時的京城在北京，老太后
帶著大太監劉瑾等一幫人馬千里迢迢從北京到陝西的郿鄔縣法門寺
去上香還願，以現在的高速公路里程計算應有1,300公里左右，在
那個年代道路、交通、住宿多不方便，老太后年歲又高，沿途受著
風寒，還要驚動不少地方州官縣衙，想想這趟「降香還願」似乎不
太可能。事實上也是，戲劇是一種高度的綜合性表演藝術，重點只
在欣賞它的「美與情感」的表達，而不在事實求證，也無須深究。

　　當天，在普渡大學任教的劉中鴻教授也應徐院士之邀趕來相
聚，劉教授早年畢業於台南成功大學機械工程系，台灣工業技術研
究院成立時，曾應邀返國擔任機械工業研究所長。中午，徐院士與
夫人已安排在附近一家中國餐館用自助餐，我們邊吃、邊談，我也
向他們報告我在美中地區這一年的工作情形，徐院士也給我不少勉
勵，還介紹幾位住在芝加哥的院士及學術界的朋友，在有需要時可
以請教他們，我與培琳都深表感謝。餐後，我開車在普渡大學校區

丙辰中秋歡飲達旦、大醉、作此篇、

　兼懷子由-蘇東坡

明月幾時有　　　　　道行兄嫂：
把酒問青天　　　　　歲暮天寒，望多珍護，
不知天上宮闕　　　　順問起居，並祝年禧。
今夕是何年　　　　　　　　賢修，一仁
我欲乘風歸去　　　　　　　　1996
又恐瓊樓玉宇
高處不勝寒
起舞弄清影
何似在人間

上：1996年末時，徐院士與夫人的一封誦詩賀年函。
下：攝於當天餐館外，右起劉中鴻教授、內人范培琳、徐夫人、徐賢修院士及作者。

匆匆看了一下，因回芝加哥還要三個小時車程，不能多作停留。此
次拜訪，是我首次與徐院士正式接觸及較深交談。

第二次去徐院士府上，是在1997年10月初，他打電話給我，提
及伊利諾大學副校長劉炯朗博士明年初將回台灣接任清華大學校
長，有意在其府上為他舉辦一個小型祝賀聚會，邀請人不多，希望
我能同內人一起參加，時間安排在10月20日星期六中午，屆時有成
功大學全美校友會長傅模英與陸紹祖夫婦及劉中鴻教授作陪。有關
劉炯朗博士出任清大校長之事，我在年初就看到國內新聞報導，清
華大學遴選新校長特邀請中研院院長李遠哲先生等人組成遴選委員
會，當時選出三位候選人，並經全體教授半數以上同意通過，報教
育部後卻因雙重國籍問題而延宕數月，最後劉炯朗博士願意放棄美
國國籍等因素下，而作成決定。我在一個月前到機場接中央研究院
院長李遠哲先生來芝加哥召開美國中西部院士會議時，曾請教李
院長，確定了這個消息。而且李院長也解說了劉炯朗博士除接清華
大學校長外，亦希望在他的任期內能把清大、交大及中央大學作一
整合。

我在芝加哥已兩年多，各校校友聚會也常被邀請參加，劉炯朗
副校長與傅模英夫婦我都不陌生。在芝加哥的成大校友會每次集會
出席校友都最為踴躍，有一年聚會時，國內的成大校長吳京先生、
醫學院黃崑巖院長等人也應邀抽空趕來參加，黃崑巖院長我們在國
內見過面，他是一位在國際上研究干擾素與感染免疫的知名學者，
我們的認識是在1993年3月，我在國家科學委員會科學技術資料中
心時所召開的首次「國際醫學資訊中心指導暨執行委員會」會議
上，當時參加的都是國內醫學院院長，那次會議請台大醫學院黃伯
超院長擔任主席，貴賓是當時行政院衛生署張博雅署長。黃崑巖院
長在會議上曾強調國內能夠爭取到美國國家醫學圖書館把全球第

17個「國際醫學資訊中心」設在國內，未來對醫學、藥物、病毒傳染，以及臨床資訊等研究參考將有很大助益，他對美國國際醫學資訊中心所提供的重要資料庫作了很詳細說明。散會後，他也特別向我表示，國內能夠爭取到真不容易，感謝科資中心為國內醫學界完成一件大的貢獻。事隔數年，這次黃院長應邀來芝加哥參加成大校友會，見面首句話就是：「馬組長，成大校友會在美中地區辦的學術會議你要多多幫忙、支持。」就像老朋友見面一樣。很不幸這位傑出的醫學學者及教育家在2012年2月逝世於美國馬利蘭州，消息傳來頗讓人痛惜不已。

徐院士這次邀請劉炯朗博士在其府上聚會，據我所知徐院士與劉炯朗博士早年並無太多淵源，這次邀請相聚主要原因是徐院士曾在1970年應當時政府邀請返國出任過清大校長關係。在他接任校長時清大規模很小，僅有數學、物理、化學及核工四個學系，學生約600人，教授、副教授也只有60餘人。當他接任校長後，為因應國家發展需要，增設系所、成立學院、遴聘國際學人返國任教，擴大了清大規模及奠下了以後的基礎，對清大情感十分深厚。

10月19日我與內人開車前往西伊利諾大學參加台灣去的華裔教授聚會，以及小女兒中慧的畢業典禮，她大學時修讀會計，在西伊大研究所主修國際金融與衍生性商品。當天晚上我們就住在西伊大好友張庭國教授府上。次日一早，我與內人開車從伊利諾州西南邊的Macomb地方跨越伊利諾州去印第安那的Lafayette，車程有四個小時，預計中午前到達徐院士府上。這趟行程因Macomb距上州際高速公路甚遠，西伊大教授都建議我們走州公路，一條直線可到達Lafayette附近，所需時間都差不多。我們依照他們的建議，決定走這趟約200餘公里的道路。這一行程真讓我們開了眼界，沿途兩邊全是一人多高的玉米田，可說是一望無際，加以道路不寬，人車稀

少，也看不到農村、市鎮及加油站。往前看只有一線天空，其他全是綠色長牆遮著視線，在這樣狹窄的道路中長時間開車頗有煩悶、孤獨，又有些擔心害怕，萬一車子發生什麼問題，真不知該如何求救？也使我們真實看到美國中西部大平原的農業地帶，一眼望去是一個看不到邊際的世界大糧倉。在我們到達印第安那邊境附近的加油站時，即向徐院士報告我們可在中午前趕到府上，他的回答是：「伊利諾州與印第安納間有一小時時差，現在這裡已快十二點了，你們不要太趕，我們會等你們。」真抱歉！我竟疏忽了兩地有一小時的時差，我們到達時已遲到半個小時，培琳和我一再表達歉意。

我們稍作休息後，徐院士開始介紹劉炯朗副校長：「1934年出生於廣東，幼年時期居住於澳門，後來到台灣讀成功大學獲電機工程學位。1962年進入MIT，獲博士後留MIT任教，是位國際傑出知名資訊學者。此次蒙國內邀請即將出任清華大學校長，今天能在舍下相聚非常高興。」徐院士當眾有感而發，誦詩一首，並將原詩落款「未是稿」分送每人一份，茲抄錄如下：

　　劉炯朗新校長枉駕拉城有感
　　日暖風和天猶寒，高朋枉道蒞臨看，
　　西園雅集非虛妄，國家得士等量觀，
　　世事滄桑多變幻，自強不息謀長安，
　　清華水木添新氣，振興中華後地寬。

1997十月二十日，劉炯朗教授自依利諾大學枉道相顧，同時國科會駐芝加哥代表馬道行博士伉儷及ABBOTT藥物學家陸紹祖、傅模英博士伉儷也從芝加哥來會，此外本地有我及普渡劉中鴻教授，歡聚一堂，深為清華得人慶，並為劉教授任重道遠賀也。

　　劉炯朗博士也簡要述說了這次出任清大校長的經過及對未來清大的看法，並一再稱讚徐院士早年在清大校長任內對清大系所的創設與名師的聘請，奠下了清大在國內外學術上的地位。當天聚會人雖不多，大家談的非常愉快，也祝未來的這位清大校長為國家教育多多貢獻。回程路上，我與培琳想著劉炯朗博士早年的刻苦求學與今天學術上的成就，以及他個人的特質天分與國際視野的處事方法，未來在國內將是一位傑出大學校長。我倆也對徐院士深厚的國學基礎與處事待人之風範，深深感覺到我們這代與之相差甚遠，難以追及，心中頗感慚愧。

7）邀請美國高能物理學家諾貝爾獎得主 Dr. Jerome Friedman訪問我國

　　1996年中，中央研究院物理研究所張副所長因公務來芝加哥，與在費米國家實驗室我國研究人員會談後，應我邀請在我家中小聚。偶而談到國內物理學方面的發展與物理學會年會事宜，讓我想到美國芝加哥這個地區是個高能物理研究的發源地，從1938年由歐洲逃難而來的偉大領航者Dr. Enrico Fermi就在這裡點燃了原子核分裂、連鎖反應、輻射能、新元素等的發現火炬，不但照亮了美國，也驚醒了全世界。同時，這位領航者也為美國樹立了一系列的傳承體系，一代代培育了許多諾貝爾物理獎得主及傑出的科學家。使我即刻想到MIT物理系主任，也是1990年諾貝爾物理獎得主的Dr. Jerome I. Friedman，他是Dr. Fermi任教芝加哥大學時的得意門生之一，而在費米國家實驗室工作的傑出科學家葉恭平博士又是Dr. Friedman的學生，這一連串的關係讓我想到邀請Dr. Friedman訪問我國的念頭。如果一切順利，可配合國內物理年會大會作一次

演講。

　　一週後，我與葉恭平博士初商邀請之事，請他協助聯繫，他非常願意接下這個工作。在他聯繫的同時，我以國家科學委員會駐美中西部科學代表身分去函邀請Dr. Friedman攜夫人一同來我國訪問。1996年10月初接讀Dr. Friedman回函，言及很希望到台灣訪問，唯目前美國物理學會正要改選等事務甚多，在時間上需要再考慮，他將會與葉恭平博士研商討論。Dr. Friedman訪問我國之事一直到次年，1997年2月美國物理學會年會選舉結束，他當選下屆主席後，才確定時程。我即向國科會國際合作處報告，請主任委員劉兆玄先生正式邀請。

　　Dr. Friedman動身的前一週，我們通過一次電話，係禮貌上的致意問候，除了表達感謝他在百忙中能接受我國的邀請外，他也問我，台灣方面可能安排一場為中學生的演講，使他有點難作決定，面對一群小朋友講些什麼比較適合、能夠使他們有興趣？而他們的英語聽力又如何？想聽聽我的意見。我向他解說，如果安排這樣的一場演講，不必擔心，這些來聽講的中學生都是各校的資優生（Gifted students），在科學、數理、語言方面都有不錯根基。同時，我也帶些幽默口氣向他提議了一個輕鬆、而不須準備的講題，也是他從事幾十年研究的專長，就說：「人是夸克做成的。」沒有想到，讓這位諾貝爾獎得主聽了之後，哈哈大笑，而在電話中連說兩次Good idea！ Good idea！

　　Dr. Friedman訪問台灣行程安排妥當之後，4月中旬我在芝加哥對華文媒體發佈一則新聞，美國高能物理學家、諾貝爾獎得主Dr. Friedman將訪問台灣。

　　五月初，Dr. Friedman在台灣訪問之後，我把他在台灣的新聞報導剪集、整理一份寄去，並致函感謝他此行的辛勞。Dr.

Friedman很客氣的回函致謝，並述說此行的愉快，瞭解到台灣在高能物理方面的設施、投入，以及參與國際間的研究與合作都有相當成就。今後，希望加強聯繫，如有需要願盡力協助（如附錄四，Dr. Friedman的回函）。

8）探望我國工業教育一代宗師顧柏岩博士

　　顧柏岩博士是江蘇南通人，早年畢業於北京清華大學物理系，後在美國印第安那大學獲教育博士學位，曾任省立台北工業專科學校校長、教育部國際文教處處長等。1952年時，行政院美援運用委員會及省教育廳規劃在台灣省立師範學院設立工業教育學系（簡稱工教系），培育教師推展新式「單位行業」技術職業教育，為未來國家工業化所需的各類基層技術人力作準備，特邀請顧柏岩博士籌創規劃，並擔任系主任十餘年。此系全部接受美援，包括工教大樓、實習工場、設備、儀器、圖書等等。除派來教授專家指導外，工教系教師也多派往美國進修。同一時間，國內各大學系所及學術研究機構接受美援贊助者亦不在少數。工教系成立於1952年底，我也是早年的畢業生，顧柏岩主任是我初次接觸工業教育的啟蒙老師，從我畢業一直到這次來芝加哥，數十年來我與顧主任均有聯繫，也向他敘述過我在國內參與技職教育改革，建立技職教育進修體系及協助創設國內首所工業技術學院等等經過。早年遇有不順之事，也常會抱怨、訴苦。顧主任總是講：「凡要做事、革新就有困難，只要理想能夠實現，功勞不必在我。」多年以來讓我常常想著這句名言。

　　1995年初，我到芝加哥工作時，俄亥俄州亦屬我服務地區。此時，顧主任已退休甚多年，同家人住在Cleveland，週末我常用電

話問候，瞭解到顧主任已是虔誠的基督教信仰者，當時他正忙著要把20世紀著名佈道家葛培理（Billy Graham）的傳記《照我本相》（JUST AS I AM）譯成中文，希望盡快能夠完成，送回亞洲出版。他也常常提到聖經所言，都經他考證為真，他自從信教以來，先後經歷了心臟、腸、攝護腺及眼睛四大手術皆能安然度過，康復如常，是主在精神上支持了他，也希望我有空時多看看聖經。

師大工教系早年畢業系友在美國中西部者不少，都是顧主任教過的學生，我到芝加哥不久，在密西根Troy的張承烈學長向我提議，希望我來召集，他負責聯繫，安排在當年感恩節時大家到Cleveland與顧主任及顧師母作次大聚會。10月初，我們將這個計畫告訴顧主任，顧主任很高興。但，他也說Cleveland在感恩節時常有大風雪，時間上他認為不適當，希望改在明年春季時節再去。由於顧主任這樣建議，我們只好改變計畫。後來因承烈兄事務繁忙，這個聚會也未能實現。

此後，一直到1997年秋，俄亥俄州有次科技會議邀我參加，我開車特經道Cleveland前去拜望，到達時顧主任已站在門前遠遠向我招手，這時他已高齡82歲，滿頭白髮，精神矍鑠，聲音宏亮，思維敏捷，仍如40年前。顧師母因當時有事未能趕回，僅顧主任一人在家，女兒與家人亦在Cleveland，未與他們同住。我向他報告這些年來工教系的發展、早年的系友情形，以及國內技職教育的改革與體系的形成等等。在宗教信仰方面亦聆聽顧主任的講解，值得日後深入學習。我因當天還要趕往其他地方，不能停留太久。真是，20年未見，僅這樣匆匆一聚，加以30年前又是培琳與我結婚時的證婚人，心情複雜，依依難捨。離別時，並衷誠祝福他，多多保重。

2010年11月，這位一代宗師與世長辭，他為國家奠下新型態的工業教育培育大量的基層技術人力，促進了60年代國家經濟成長，

拜訪我國工業教育一代宗師顧柏岩博士。

貢獻至為卓著，使人懷念、敬仰。2013年時，師大工教系成立60週年，我寫了一篇〈懷念一代宗師　顧柏岩主任〉刊於該專輯中，以資紀念。

9）為劉炯朗博士出任清華大學校長送行

　　劉炯朗博士出任清華大學校長一事，因屬教育方面事務，我與辦事處教育組長劉孟陽女士商議，是否為劉炯朗博士舉辦一個歡送會？她說沒有接到教育部通知教育組舉辦有困難。我思考多日，劉炯朗博士身跨教育、科技兩界，在美中地區是位知名學者，很有聲望。今將返國出任國立大學校長，似應為他舉辦一個歡送會較具意義。我再與劉孟陽組長商量，我說你那邊有困難，我科學組來舉

辦，屆時希望你一定要來參加，她同意後才作決定。

　　1997年聖誕節後，年末除夕中午我邀請芝加哥華文報界記者聚餐，特將劉炯朗博士即將出任國內清華大學校長一事轉告，並簡要介紹劉炯朗博士在教育與科技方面的成就，希望他們直接採訪劉博士作一報導。1998年元月11日科學組邀請芝加哥地區學人、各社團負責人等30餘人，舉行一個午餐會歡送劉炯朗博士返國出任清華大學校長。詳情在1998年元月15－16兩日當地晨報、芝加哥時報等在第一版面均有大篇幅報導。同時，在午餐會上我也宣佈，我於下週任期屆滿，將離開芝加哥返國退休，新任人選張新雄博士將接替我的職務，也在這次午餐會上介紹了張新雄博士。

　　該年4月初，我與劉炯朗校長在台北來來飯店見面，是前國家科學委員會主任委員夏漢民先生邀約，除我外，參與者都是成功大學傑出校友，前教育部長吳京先生亦在座。劉校長邀我到清大參觀，因當時清大發生洪曉慧案，學校正忙著處理，我也因籌劃「培道科技教育講座基金會」一事在忙，所以沒有前去打擾。不久，傅模英博士回台灣，我們又在台北福華飯店聚了一次。

10）離別，感謝芝加哥友人的盛情

　　1995年3月，我初到辦事處時是鄔元彥處長，兩年後由楊勝宗處長接任，兩位都是很傑出的外交官。楊處長接任時我正在安排Dr. Friedman訪問我國，他同我商量，是否可請Dr. Friedman經道芝加哥為其送行，以表示代表處對其重視。我知道Dr. Friedman是位忙人，若要請其專程來芝加哥一趟或在芝加哥轉機，可能性不大。但楊處長出於外交禮節著想，我特與葉恭平博士商量，請其詢問及轉致代表處楊處長對他的致意。

　　楊勝宗處長出身於外交界，學養俱豐，姿態不高，待人及處理
事務，深受部屬讚揚。我與楊處長相處時間不長，僅僅只有幾個
月，有次他到我辦公室來，並談到早年我來美國讀書及後來回國服
務，因工作壓力及缺乏運動而血壓升高，一直受此困擾，每天都要
吃藥壓制。楊處長說，他也有多年的高血壓毛病，有時工作繁重，
睡眠也不好。後來，有朋友送他一本「氣功」的書，名稱是《三
段呼吸法》，是道家吐納練氣方法的一種，練習後對平衡自律神經
頗有助益，並把這本書送我閱讀。至今已快20年了，我每天早晚多
有練習，對健身方面確有作用，讓我也常常想著這位親和、友善的
長官。

　　我在芝加哥這三年中，對美國中西部七個州的科技有關社團、
學校、僑界、美國的大企業研究單位，以及幾個國家實驗室多有接

辦事處新年晚會，接待來賓。

觸。而且，我又在國內教育部、大學、經建會與國家科學委員會工作過，以及科技有關的學術研究機構多有人際關係。因此在這三年期間，中西部我服務轄區的學術團體及僑界凡與科技有關的國內事務要詢問及要我協助處理的，頗為頻繁。而我處理這些事情也多用電話直接聯繫到承辦單位，很快就可得到答案，立刻解決當事人的問題，讓僑學界感受到政府公務人員的辦事效率，也盡了我的職責，同時也結交了很多朋友。有次，伊利諾理工學院（Illinois Institute of Technology, IIT）一位歐洲籍教授打電話給我，他說：「你們台灣要我審查的學術論文，我審查後已寄回有半年多，審查費到現在還沒有收到，不知是什麼原因？有人告訴我，找你一定能幫我處理這件事情。」懇切的拜託我，經我向他詢問後，知道原寄件人是石延平博士。當時，石延平博士在台灣海洋大學擔任校長，我們都很熟悉。我想先詢問一下，到底是什麼原因，然後再轉教育組處理。我就用電話請教石校長這件事，他說：「這件事審查完畢後已請教育部直接撥款給審查人，怎麼會到現在還沒有收到？」經石校長詢問教育部會計部門後告知，該教授的審查費三天內即可匯到他的帳戶，請他放心，這件事情就這樣解決了。

　　1998年1月7日，芝加哥僑、學界為我送行。我當天上午仍在密西根州參加一場科技方面的研討會，午後趕回芝加哥，又開了4個小時車程，待我到達聚會餐廳已是傍晚時分，肚子有些飢餓，可能是血糖與血壓有點低的關係，與先到的朋友握手交談不久，感到身體不適而昏了過去，大家都吃了一驚，立刻叫救護車，同時芝加哥僑界的名醫有好幾位也在場，為我把脈、量血壓。我躺下幾分鐘後即清醒過來，又恢復了精神，大家為我平安無事而高興鼓掌，並問我怎麼樣？我說：「今天的聚會太高興了，讓我昏了過去！」在場的人都笑了。當晚參加的人除各社團負責人外，還有芝加哥中華會

館主席黃懷德先生，費米國家實驗室高能物理學家葉恭平博士及芝大、西北大學、伊利諾大學及伊利諾理工學院等多位教授好友也來參與。餐會進行中，各學術團體都頒給我一面獎牌，並感謝在此期間科學組給他們提供的幫助與支援，讓我感動不已。席間，有位教授來向我敬「茶」，並把我引到一邊，對我說，道行兄你回台灣退休後，希望能抽出一點時間多看看國際經濟與世界金融，這樣你不會寂寞。而我瞬間想到，這句話講的真是出之內心，真誠而扼要，點到我這一生的弱點，尤其又在這個重要時刻，給我退休後助益確實甚多。回想這三年來，我在美中地區服務，僅是盡自己職責而已，並沒有什麼特別貢獻。反而是這些地區的朋友給科學組甚多支持，使科學組工作推展順利，我在這聚會上向他們特別深深致謝。臨別，我也衷誠祝福芝加哥及美國中西部的好友們身體健康、闔家幸福、事業如意。1998年1月15日，我將科學組的工作移交後即回國辦理正式退休。

11）居齡退休，國家科學委員會首長的一封信

　　當讀完首長的這封信後，讓我感動不已。除衷心感謝之外，又讓我回想起當時在那個環境下，大家為了國家科技資訊資源整合、邁向現代化及學術研究論文在國際間的提升等等，所作出的重大貢獻。這是中心全體同仁與數百位應邀熱心參與專家、學者們的辛勞成果，得來確實不易，這封勉勵信函，應與所有參與者一同分享。我的公職生涯，在這最後時刻，也因為主任委員劉兆玄先生的這封信，而譜出一個不一樣的結尾與心情感受。

道行吾兄惠鑒：

日月其邁，舊曆年節、轉眼已至、吾兄適值此時榮退，天寒歲暮，令人倍切懷思。

吾兄任職本會，倏忽十有二載，平日部勤嚴明，勇於任事，迄今仍為本會及科資中心同仁所懷念。在科資中心期間，為大規模研究資訊資料庫之建立、全國科技資訊網路之籌建以及科技分類典等諸多措施所投注之心力，更為各界所樂道。在借重於科學組期間，舉凡服務學人、溝通協調，或宣達政策、析疑解惑，更一本積極態度、勞怨弗辭，致實客禽然稱服，本會正慶得人，不意屆齡告退之期已至，同仁無不惋惜。所幸福體猶健，或樂敘天倫，或暢遊名勝，均可隨意所之，其融樂可想，謹為預祝。

時光易邁，歲月催人，值此故舊榮退之際，念往日賢勞、特書寸簡，藉申感謝與慰問之意，耑此 順頌闔府康泰，並賀年禧

弟
劉兆玄
兆玄
敬上
八十七年元月十七日

兆
玄
用
箋

第六篇

一段自主的人生

第16章　實現未完成的心願

1）成立「培道科技教育講座基金」

我在離開芝加哥前曾與內人有過多次商量退休後的安排，初步也理出幾個方案：一是在自己能力範圍內設置一個小型基金，為經濟落後的家鄉盡些義務，這是多年來心中願望。同時也在國內台灣師範大學工教系與台北市大安高級工業職業學校分別設立獎學金，紀念50年前讀大學的學系和首次任教的大安高工，以勉勵有志從事技職教育的優秀青年百尺竿頭更進一步；二是瞭解一些國內外經濟發展，因為以往在這方面接觸太少；三是同內人在身體健康尚好時能遊歷一些國內外的名勝古蹟，以及閱讀歷史、宗教、哲學方面書籍，作為消遣晚年這段生活。

這個基金的設立，並沒有對外募款或接受捐助，都是在我們一生節儉積蓄中湊出，作為對社會一些微薄回饋。基金名稱訂為「培道科技教育講座基金」，其中「培道」二字是從我們兩人的名字「范培琳、馬道行」中各取一字命名，於1998年退休後不久成立，主要用途是提供家鄉地區的學校，以邀請外地專家傳授新知識、新技能為主，協助改善家鄉人的謀生能力；另一部分先後在台灣師範大學工教系以許振聲教授紀念獎學金名譽，頒贈給大學部與研究所碩、博士班同學，在台北市大安高工是以「培道科技教育講座獎學金」方式捐贈給學校，頒發給五個類群中各選一名，以在學三年學業成績最優良者。

2）返鄉行與教育界的一席談話

　　1998年5月，我與內人以參加中原古都旅遊方式，隨旅行團前往。這是自1949年離開大陸後首次返回中原家鄉，真如唐朝詩人所寫「少小離家老大回」一樣。50年歲月的隔離使我一切都感到陌生，人與事物也皆非從前，而腦海中常常記憶的仍是早年戰亂、貧窮、逃難情景，所以隨著旅行團較為方便，省去很多轉車、買票等等麻煩。此行，在當時兩岸尚無直飛，是經香港飛山東青島，再乘汽車去泰山、曲阜、濟南。然後乘火車到河南開封、鄭州、洛陽，最後到西安，沿途可看看這些歷史上的名勝古蹟及大陸半世紀來的改變。

　　這趟行程，我曾在家鄉短暫停留，並應邀參訪洛陽工學院，學校並為我安排一場專題演講。晚間，由校長董企銘先生邀宴，由多位主管作陪。席間談了不少家常及學校教育未來可能的發展。最後大家想聽聽我對洛陽工學院的客觀看法及如何革新學校教學等等。當時，我瞭解家鄉經濟落後，學校經費有限，各方教學設施與台灣工學院相比仍有一段距離，要想全盤改革學校教育，讓我不知該從何講起。我稍作思考後，向他們提出一個建議，是亞洲有兩所學校模式值得一看，可作未來借鏡。一個是新加坡科技大學，另一個是香港科技大學，都屬同文同種，沒有語言問題，又是亞洲最好的理工學校，校長可帶人前往參觀，吸取他們辦學經驗，所需費用由我培道科技教育講座基金支援。而且這兩個學校校長我都認識，可以推介，應無問題。另外，培道科技教育講座基金也想提供貴校兩個獎學金給經濟、管理研究所碩士班學生及有潛力的年輕教師各一名，可到新加坡或香港科技大學進修研究半年，教師也可選擇去英

國倫敦經濟學院，希望貴校能為家鄉培養些經濟與管理人才。次年，董校長攜學校國際合作處傅建杭主任前往新加坡與香港兩所科技大學參訪，一切順利。並於2002年，在董校長任內將洛陽工學院提升為河南科技大學。2005年時，董校長調任河南省工業大學校長，邀我們前往參訪，就近也訪問了河南大學、鄭州大學及王廣亞先生所辦的育達商學院及一所技術學院並交換意見，這時大陸的教育經費已大量提升，學校教育已開始蓬勃發展。

3）應邀訪問浙江大學

2000年10月，台灣科技大學校長劉清田博士推介我代表學校訪問浙江大學，當時兩校有合作關係，曾蒙浙大潘校長邀請，我與內人前往，在浙大停留一週。參觀了浙大圖書館、教育學院、工學院、農學院及浙大城市學院。並對教育學院與工學院研究生及圖書館專業人員各作一場專題報告。浙大城市學院新設立不久，教育重點以應用科學為主，為一獨立大學，暫以學院名義附設在浙江大學。因其性質與當初台灣科技大學一樣，我去參訪時學校特別安排一場與主管人員的座談會，讓我介紹台灣科技大學的創校、招生、設置系所等等，從此我與該校校長魯世杰先生常有交往。並在次年2001年9月，在「培道科技教育講座基金會」協助聯繫安排下，由城市學院與國內中華圖書資訊學教育學會聯合舉辦了一場「海峽兩岸信息服務與傳播發展研討會」，支援單位是浙江大學與杭州市人民政府，雙方出席教授、系所主任及圖書、資訊館長等專業人員70餘位，參加者來自各省、市，會議舉行三天，論文發表50餘篇，分A、B、C三組研討。A組討論主題是「現代資訊傳播及人才培育」；B組討論主題是「圖書館資訊技術發展」；C組討論主題是

「網路時代文獻資訊資源建設與用戶研究」。這場會議舉辦的甚為成功，大會閉幕晚宴由「培道科技教育講座基金」贊助，在杭州西湖旁的黃龍大飯店舉行，席開10桌，祝賀大會的順利與圓滿。

　　這次在浙大停留期間，學校為我們安排參觀了當地著名歷史景點，如靈隱寺、六和塔、西湖的蘇堤、白堤等。我與內人也趁此機會前往紹興、蘇州去看「沈園」、「蘭亭」及「寒山寺」三處名勝古蹟。

　　「沈園」位於紹興，建於南宋，初成時規模甚大，是江南著名園林之一，屬沈姓富商所有。宋代以後歷經變亂，園林漸廢，只留下南邊小小一角，在1984年時依原古式樣重新修建。因沈園在南宋時大詩人陸游與愛妻唐琬分離十年後又偶然在此相遇，兩人先後並在園中壁上題下感人的〈釵頭鳳〉詩詞，使沈園在歷史上留名。這首詩詞我與內人早年均讀過，印象深刻，也曾多次探討陸游、唐琬及趙士程三人的家世、幼年的往來及當時的時代背景。我們對陸游、唐琬深為同情，也對趙士程能在三人偶然相遇之際，主動讓唐琬邀請陸游相聚同飲的這種胸襟大度感到至高敬佩。這一時刻三人的心情，雖然都是難以言表，尤其陸游更是感慨萬千，應是故事的高峰，也是引發〈釵頭鳳〉一詞的起緣。所以，我們很想趁此機會，前去看看800年前他們所留下的歷史痕跡。

　　杭州離紹興不遠，當天我們先參觀了魯迅故居及其紀念館，然後去到沈園。沈園不大，據解說人員所述，這件事情發生在南宋高宗紹興25年（即公元1155年），當時陸游在此與前妻相遇後，心中追悔已往、感傷之餘，隨手拿筆就在牆壁上題了〈釵頭鳳〉一詞：

　　　紅酥手，黃縢酒，滿城春色宮牆柳。東風惡。歡情薄。
　　　一懷愁緒，幾年離索。錯。錯。錯。

　　春如舊，人空瘦。淚痕紅浥鮫銷透。桃花落。閒池閣。
　　山盟雖在，錦書難託。莫。莫。莫。

　　後來唐琬看到，更是深情難忘，感嘆不已，在無法對人言表的處境下，也附和了一首回應，寫出自我的心聲：

　　世情薄，人情惡，雨送黃昏花易落。曉風乾。淚痕殘。
　　欲箋心事，獨語斜闌。難。難。難。
　　人成各，今非昨。病魂嘗似秋千索。角聲寒。夜闌珊。
　　怕人尋問，咽淚裝歡。瞞。瞞。瞞。

　　我們曾在題詞壁前停留，回想著在那個封閉時代，一對情感、恩愛深厚的美好姻緣就這樣被拆散，使我們帶著感傷心情，也默默念著兩人留下的絕世佳作。據說，此後沒有多久，唐琬即怏怏而逝，更讓人為之愴然不已。

　　「蘭亭」位於紹興市西南，傳說為春秋時期越王勾踐曾在這裡種植蘭花，漢代時設有驛亭，所以後人稱這個地方為「蘭亭」。它的出名主要是在東晉穆帝永和9年，即公元353年時，王羲之在此揮毫寫下〈蘭亭集序〉而聞名。王羲之是山東琅琊（臨沂）人，為東晉士族，家世赫赫，是我國歷史上有名的大書法家。我小時候練習毛筆字時，就常聽書法老師講述王羲之與「鵝」的故事，那時因年紀小無法領會太多，一直到我讀大學時，在國文系聆聽一位國學教授講解書法與手、腕、臂間的運用關係，然後他把話題轉移到王羲之為什麼喜歡鵝？而且對鵝的頭、頸伸展、移動等等都有細微觀察與實地臨摹。所以書法家在提筆寫字時，常常都是手臂懸空，像鵝的頭頸一樣，移動的姿態優美而感人。蘭亭的名氣很大，只要提到

蘭亭，就會讓人聯想到它是王羲之寫蘭亭集序與大詩人們一起飲酒賦詩的地方。這次浙江之行，有這個機會，所以我們兩人都想去看看一代書法大師王羲之在蘭亭集序中描述的情景與現在有何不同？

　　蘭亭修禊，至今已有1,600多年，依據園中導遊先生所述，現在所看到的蘭亭已不是當年的蘭亭，而是在明朝嘉靖年間依仿古樣所修建。石刻「鵝池」二字的大石碑，一眼望去仍是雄渾有力，依然無恙。在王羲之序文中對四周環境形容：「有崇山峻嶺，茂林修竹，又有清流激湍，映帶左右，……」我們此行確實體會到蘭亭所在的幽美與當時大詩人們的修禊情景，以及回思著王羲之大師留下的〈蘭亭集序〉真跡，到底歸落何處？

　　「寒山寺」位於現在的江蘇省蘇州市楓橋鎮，建於六朝梁武帝年間，初名「妙利普明塔院」，相傳有高僧寒山、拾得在此修行，而改名為寒山寺，至今也有1,500多年。我們此行純為〈楓橋夜泊〉這首詩而去，想要體賞唐代大詩人張繼當時寫這首詩的心情與實地景緻。寒山寺就在古運河旁，寺院並不大，因為這首詩出了名。在它不遠處就是江村橋與楓橋，兩橋相距很近，也許詩人的船就停泊在兩橋之間或者附近。這首詩寫於公元756年，其中有句「江楓漁火對愁眠」，讓我們感覺著這位大詩人懷有心事，難以入眠似的。經查閱唐史，始知公元755年為「安史之亂」爆發，唐玄宗倉慌西逃四川，大詩人張繼隨著一批文人墨客流落到江南避亂，客居姑蘇異鄉。次年，他在離鄉、思愁的心情下寫了這首令人感念的詩篇：

　　　　月落烏啼霜滿天，江楓漁火對愁眠。
　　　　姑蘇城外寒山寺，夜半鐘聲到客船。

　　我與內人也有幸，趁這個機會到此遊覽，了卻多年心願。據當地觀光單位統計，每年到這裡參觀的人數都有百萬以上，和我們一樣，都是受了這首詩的感召而來。

4）北京中秋國宴七日遊

　　2002年9月參加台北的一家旅行社與大陸旅遊部門聯合舉辦之北京中秋國宴七日遊，招募地點有香港、美國及台灣，主要行程景點是北京與承德，以及北京附近的明十三陵、盧溝橋、八達嶺長城、居庸關及古北口，這些地方都是歷史上有名的景點，有些也是近代抗日戰爭中著名的戰場。而且行程中還有兩晚住宿釣魚台國賓館及人民大會堂的仿國宴。北京我們沒有去過，加以又參觀這些景點，我們考量後決定參加隨團前往。

　　首日上午，我們在桃園機場乘長榮班機飛香港再轉機，下午五點多鐘到達北京，當通過海關走出機場時，迎面看到有人手執牌子，上面寫著：「歡迎台灣馬道行教授」。讓我一楞，誰會找我？可能是同名同姓吧！雖然我來前曾與北京的劉昭東先生通過一次電話，但我們約好是在兩天後旅館見面，也沒有提過當天的班機名稱與到達時間，更沒有想到會有人在機場執牌來接。我好奇的上前詢問，這位年輕女士約30歲，講話帶一點家鄉河南口音，給我一張名片，上面印著「科技情報研究所國際合作處副處長，姓段，有工學博士頭銜」。並說，前理事長劉昭東先生知道你與夫人要來北京，而且你們行程緊湊，要我們先到機場來接，並安排今晚在飯店用餐，他們已在那裡等候。這真是一個驚喜，也感覺意外。我向旅行團領隊說明情形，離隊同他們前往。從機場到市中心，又逢下班時間，車子開了兩個多小時。一路上我與內人都在觀看兩旁街景，道

路整潔、寬敞、但車輛很多、交通擁塞嚴重，使我回想到早年從新店到台北上班堵車情形，也使我感受到北京這個世界大都市的立體交通建設慢了一步。

這場聚會預先沒有約定，我與內人都未準備，身上穿的都是旅遊服裝，還帶著背包，到大飯店與朋友見面，頗感不好意思。劉昭東理事長與研究所的主官人員都在等待，見面即熱誠歡迎我們。劉理事長首先介紹了我及兩個單位早期建立的互訪交流經過。我也在席間述說當初邀請他及訪問團到台灣的情形，尤其你們科技情報研究所的名稱，掛著「情報」兩個字，在台灣非常敏感。當邀請公文送到主辦單位審批時，一位處長打電話給我說，你們怎麼邀請「情報單位人員」來訪問？為此，我還特別向他們作了一番說明，因為你們所稱的「情報」是我們所說的「資訊」，都是由英文Information翻譯而來，只是兩岸用詞的不同而已，才算順利通過，大家聽後都哈哈而笑。有關海峽兩岸「科技專門名詞」，李國鼎資政在早年也囑託我，希望能夠編輯一本對照表。因我調職赴美工作，後交由「李國鼎基金會」接手。在席間我還向他們提到，貴研究所有位趙女士，1992年在西班牙馬德里FID年會上我們見過面，當時她是你們研究所的國際合作處長，也請代我向她致意問好。劉理事長知道後原想電話邀她來參加，但時間已晚而作罷。晚餐後，我們隨劉理事長去看夜北京，王府井大街、外國大使館區及有名的夜市等最繁華地方，讓我們感受到古都北京的建設風格與雄偉氣魄，不失為世界大國之首都。

次日上午，由北京前往承德途中經過居庸關與古北口，這兩個地方都是早期抗日戰爭中的著名戰場，雙方大軍曾在這裡攻守激戰，往來衝殺，歷時月餘，國軍精銳傷亡有數萬人之多。這些事情在我記憶中甚為深刻，原因是1931年的「918」日本佔據了我國東

北，1933年又攻佔了古北口及1937年的居庸關與盧溝橋，引發了全面抗日戰爭，緊接著華北失守，日本飛機天天來轟炸，也從此一批批由東北方來的難民，輾轉流亡到家鄉中原地帶。那時，我年紀很小，初有記憶，看到這些逃難的人，扶老攜幼，衣履破爛，夜宿街頭、車站或寺廟之中，一天也難飽一餐，讓我心中至感淒傷、難過。今天經過這裡我與內人都很希望能憑弔一下，向這些早年為國捐軀的英勇將士們，致上對他們的無限懷思與至高敬意。

中午時分到達承德，飯後即去「避暑山莊」參觀，這裡分有宮殿區、湖泊區、山巒區等等，頗有北方的風光與江南的景色，十分秀麗。依解說人員講解，避暑山莊始建於康熙42年（即公元1703年），由康熙皇帝賜名，並題書「避暑山莊」匾額一塊，懸掛於莊內午門上方。後又經歷雍正、乾隆兩代，一直到1792年避暑山莊才算大致完成。山莊外修建的「外八廟」，是依照西藏、新疆、蒙古的藏傳佛教寺廟形式所建，主要是大清皇帝接待這些地區來朝見的政治與宗教首領，以示親善、安撫和團結邊疆民族，鞏固國家的統一。每年四、五月間皇帝與后妃們均來此避暑，九、十月間返回北京。早期，許多政治、軍事、外交及接見邊境民族領袖的重要事務也多在這裡協商處理。因此，避暑山莊就成為北京以外的第二個行政中心。一直到清朝道光年間，國勢日衰，不再巡視塞外，避暑山莊逐漸沒落、破廢，加以1933年日本佔領東北後，又把避暑山莊及外八廟的文物珍藏盜取一空。今天所見到的山莊景觀已是經過中共政府三次大整修後的現況。

第三天上午從承德回到北京，節目安排緊湊，而且精彩。首先去參觀「恭王府」，這座王府建於1776年，早期為乾隆皇帝寵臣和珅所居，後來改為恭親王奕訢府邸。恭親王在同治、光緒兩朝曾總理國家大政及外交事務，在中國近代史上頗負盛名。府第庭院規模

不大，但幽雅秀麗，有高度造景藝術。據說，國內著名畫家兼書法大師溥儒為其世孫，曾長期住過這裡，亦留下許多逸聞與佚事。下午續往「琉璃坊」參觀，這裡是北京一條古文化街，非常有名，專賣古玩、字畫、古老舊書及文房四寶等的商店，有100多家，展示的物品都有水準，看起來件件精美，使我們在這裡留戀甚久。離開琉璃坊，我們乘人拉「黃包車」遊覽北京胡同，深切體會了清末民初時期的老北京文化。晚餐後，前往位於北京前門西大街上的「老舍茶館」。

　　老舍為近代著名文學作家、劇作家等，本名舒慶春，筆名老舍，滿洲正紅旗人，1899年出生在北京，1966年逝世於文革期間。老舍茶館成立於1988年，店名取自於老舍及其所寫名劇《茶館》而命名。是一處仿古茶館，環境幽雅，古色古香，牆壁上掛有名人字畫，內設仿古硬木家具，服務人員身穿古式服裝，提著銅壺為客人添茶倒水，處處表現著老北京風情、民俗，還有說書、逗唱、雜技等表演節目，讓人無限回味。

　　第四天，我們是去看位於北京西南的「盧溝橋」與《紅樓夢》中的「大觀園」兩個地方。盧溝橋歷史悠久，為中國四大古橋之一，建於西元1189年，為金朝章宗開工興建，1192年完成，初名「廣利橋」，後因此橋橫跨於盧溝河（今永定河）上，故人稱為盧溝橋。由於1937年七七事變，引發中日全面戰爭，震驚世界，盧溝橋也聞名中外。此橋修建至今已有800多年，根據歷史記載，盧溝橋在康熙年間曾被洪水沖毀，1698年重建後，康熙皇帝命在橋西端立碑，記述重修經過。而在橋頭東端，有乾隆皇帝所題的「盧溝曉月」碑亭一座。我們去時，盧溝橋的南邊不遠處又修建兩座新橋，專供交通、運輸及車輛行駛，原盧溝橋已正式成為古蹟，供人欣賞。

　　早年，我與內人曾讀過些文章，述及有關盧溝橋上的石獅子：一是數不清，每次數的結果都不同；二是每個獅子的姿態與表情都不一樣，有的是昂首挺胸、有的是低頭沉思等等。我們抱著好奇心情想要驗證一下是否屬實，特別在橋上查看了數十根柱上石獅子的表情形態，確是各有不同。唯早年所用石質粗糙，年久風化，顯得雕刻不夠明細精緻。不過，能在這座歷史古橋上走過及瞭望中日戰爭起點的「宛平縣城」，深感值得及不虛此行。

　　中午過後，我們這個旅行團趕到北京市西城區，去參觀「大觀園」。這個園林建於1984年，佔地面積12.5公頃，內有賈寶玉住的怡紅院、林黛玉住的瀟湘館等等40多處景點，為當年拍攝電視連續劇《紅樓夢》所興建。而大觀園中一切設施建構，皆依據古典文學小說紅樓夢原著的時代背景與情節描述所規劃。我與內人早年對紅學一書也曾閱讀過，但瞭解不深。這次很高興有機會來看看模擬的實景，是否有著：

　　　銜山抱水建來精，多少工夫築始成。
　　　天上人間諸景備，芳園應錫大觀名。

　　這是紅樓夢第18回中，曹雪芹假借元妃之口，所述及命名的大觀園，作為元妃回府「省親別墅」之用，可說真是極盡奢華，也為紅樓夢一書留下伏筆，讓後來賈府以虧欠公銀而被抄家流放。很可惜，當天下午天公不作美，下了一場大雨，未能看到元妃回府省親的古裝盛景與熱鬧場面，讓我們有些失望而歸。

　　第五天的行程看北京故宮、天安門廣場、人民大會堂的仿國宴、參觀頤和園及釣魚台國賓館賞月晚會。行程緊湊，上午參觀故宮、天安門廣場，像似走馬看花一樣，匆匆瞄過。中午時分到達人

民大會堂國宴廳，嚐「仿國宴」，並參觀福建廳。

　　人民大會堂建於1959年，緊鄰天安門廣場，也是國家政治中心所在。據工作人員介紹，人民大會堂共有33個地方代表廳，是以各省、自治區、直轄市、特別行政區命名，每一個廳都由各自省、市、區自行裝飾，以示各自特徵。福建廳的裝飾，給人的感覺是高雅大方，有「武夷之春」國畫，展現了武夷山之秀美；蘇繡的「鼓浪嶼景觀」屏風；及「福州脫胎大漆瓶」，造形均古樸、優雅、精緻，充滿著八閩神韻。我想趁此機會看看河南廳的陳設，經詢問後是在三樓，位於中央大廳「金色大廳」周圍，那裡管制較嚴，一定要先有安排。因為那是黨和國家領導人接見外國政要和各國大使遞交國書的重要所在。

　　下午前往參觀著名的頤和園，這是北京最大的皇家園林，位於北京海淀區西北，佔地面積有290公頃，主要由萬壽山與昆明湖組合而成。原為金、元、明、清四朝帝后的行宮。在清朝年間慈禧太后曾挪用國家建立海軍的經費再次擴大整修，並賜名改為頤和園。園中景點多是人工建造，並與原有之自然山水景緻結合一起，十分優美、典雅，在我國造園藝術上，可稱是頂峰時期的代表，1998年被評為世界文化遺產。

　　傍晚時候，我們住進釣魚台國賓館，預計在這裡住宿兩晚。釣魚台國賓館座落在北京海澱區東側，原來也是一處古代皇家園林。在金朝時期皇帝完顏璟（西元1190-1208年）曾在這裡築台垂釣，所以後人稱此為「釣魚台」。

　　釣魚台國賓館建於1959年，與人民大會堂同一時期，都是作為中共建國10週年擴大慶典時接待外國政要、元首之用。共建有17棟，均採中國式樣兩層建築的青磚紅瓦樓房，環境至為寧靜、幽雅，有湖泊山水與綠蔭花卉，表現出既古典又現代的建築風格。

　　1966到1975年間，釣魚台國賓館曾是文革及四人幫的大本營，彭真、江青、康生、王洪文等都曾在這裡居住、辦公及發號施令。一直到鄧小平執政，釣魚台國賓館才恢復接待來訪外賓，並在1980年正式對社會開放。我們此次北京旅遊能住這裡，深感有幸。

　　當晚，正值農曆八月十五，中秋之夜。主辦單位為大家安排一場露天賞月晚會，特別邀請兩岸三地的知名歌星、藝人參加表演。晚會節目，由多年不見的台灣名藝人凌峰擔任主持，首先用他粗獷、渾厚的嗓音為大家唱了一首〈船歌〉，這是他的成名招牌之曲，作為開幕詞，贏得大家熱烈掌聲。這場晚會參與的來賓200餘人，有來自加拿大、美國、香港及台灣，多屬華人僑胞。我也真沒有想到，當天正是我70歲生日，有這場晚會，這麼熱鬧，又在北京的釣魚台國賓館度過，在人生之中確實難得，並非特意安排。

　　次日上午，我們去看八達嶺長城，下午去參觀了明十三陵的定陵地下宮殿。晚上到長安大戲院看了一場名角演唱的京戲，這趟旅遊行程算是結束。讓我與內人見識了老北京的古蹟與習俗，也體會了新北京的雄偉與風采。

5）晚年的杭州小住

　　1999年初，好友黎教授夫婦邀我們相聚，並告知他們已在杭州城西買了一戶公寓房子，價錢還算便宜，希望我們能去買一戶為鄰。杭州對我與培琳來講都深有興趣，它是以西湖而聞名，也是一個古都，有深厚的歷史與文化。北宋年間，大詩人蘇東坡任杭州太守時曾有「欲把西湖比西子，淡妝濃抹總相宜」，留下的千古佳作，讓杭州被視為人間天堂。

　　同年，我們到黃山旅遊回程時，特別在杭州停了幾天，也在杭

州城西桂花城買了一戶預售屋，為綠城公司所建。2000年底交屋裝修，從2001年開始，我們每年春、秋兩季多會在那裡停留一段時間。桂花城是一個新社區，綠化面積很大，種植各類景觀樹木，窗前多植桂花樹，分有金桂、銀桂、丹桂等。每種桂花，其花色、花瓣、花葉各有不同，都在秋季開花。每當季節來臨，在夜晚、清晨可聞到一陣陣淡淡清香，令人頗有「神清氣爽」之感。有次，在深夜睡夢中醒來，一時興起，也隨意寫了一首短詩，作為以後回憶這段美好時光。

> 五十年漂泊四海，七十歲落根杭州，
> 有幸賞天堂之美，聞綠城桂花飄香。

杭州到處充滿著歷史、文化氣息，每一個景點都有各自的典故與深遠的歷史淵源。當你遠望西湖寶石山上的保俶塔時，就會想到北宋開國皇帝趙匡胤，下詔吳越國王錢弘俶朝見的歷險故事；當你看到西湖邊上的岳王廟時，就會想到岳飛父子被奸臣秦檜所害的事蹟；當你走過西湖白堤的斷橋時，就會想到中國四大傳奇小說之一《白蛇傳》中的白娘娘，曾在此與許仙相會的蛇文化故事。

有次，杭州友人邀我們去參觀一位80歲高齡畫家的國畫展，可能是我們穿的比較正式，朋友又介紹我是台灣來的大學教授。這位年長畫家與接待人員聽了之後，對我們非常客氣，立刻拿出一本紅色精緻的簽名紀念冊，雙手打開，放在我們面前，要請我們「題字、簽名」。我一眼望去，前面人所題字、簽名都有一定格式。題字，像似作一首祝賀的詩詞，名前多有頭銜，我想他們是把我們當貴賓看待了。這一要求，我真沒有想到，也是初次所見，毫無心理準備，但也難以拒絕。我略作思考，很鎮定的說，這是我首次回到

國內看畫展，我想先參觀一下。其中有位接待人員主動陪同我們並作簡要講解，我邊看、邊聽、邊思考，等等要怎樣題字、簽名？

我正在思索之時，突然看到展示的牆壁上掛著一幅較大的國畫，標題寫著〈夕陽、晚霞〉，色彩亮麗、線條柔美，為一上等佳作，讓我停步觀賞甚久，也使我從其中找到了答案。這位年長畫家來自外省，身體十分硬朗，筆勢渾厚，蒼穹有力，他的畫風有點像張大千大師。當我們看完回到簽名處時，首先向這位年長畫家致意、讚佩他的國畫風格高超，是現代藝術界的一位大師。然後我也在眾人的目光注視下，拿起很久沒有使用過的毛筆從容寫了一首：

夕陽雖向晚，彩霞更燦麗。
願老當益壯，餘暉照人間。

並簽下頭銜及姓名，像似參加了一場機智性的大考驗。除贏來不少掌聲外，這位年長的藝術家也一再稱謝，並親送我們到門口。內人在身旁，先是為我擔心、著急，後來看到這種情形，也想不透，我從那裡來的靈感，在這麼急迫的情景下能寫出這樣的句子？

杭州西湖山水秀麗，千百年來，使人嚮往，我與內人深感有幸，在那裡住了幾年。也曾在中秋月明之夜泛舟湖上，濛濛細雨中漫步蘇堤、白堤，領略「煙籠寒水月籠紗」的詩情意境，以及張藝謀拍導的《夢西湖》，都說明了西湖之美。我們在杭州停留期間，結交不少知己好友，使我們身在異鄉也有溫暖，感受了人間天堂的地方。

6）寫下今生的人和事

　　回憶已往，在這個茫茫大時代的巨流之中，我經歷了長期的戰亂、流亡及數不盡的艱險、困苦與挫折，卻也因此激勵出我人生的堅毅、奮發與處事的思維，為以後數十年來所遇之大小事務，均能設法順利完成。每想起這段漫長歲月，心中最感恩難忘的應是早年隨學校流亡時，帶領我們的校長、老師們。他們的辛勞、偉大、無私與關愛，使我終生永記，且難以報答。戰亂也讓我有家難歸，一生漂泊，對家鄉及上一代家人，可說是毫無一點貢獻，這是一生中最大，而無法彌補的遺憾、虧欠與痛苦。我更要感謝父執輩劉獻捷先生，當時他人在美國，任教於哥倫比亞大學，能在那動亂、危急的關鍵時刻多次信函提醒，讓我及時來到台灣，並能考讀大學與後來的種種機遇，改變了我的一生。而後，有機會在教育部、台灣科技大學、經濟建設委員會及國家科學委員會任職工作，為國人服務，深感這是一生榮幸。我與家人也以最衷誠心意，感謝所有幫助過我們的師長、長官、同仁與親朋好友。

　　2013年末，我們把杭州的事務處理後回來，當時我與內人可說都是高齡年歲，雖然到處還可以自由行動，但總感體力、膽量都遠不如以前。我們也經過深思考量，應該是要安定下來，開始規劃寫我《大時代的憶往》，記下今生的人和事，完成家人的期盼，靜靜度過這段晚年，劃下漂泊人生句點。

後記

　　本書出版，前前後後費時將近4年。書中第5章到第9章為我國技術職業教育在70年代大革新的一段歷史。其中第5章是在早年改革技術職業教育時所用的「行業分析法」研訂職校及專科學校各科核心課程，來銜接技術學院教育，並採用大三明治（職校、專科＋工作經驗＋技術學院）教育方式，把歐美技職教育優點融入我國技職教育之中，而在首所國立台灣工業技術學院（現在的台灣科技大學）實施，開創新例，非常成功。這些畢業生擁有職業學校之技能、專科學校之技術與技術學院之科技與理論，又有工作經驗，頗受企業界雇主歡迎。第6章是推導技術職業教育體系的理論基礎，從科技領域、科技層次、人力結構、工作領域轉移、變遷與教育關係著手，讓我費時數月之久。也讓我多年之後，回想當時查尋參考資料之困難，沒有電腦、沒有網路，而且各圖書館都是非開放式，來往交通也非常不方便。尤其晚間，每等一班公車都在半小時以上，常常深夜才回到家。

　　後來我以第6章資料為基礎，稍作修改分別以〈我國技職教育發展問題與改革動向〉一文發表於中國比較教育學會舉辦之《世界技術職業教育改革動向》中，第二篇以〈從科學及工程領域：看我國技職教育體系之形成與其理論基礎〉之名稱，發表於國家科學委員會《科學發展月刊》中，以及英文〈Non-traditional Engineering Education in ROC〉（中華民國的非傳統工程教育）名稱發表於《美國工程教育》學刊。

　　第11章到14章是我國科技資訊服務現代化的革新經過，一切都

是從基本做起，開始編訂我國中、英文名詞對照的科技分類典、科技索引典，建構大型資料庫與自動化中英文檢索系統，並創設全國科技資訊網路，連結國內工商企業與學術單位及大小圖書館與資訊組織。這些計畫曾動員國內學者、專家數百人參與，費時5年完成，奠定了我國科技研究、資訊處理及服務現代化根基。事後，也以我國科技資訊處理與服務〈Sci-tech Information Processing and Services in Taiwan, ROC〉一文發表於國際資訊與文獻聯盟（International Federation for Information and Documentation, FID）在西班牙舉行的第46屆年會大會。

回顧以上這些成果，真是要感謝當時科資中心全體同仁的辛勞與努力不懈，以及受邀參與學者、專家們的鼎力相助，更要感謝當時國家科學委員會主任委員陳履安先生的遠見與魄力，批准了這個大計畫，以及李國鼎資政、夏漢民主委、郭南宏主委等的大力支持，始能順利完成這些艱巨任務。本書出版，多蒙好友余培林教授、黎劍瑩教授、童甲春教授及蔡新民、孫霞繡教授夫婦給予甚多寶貴意見，以及李暉、徐玉梅教授夫婦及高秋芳女士的全程協助，特在此一併誌謝。

此外，我也在這書的結尾之中，要特別感謝內人范培琳女士給我這一生的協助與鼓勵。並在早年那麼艱苦的環境中，她勇敢接下家庭重擔，一方面工作、一方面照顧兩個年幼的孩子，支持我辭去教書工作，出國進修。回想起來，這段人生歷程真是感人，展現了她的堅忍、毅力與豁達心胸，也使我幾十年來在工作上沒有分心之慮，能夠全力以赴。

內人於1936年出生於山西省晉城，也受大時代的衝擊，從幼小就隨家人逃難，到過西安、重慶、南京、廣西、海南島等地。我岳父范炳文先生早年畢業於北京大學法律系，曾任職考試院及國大代

附錄一

國立臺灣工業技術學院建校紀要

我政府為培養高級技術人才提高國家科技水準以促進我國經濟之快速成長，決定成立國立臺灣工業技術學院，民國六十二年十一月設立籌備處，派顧安主其事，翌年八月，籌備完竣。先設二年制工業管理及電子工程二系，招收專科學校畢業生，六十四年三月三十一日舉行第一屆新生開學典禮，並以是日為校慶日，同年秋復增設機械紡織及營建三系，次年又增設四年制招收高職畢業生。

自創校以來，承師生同心協力克服困難，建校工作得按預定計劃分期進行，前三期工程計完成教學大樓、電腦中心、視聽教育館、行政大樓、圖書館、語言教室實習大樓、學生宿舍學生活動中心、體育館之建築以及校園之規劃與美化，第四期工程將興建八層教學實習綜合大樓及禮堂各一棟，其經費來源除政府預算外尚有世界銀行教育貸款及中美基金之贊助。

在教學方面，本院以學理與技術並重，尤責心性之陶冶與氣質之培養，得莘莘學子皆勤勞研習競求創新以肩負服務社會之責任，為國家現代化而效力。

本院成立迄今瞬已三載，吾人深知學校之風格必經長期之培養教育之成效，亦非一蹴可幾，今丕基初奠，來茲方遠，至盼全校教職員生緬懷建校之不易，益勵精誠，羣策羣力，為我國科技教育開創新境界，爰綴數語用誌不忘。

中華民國六十六年十月十日

（註：本文係選自圖書館左前之大理石碑）

院長 陳履安 謹識

國立台灣科技大學首任校長陳履安博士的「創校勒石紀要」

附錄二

致　台科大校友會：

　　這是一篇技職教育體系與台科大的創校始末紀實，因早年我親身全程參與，時隔40多年，已成歷史性質。回顧已往創校時的資深教授與工作同伴，多已退休或凋零遠去，難以看到台科大今天的成就，令人十分惋惜。我特在台科大創校40年校慶前寫下當初紀實概要，傳給「台科大」人，深感有幸。若篇幅可以容納，希望校友會能夠刊在台科大創校40週年校友季刊上，謝謝。

　　2015年元月，經羅台生榮譽會長轉交校友會，發表於《校友季刊2015 June ISSUE 69-70》，全文如下。

賀　台科大建校四十年：憶當時教育部長蔣彥士先生與籌創校長陳履安先生

馬道行（台科大創校教務長；美國米蘇里大學工程、工業教育博士）

壹、時代背景

◆蔣彥士先生任部長時期：1972.5.29～1977.4.19
◆陳履安先生任建校籌備主任暨校長時期：1973.11.15～1978.12.6
　　台灣科技大學的前身是「國立台灣工業技術學院」（National Taiwan Institute of Technology），於1974年8月成立，次年3月開

學,是當時國內首所技術職業教育的最高學府,象徵著我國技術職業教育體系建構完成與新型態教育的開始。這項教育革新工作,為以後國家經濟發展及工業化奠下了基礎,提供了充沛的各級技術人力,在亞洲及先進國家間,我們創了先例。回顧當時,促使這一體系的形成,主要有下列幾個關鍵性的因素:

一、工業快速發展、社會變遷、人力結構轉移

自二戰結束後,西方先進國家將科技與工業重心由軍事轉向民生,使工業蓬勃發展,把農業為主的社會推向工業。1980年以後,又從工業逐漸轉向服務業時代,大量的社會人力跟隨著不斷轉移,各級教育亦不斷調整配合,培植各種人才。尤其技術職業教育在轉型的社會中最為所需、發展最快,而且質與量都在大幅改變與向上提升。使原有的應用技術主流,由基層的「技能」需求,逐步轉向「技術」、「科技」及「高新科技」。

二、我國的幾個重要措施

我國教育革新工作,因受早年戰亂影響起步較慢,政府遷台後仍沿用舊有教育制度與法規,尤其在技術職業教育方面,教育目標、教學內容與所需要,皆落差很大,「學與用」難以配合,跟不上社會轉型。加以當時經濟落後,國民所得偏低,政府教育經費非常有限,難以推動改革。一直到1954年,在美援經費項目下,才開始擬定計畫,首先改革職業教育,其中幾項較為重要者有:

(一)1954年,在美援項下加強我國職業教育設施及注入新的職業教育方式與觀念,確定了職業教育的明確目標及教學範圍。如工業職業學教育目標為例,以實施單位行業訓練,培養科技人力基層的技術人才,並訂名為「技術工」,而非「技

術員」、「工程師」。這時，由於新觀念的輸入，國人開始注意到職業教育與國家邁向工業化所需科技人力的重要性。但，當時的中等教育仍以普通中學教育為主流。

（二）1966年，行政院經濟合作發展委員會（即經建會前身）第一期人力發展計畫，將高中與高職入學人數比例由原來六與四之比，於六年內改變為四與六之比。更由第四期人力計畫，從1972年到1981年，由四與六之比再轉變到三與七之比。這幾個人力計畫，給國家工業化過程中帶來了大量的基層技術人力。並在另一面，無形中削減了升大學競爭之壓力。在此期間，職業教育本身也起了很大改變。除工業職業學校大量開放外，其他原有之農業、商業類職業學校，由於招生及學生畢業後就業困難，當時有相當比率的學校轉為農工及商工類的職業學校。並在偏遠地區或學生升學困難之普通高中增設職業科。此時，我國中等教育之主流，已轉向職業教育。

（三）在專科教育方面，從1962年的十一所專科學校到1972年增加到七十六所。這種現象充分顯示著我們的國家當時已經進步到工業開發階段的中期，所需要的大量中級技術人力，即所謂之「技術員」。在此期間，職業學校與專科學校在學人數已逐漸形成我國教育上的一個主流。而專科及職業教育主管部門在教育部內也脫離高等及中等教育司而獨立，成為「專科及職業教育司」。

（四）新制職業學校與二、三、五年制專科學校教育，經歷20年後，我國基層與中級技術人力相當充沛，促成了1980年代後我國的經濟成長與工業快速發展。這時，社會對人力需求已轉向科技與高新科技人力方面。我們的教育當局也感受到兩方面壓力：一方面是大量職校與專科學校畢業生進入職場工

作幾年後，在新的行業技術發展中，有志上進者缺少再進修機會與進修途徑；另一方面是產業界隨科技的進步、創新，高新技術人力的需求，已感日漸迫切。

（五）技術學院的構想，在早期經建會與教育部間已有倡議。但因部、會之間人士常有更迭，加以政策未決，意見分歧及舊有教育法規限制等等甚多因素而停滯。一直到1972年5月，新任命教育部長蔣彥士先生接任後，一方面調整部內人士，先後邀聘新回國學人有郭為藩先生、梁尚勇先生兩位擔任部內常務次長，在司處長方面有林清江先生接掌高等教育司、陳履安先生接掌專科職業教育司、蔡敏忠先生接掌體育司，李鍾桂女士接掌國際文教處長。這一批新進的年輕、精英人士，都擁有高學歷、國際觀及專業學養，後來多為國內學、政界知名人士；另一方面著手修訂不合時宜的教育法令，為建立技術職業教育體系、籌設台灣工業技術學院，以及為技職教育體系學生開闢第二升學進修管道。同時，也為分散當時大學院校聯招報考人數壓力而鋪路。

貳、蔣彥士先生的處事風範

蔣彥士先生是我最敬佩的一位長官，正如蕭萬長與吳伯雄兩位先生在蔣先生逝世十週年追思會上所說：他的偉大及獨特的人格特質，真心關懷別人，提攜優秀後進，重視方法、效率，全心付出。為國家、社會作出了極重要的貢獻，尤其在關鍵時刻的中美斷交、國內政體輪替等等。

我與蔣彥士先生的認識是在1972年9月後，教育部專科職業教育司陳履安司長邀我前去見面，我與陳司長並不認識，過去也沒有

見過，我在回國前只與他通過一封信。初次見面陳司長給我的印象是年輕、和善、姿態不高，沒有舊官場習氣，處事積極，簡要明快。我們談話時間並不長，但對未來技職教育的看法卻一致。陳司長希望我早點報到上班，我的主要工作是參與建立技術職業教育體系，負責修訂各類職業學校、專科學校課程與未來技術學院教育銜接。

我到專科職業教育司後，即為建立技術職業教育體系與各類學校課程修訂，首先作了三個前導性的分析研究，分別是：

一、〈由各級教育產出：看進入社會整體人力結構〉。這一份分析探討是採取1971年資料：以1965年國民小學適齡入學人數為基準，此時入學率已達百分之九十七。並把進入社會之人力階層分為國小人力（指輟學及畢業未再升學者）、非技術人力（指國中、普通高中輟學及畢業未再升學者）、技術人力（指高職及專科）、高級專業人力（指大學及研究所），主要在瞭解進入社會的各種人力結構及所占比率，以作未來技術職業教育推廣的參考。這份分析發現1971年時由各級教育進入社會之人力總數有324,316人。其中國小人力占32.4%，年齡多在12歲及12歲以下，未完成9年應受之國民教育，而進入社會；非技術人力占37.3%；技術人力占23.9%，而高級專業人力僅占6.4%。

二、〈從大學院校聯合招生報考組成分子分析：探討技術職業教育發展的方向與範圍〉。這一份分析報告是採用當時過去五年最新聯招資料，發現：每年眾多的職業學校應屆畢業生報考大學院校聯招，錄取率只有千分之六，

沒有一個考進公立大學;當時有公、私立普通高中230餘所(含補校),其應屆畢業生報考大學院校聯招,錄取率在5名以下或0(無人被錄取)的學校就占了一半,每年那麼多的普通高中畢業生沒有就業技能,又考不取大學院校;而且當時的大學院校聯招報考人數已近十萬人,每年均有相當比率的增加(多為應屆、非應屆職校畢業生),而大學聯招每年錄取率多在百分之28-30之間。

由於,大學院校聯招報考人數年年增加,教育部與社會各界也深感升學競爭日益嚴重。此時,又恰逢國內產業轉型,缺乏各級專業應用方面技術人力,顯示大學院校聯招制度有待改進。上列這兩份分析報告除顯示每年由各級教育產出進入社會人力結構需要調整外,也顯示出建立完整「技術職業教育體系」的需要性。

三、〈以行業分析方法:研訂各類職校及專科核心課程〉。目的在分析出各類職校、專科主要行業科中,數、理、化及相關應用科學課程涉及的深度與範圍,作為未來教材編訂及教學參考。同時,並建議教育部只管核心課程教學時數及學分,以不超過百分之六十為原則,其他百分之四十,交由地方教育廳局及學校按其需要作自行調整,教育部不必列管,以減少每次課程修訂時不必要的爭議與教學之不便。

以上三個分析報告,我先後在三個月內完成,曾由專科職業教育司提報「部務會議」討論研議。由此開始,深受蔣部長注意及禮遇。後因教育部需要公務人員資格,陳履安司長一再鼓勵我去應試,並希望我選考最高職等。次年,恰逢考試院舉辦全國公務人員

職位分類考試，我個人私下報名參加，僥倖以最優等通過國家的十一職等教育行政人員任用資格，即獲教育部以專門委員正式任用。同年，陳履安司長應美國艾森豪獎學金委員會邀請赴美作研究考察，臨行我到松山機場送行，時有郭為藩次長及國際文教處李鍾桂處長，後來蔣部長從遠處走來，我因職位層次關係，特向一旁退離七、八步之遠。沒有想到蔣部長同陳司長致意叮囑後，向我走來，並對我說，國立台灣工業技術學院一定會成立。待部長離開後，李鍾桂處長開玩笑似的問：部長又同你講了些什麼悄悄話？

1973年11月，教育部設立「國立台灣工業技術學院」籌備處，陳司長奉派兼籌備處主任，籌備處下設秘書、課務、師資甄選及建築設備四個組，各組皆依照計畫、推展工作。我被派負責課務，按當時該組章程所訂，職掌中第一條即是「課程設計」，就涉及到未來這所學校至為關鍵的核心問題。在我深思之後，瞭解到絕對不是以前規劃時，所歸結出的「培養工業界所需的高級實用人才」一句話就可以了結的。「技術學院」在我國為一新制學校，無前例可循，而必須找出這所學校未來在國家整體教育中的定位在那裡？與普通大學工學院的差異在那裡？以及畢業生在未來就業市場的人力結構中定位在那裡？而這些重要問題都需要一一分析、求證，才能設計課程。換句話說，我國的技職教育發展到這個階段，需要一個「體系性的理論基礎」來支持這所即將成立的高等學府──技術學院，才可說明及顯示其不同的特徵與地位。國際間雖有很多技術學院，由於各國的工業化程度與文化背景差異，而有很大不同，定位多模糊不清。而且有關定位也涉及著未來這所學校的聲譽、地位，以及畢業生的前途與遠景，可說至為複雜而重要。

技術學院在籌備期間，校地問題原計畫利用當時正在台北市南港籌劃中的台北市立工業專科學校土地，後經蔣彥士部長與當時財

政部李國鼎部長、郭為藩次長及陳履安籌備主任等親自查看，恰逢下午日落時刻，四周工廠林立，黑煙彌漫，地區環境甚差，而且面積狹小，不適合技術學院建校之用，必須另覓土地。在回程途中，蔣部長突然想到台灣省農業試驗所將遷往台中，在台北市公館之試驗農場土地正在出售。蔣部長回到辦公室後，立即撥電話給農業試驗所金所長，詢問該土地是否已售出？金所長的答覆是已談妥，即將簽約。蔣部長請求金所長暫停簽約，即請陳履安籌備主任前往商洽，就在這樣緊急關鍵時刻下取得了這塊建校土地。蔣部長並指示：「國立台灣工業技術學院不宜過大，重點在質的提升，將來如有需要可在南部再設立。而且，要先有校舍，再辦招生。」陳籌備主任本此原則，在其卓越領導下，經過一年的精心擘劃，完成技職教育體系架構及建校藍圖與逐年發展計畫，以使未來建校、招生等工作均能依計畫順序次第執行。

　　1974年8月1日，陳履安籌備主任被正式發表出任國內首所「國立台灣工業技術學院」校長，並邀我一同前往，負責教務，協助創校工作。在我離開教育部時，蔣彥士部長仍以懇切不捨的說：「教育部有需要，你還是要隨時回來幫忙。」我在教育部時間不長，職位不高，能蒙蔣部長對我這麼關懷、禮遇，讓我多年以來深深體會著蔣先生的特殊人格與偉大胸襟的待人風範。

　　在建立技術職業教育體系暨籌創國立台灣工業技術學院先後十餘年間，我曾在國內外學術期刊上發表以下四篇有關我國技術職業教育改革方面的論文，把技術職業教育與普通教育體系間的分合定位，以及與大學工學院間的異同，均有清晰說明。

　　一、〈我國技術職業教育發展問題與改革動向〉。

　　二、〈Non-traditional Engineering Education in ROC〉。

三、《國立台灣工業技術學院畢業生特徵追踪研究》。

四、〈從科學及工程領域：看我國技術職業教育體系的形成
　　與其理論基礎〉。

　　我國技術職業教育體系的建立，是依據我國國情需要、文化背
景，及參酌部分歐、美技職教育優點而設計規劃，在當時都屬於開
創性的發展，也破除了早年「職業教育是終止教育」的這種錯誤觀
念，率先走上了「生涯教育」。這個體系的建立，在當時教育法
令、舊有觀念、層層的約束下，以及涉及的經費、人力與在台北市
建校土地等等的諸多難解問題，都在蔣彥士部長的宏觀、遠見、魄
力下，進行改革及親自奔走、協調、推動，終於在短短二、三年間
完成了我國教育史上的一大革新，並開創出第二個進修管道，疏散
了每年大學院校聯合招生的壓力，除了可為國家經濟發展培育大量
高級技術人力外，更為進入技術職業教育體系眾多的青年們開啟一
道光明的前途遠景，讓職業學校、專科學校畢業生就業後在工作
崗位上有實際工作經驗者，有能力、有需要的這些青年人有進修機
會，可以修讀應用科學方面的學士、碩士及博士學位，未來也同樣
可以成為優秀的工程師及科學家。

　　第二升學管道的開闢，也確為甚多經濟環境較差家庭的優秀子
弟因就讀技術職業教育而受惠，只要努力上進，日後都有出人頭地
的機會。讓這些青年，甚至包括家人，都會默默感念政府的這項偉
大措施。蔣先生在教育部長任內帶領同仁們推展了甚多革新工作，
這僅是其中一部分而已。我也深感有幸，在陳履安校長領導下，參
與了這項教育史上的改革工作。

　　至今，台灣科技大學已經歷四十年歲月，在歷任校長卓越領導
下，無論學校規模、制度、學術地位，在國內及國際間均聲譽卓

著。我除衷心祝賀外,亦回憶起這些「當年往事」,對蔣彥士先生在部長任內的貢獻,及對青年學子的關懷,以及陳履安校長對整體技術職業教育體系的擘劃、創校與求是精神,皆讓人至為欽佩與感念不已。

台灣科技大學早年創校歷史照片

左:蔣彥士部長主持國立台灣工業技術學院建校破土典禮,1974年6月24日。
右:第一屆新生開學典禮,蔣部長致詞,1975年3月31日。

左:參與貴賓與首屆新生。
右:貴賓與首任校長陳履安。(右起:蔣彥士、陳履安、李國鼎及貴賓)

附錄三

united nations educational, scientific and cultural organization
organisation des nations unies pour l'éducation, la science et la culture

7, place de Fontenoy, 75700 Paris
1, rue Miollis, 75015 Paris

téléphone : national (1) 45.68.10.00
international + (33.1) 45.68.10.00
télégrammes : Unesco Paris
télex 204461 Paris
270602 Paris
téléfax : 45.67.16.90

référence   PGI/93/ABID/MISC

0 3 AUG 1993

Dear Mr Ma,

Subject: STICA Annual Conference, Taipei, Taiwan, March 1994

I acknowledge with thanks receipt of your letter of 5 July 1993 inviting the Director-General to be the keynote speaker at the STICA Annual Conference to be held in Taipei, Taiwan, in early March 1994.

While we appreciate your courteous invitation and your interest in UNESCO activities to improve access to scientific information, I regret to inform you that, since the Organization has no relations with your Government, we are unable to send a delegate to the conference. We are, however, interested in receiving the proceedings in due course.

I wish you a successful Conference.

Mr K. Nhouyvanisvong
Assistant Director-General a.i.
Bureau for External Relations

Mr Tao-Hsing Ma
President
Sci-Tech Interlibrary
    Cooperation Association (STICA)
16 F 106, Sec. 2,
Ho-Ping E. Road
Taipei
TAIWAN (10636)

聯合國教科文組織（UNESCO）的回函。

附錄四

MASSACHUSETTS INSTITUTE OF TECHNOLOGY

DEPARTMENT OF PHYSICS

77 MASSACHUSETTS AVENUE
CAMBRIDGE, MASSACHUSETTS 02139-4307

Jerome I. Friedman

Professor of Physics
Head of the Department
of Physics

Room 6-113
(617) 253-4801
Telefax
(617) 253-8554

October 2, 1996

Dr. Tao-Hsing Ma
Director, Science Division
Tapei Economic and Cultural Office in Chicago
Two Prudential Plaze
Suite 5760
180 N. Stetson Avenue
Chicago, IL 60601

Dear Dr. Ma,

Thank you for your kind invitation to visit Taiwan. I would be very pleased to do so; but unfortunately, previously made commitments will prevent me from doing so during the Physical Society meeting at the end of January. During the next few months, I will discuss with Dr. Yeh other possible dates. I maintain good contact with Dr. Yeh, who is doing outstanding work at Fermilab in the CDF project. He played a very important role in the discovery of the top quark, one of the most important physics discoveries in recent years; and I take great pride that he was one of my students.

This brochure you sent me presents an impressive array of scientific and technology programs being carried out in Taiwan. I look forward to the visit to learn more about these and to provide any help that I can.

Sincerely,

Jerome I. Friedman

Jerome I. Friedman

高能物理學家諾貝爾獎得主Dr. Friedman的信函（一）。

MASSACHUSETTS INSTITUTE OF TECHNOLOGY
DEPARTMENT OF PHYSICS
CAMBRIDGE, MASSACHUSETTS 02139-4307

JEROME I. FRIEDMAN

ROOM 24-512
(617) 253-7585

INSTITUTE PROFESSOR
OF PHYSICS

July 1, 1997

Dr. Tao-Hsing Ma
Director
Science Division
Taipei Economic and Cultural Office in Chicago
Two Prudential Plaza, Suite 5760
180 N. Stetson Avenue
Chicago IL 60601

Dear Dr. Ma,

Thank you for your kind letter and for sending me the clipping from the Central Daily News. Knowing how busy Vice President Lien is, I was very honored to be able to meet him. The trip to Taiwan was both very interesting and enjoyable, and I greatly appreciate the warm hospitality that I received. Drs. G. P. Yeh, P. K. Teng, and John Huang were excellent guides and took very good care of me. I was also impressed by the progress the Taiwan Physics groups are making and how they are participating in some of the major projects in the world.

I also want to thank you for your help in arranging this trip. If I can be of any help in the future, please let me know.

Sincerely,

Jerome I. Friedman

Jerome I. Friedman

JF/bc

高能物理學家諾貝爾獎得主Dr. Friedman的信函（二）。

附錄五

H. E. Kennedy
3804 Churchill Circle
Durham, NC 27707

April 1, 1995

Dr. Tao-hsing Ma, Director
Science Division/TECO
2 Prudential Plaza
Suite 5760, 57 Fl.
180 N. Stetson Ave.
Chicago, IL 60601

Dear Dr. Ma:

It was a wonderfully pleasant surprise to receive your recent letter informing me of your new assignment with the National Science Council and your move to the United States to assume those responsibilities. It must be a very exciting time in the lives of both you and Mrs. Ma. According to your letter, by now you will have been in your new position for about two weeks. In spite of your graduate study in the U.S. and your numerous visits, there must be many adjustments for you to make in your personal lives. We wish you all of the best, both professionally and personally.

I am very interested in hearing more from you about what your responsibilities are in Chicago. If I can ever be of assistance to you in any way, please let me know. I enjoyed very much our association in the past. My two visits to Taiwan and STIC are outstanding highlights among my memories of my career at BIOSIS.

Your record of accomplishments at STIC speaks for itself. It is, indeed, an important member of the international information scene. I hope you will carry fond memories of your time at STIC as I do of my time with BIOSIS.

It is now 23 months since I retired. These have been very special months for my wife and me. The freedom to schedule our time as we wish is perhaps the most rewarding aspect of retirement. The move from our home in Swarthmore, PA (a Philadelphia suburb) to Durham, NC has required a lot of time and energy; it is good now to be settled and very comfortable in our new environment. We enjoy the milder climate in North Carolina than Philadelphia, and it is a pleasure to be only about 25 miles from where our three grandsons and their parents live. I have found many opportunities for professional and mental stimulation and as much participation in such activities (as a volunteer) as I care for.

I hope that we will have the opportunity to meet again, either in Chicago or in North Carolina. If your travels should bring you to this part of our country, please let me know so that we can meet. Likewise, if I have occasion to be in the vicinity of Chicago, I will get in touch with you. In the meantime, my wife and I want to wish you and Mrs. Ma much success and happiness in your new life in Chicago. We want to keep in touch.

Sincerely,

Ed Kennedy

H. Edward Kennedy

P.S. I recently told Dr. Markusova from Moscow about your move from STIC to Chicago. She asked for your new address and I gave it to her.

國際友人BIOSIS總裁Dr. H. Edward Kennedy信函。

大時代的憶往

320

附錄六

Institute for Scientific Information®

3601 Market Street Philadelphia, Pennsylvania 19104 (215) 386-0100 Cable: SCINFO, Telex: 84-5J05

Eugene Garfield, Ph.D.
President

May 14, 1990

Dr. Tao-hsing Ma
Director
Science & Technology Information Center
National Science Council
106 Ho-Ping E. Road, Sec. 2
Taipei 10636
TAIWAN

Dear Dr. Ma:

During my visit to Taiwan you asked me if I could find out the
origin of the Fortune Cookie. Our research librarian, Judy
Schaeffer has tracked down the history of the American Fortune
Cookie and I am happy to send you a few items about it. As you
can see, it is related to the ancient Chinese practice of
messages which were transmitted on rice paper in steamed cakes.

I hope everything is well with you and all my friends in Taiwan.
Catheryne, Alexander and I enjoyed our trip and wish to thank you
once again for your generous hospitality.

Best wishes,

EG/MM
Encl: articles on the fortune cookie

國際友人ISI總裁Dr. Eugene Garfield
的信函與10年後的全家照。

附錄七

悼念好友　孫永光教授文

　　我與永光兄的認識是在1979年，我到米蘇里大學哥倫比亞校區（UM-C）修讀博士學位，週末同室學長邀我去查經班。那時查經班沒有固定場所，有時借用附近教堂，有時借用宿舍，但大多時間會在永光兄嫂府上。從那時認識了永光兄嫂（Albert及Grace）、孫伯母及Aggie小姐。我因與永光兄同歲，而過去也從事教育及在大學教書，且早年都又經歷過戰亂歲月，雖是初次見面，我們就談的非常摯誠、親切，深有他鄉遇故知的感受。在過去三十多年間，我與內人范培琳也多次去哥城均住永光兄嫂府上。1991年，大女兒友萍去UM-C讀Computer Science，也多由永光兄嫂照顧。1995-1998年間，我擔任國家科學委員會派駐芝加哥科學代表時，永光兄嫂亦開車到芝城來看我們。而永光兄嫂每次回台灣，不論是在陽明醫大、中央研究院或我家中，我們都會相聚、暢談。有次，大約是2006年，永光兄嫂應中央研究院之邀回台灣，在中央研究院打電話給我，馬上要來我家相聚。我特到大門口相迎。永光兄見面第一句話就說，醫生告訴他，他正生著進行式的「中風」疾病。2010年，永光兄嫂及在台親友去上海看世博會後，經道杭州，當時我與培琳正在杭州小住，約定在杭州見面，若時間許可，可安排參訪浙江大學。沒有想到由南京到杭州的路上車子出了問題，一直延誤到深夜才到，我們在旅館相見，看到永光兄氣色紅潤、聲音宏亮，看起來身體比以前還健康。Grace是永遠忙碌，一邊談話、一邊用電腦查

看學生作業進度及實驗室情形。老友見面有說不盡的高興與祝福，
也祈望永光兄嫂能抽出時間，來杭州家中小住，一方面可作學術參
訪，另一方面可以調節一下身心，看看江南的人、物、景緻及近年
大陸的發展。時隔僅僅一年多，一切猶在眼前。上月中我與培琳在
杭州，突接中央研究院Dr.Teng-nan Lin電話，傳來永光兄在芝城逝
世消息，培琳與我至感哀傷。回想永光兄一生在為人處事方面的謙
恭、認真、對青年人的關懷與慈愛，在宗教與教育方面的衷誠奉
獻，均留下了哲人的崇高典範。今永光兄奉召歸主，但我與培琳
卻失去了一位摯誠好友，心中懷念不已。願永光兄在天與孫伯母同
享　主的恩典，也願　主賜福Grace及家人。

馬道行、范培琳寫於台灣新店家中

2012年6月8日

參考書目

一、中文部分

1. 第五次全國教育會議報告。教育部，民國59年。
2. 教育法令。教育部，民國60年1月。
3. 有關成立技術學院文獻及檔案。教育部及經發會人力規劃小組，民國57-61年。
4. 行政院經濟合作發展委員會第一期人力發展計畫，民國55年。
5. 行政院經濟合作發展委員會第四期人力發展計畫，民國61年。
6. 中華民國教育統計，民國55-62年。
7. 大學院校聯合報招生報告，民國55-61年。
8. 民國57年5月，教育部成立專科職業教育司。民國62年9月，專科職業教育司改名為技術及職業教育司，教育資料集刊，第四期，第373頁。
9. 林清山，心理與教育統計學，民國65年。

二、外文部分

1. Blau, P. M. and Duncan, O. D. The American Occupational Structure. New York: John Wiley and Sons. 1967.
2. Dorf, R. C. Technology and Society. San Francisco, California: Boyd and Fraser Publishing Company, 1970.
3. Engineers' Council for Professional Development. "Accreditation Objectives and Procedures for Engineering Technology Degrees." 38th Annual Report for the Year Ending September 30, 1970. New York: The Council, 1970.
4. King, Franklin J. "A Model to Manage and Evaluate A Career Oriented Educational System." Journal of Career Education. Vol. 1, No.1, Fall, 1972.

5. Logue, Gay L. A Follow-up of Engineering Graduates of University of Missouri. Doctoral Dissertation, University of Missouri, Columbia, 1959.

6. Lohman, M. R."The Engineer's Place in the Technology Spectrum" Journal of Professional Engineer. Vol. XL No. 11. November, 1970.

7. Mavis, Frederic T. "History of Engineering Education," Journal of Engineering Education. Vol. 43, No. 2, December, 1952.

8. Parsegian, V. L. "Trends in the Engineering Education", Journal of Engineering Education, Vol. 46, No. 5, January, 1956.

9. Reiss, J. "Occupational Mobility of Professional Workers." Man, Work and Society. Edited by S. Nosow and W. H. Form, New York: Basic Books, 1962.

10. Robinson, and Head. Measures of Occupational Attitudes and Characteristics. Institute for Social Research, University of Michigan, Ann Arbor, Michigan, 1973.

11. Samson, Jr. Charles H. "Engineering Technology and Engineering Unstable Interfaces," Journal of Engineering Education, Vol. 44, No. 10, October, 1972.

12. "Summary of the Report on Evaluation of Engineering Education", Journal of Engineering Education. Vol. 46, No. 3, November, 1955.

13. "U.S. Civil Service Commission Looks at Engineering Technology Positions, Titles, Qualification Standards." Journal of Professional Engineer. Vol. 46, No. 3, March 1970.

14. Woodward, Joan. Industrial Organization: Theory and Practise. London Oxford University Press, 1965.

15. Weiss, David J. and others, Manual for the Minnesota Satisfaction Questionnaire. Minneapolis, University of Minnesota, 1967.

PC0717

新鋭 文創　大時代的憶往
INDEPENDENT & UNIQUE

作　　者	馬道行
責任編輯	劉亦宸
圖文排版	楊家齊
封面設計	楊廣榕

出版策劃　新鋭文創
發 行 人　宋政坤
法律顧問　毛國樑　律師
製作發行　秀威資訊科技股份有限公司
　　　　　114 台北市內湖區瑞光路76巷65號1樓
　　　　　電話：+886-2-2796-3638　傳真：+886-2-2796-1377
　　　　　服務信箱：service@showwe.com.tw
　　　　　http://www.showwe.com.tw
郵政劃撥　19563868　戶名：秀威資訊科技股份有限公司
展售門市　國家書店【松江門市】
　　　　　104 台北市中山區松江路209號1樓
　　　　　電話：+886-2-2518-0207　傳真：+886-2-2518-0778
網路訂購　秀威網路書店：https://store.showwe.tw
　　　　　國家網路書店：https://www.govbooks.com.tw

出版日期　2018年6月　BOD一版
定　　價　440元

Printed in Taiwan

國家圖書館出版品預行編目

大時代的憶往 / 馬道行著. -- 一版. -- 臺北市：
新銳文創, 2018.06
　　面；　公分. --
BOD版
ISBN 978-957-8924-14-7(平裝)

　1. 馬道行　2. 臺灣傳記

783.3886　　　　　　　　　　107005764

讀者回函卡

感謝您購買本書，為提升服務品質，請填妥以下資料，將讀者回函卡直接寄
回或傳真本公司，收到您的寶貴意見後，我們會收藏記錄及檢討，謝謝！
如您需要了解本公司最新出版書目、購書優惠或企劃活動，歡迎您上網查詢
或下載相關資料：http:// www.showwe.com.tw

您購買的書名：_____

出生日期：_____年_____月_____日

學歷：□高中 (含) 以下　　□大專　　□研究所 (含) 以上

職業：□製造業　□金融業　□資訊業　□軍警　□傳播業　□自由業
　　　□服務業　□公務員　□教職　　□學生　□家管　□其它_____

購書地點：□網路書店　□實體書店　□書展　□郵購　□贈閱　□其他

您從何得知本書的消息？

　□網路書店　□實體書店　□網路搜尋　□電子報　□書訊　□雜誌
　□傳播媒體　□親友推薦　□網站推薦　□部落格　□其他_____

您對本書的評價：(請填代號　1.非常滿意　2.滿意　3.尚可　4.再改進)

　封面設計____　版面編排____　內容____　文／譯筆____　價格____

讀完書後您覺得：

　□很有收穫　□有收穫　□收穫不多　□沒收穫

對我們的建議：_____

_____

_____

_____

11466
台北市內湖區瑞光路 76 巷 65 號 1 樓

秀威資訊科技股份有限公司 　　　收

BOD 數位出版事業部

....

（請沿線對折寄回，謝謝！）

姓　　名：_____　　年齡：_____　　性別：□女　□男

郵遞區號：□□□□□

地　　址：_____

聯絡電話：(日) _____ (夜) _____

E-mail：_____